D1996759

Angela und Wolfram Kircher

Der Gartenteich als grüne Oase

Die besten Pflanzen für jede Teichzone

ökobuch

Vorwort

Sie wünschen sich einen schön bepflanzten Gartenteich, in und an dem auch ein reges Tierleben stattfindet? Zudem soll sich der Teich noch harmonisch in Ihren Garten einfügen? Durch geschickte Pflanzenauswahl können Sie Ihren Teich in seine Umgebung einbinden, sich an herrlichen Blüten erfreuen, Tiere anlocken und sich ansiedeln lassen und vielfältiges Leben im Garten beobachten.

→ Im Kapitel **Pflanzen auswählen** finden Sie anhand der Bildtafeln und der dazugehörigen Texte schnell die passende Pflanze für jede Teichzone.

→ Im **Porträtteil Pflanzen** werden 138 Pflanzen vorgestellt: Hier erfahren Sie deren Ansprüche und empfehlenswerte Kombinationen.

→ Im **Porträtteil Tiere** lernen sie 42 Tiere näher kennen, die sich an Ihrem Teich einfinden können.

Inhalt

Gartenidylle am Wasser

Vom Kübel mit Seerose auf der Terrasse über den Sprudelstein mit Bachlauf bis zum Badeteich – es gibt eine riesige Palette von Möglichkeiten, sich Wasser in den Garten zu holen. Wasser und Pflanzen locken Tiere an, die zur Safari durch Ihren Garten einladen. Finden Sie nun Ihren Gestaltungsstil, und wählen Sie die passenden Pflanzkombinationen, um auch Ihre grüne Oase Wirklichkeit werden zu lassen.

Wasser im Garten – beruhigend und belebend

Beruhigend, wenn wir zeitvergessen den Blick über den glatten Wasserspiegel streichen lassen – belebend, wenn der Wind Wellen erzeugt. Beruhigend der Tautropfen, der verträumt im Spinnennetz zwischen den Ufergräsern glitzert – belebend, die Libellen, die über die Wasserfläche tanzen. Beruhigend, wenn wir den Teichfrosch beim Sonnen beobachten – belebend, wenn er mit seinen Artgenossen zum Konzert anstimmt.

Vorbild Natur

Aus den Vorbildern, die die Natur uns zeigt, lassen sich sowohl eine ansprechende Gestaltung, als auch eine passende Auswahl an Pflanzen ableiten. Dies gilt für alle Bereiche des Gartens – ganz besonders aber für den Gartenteich und sein Umfeld.

Fließende und stehende Gewässer

In Fließgewässern finden wir ganz andere Pflanzen vor als in Seen, Tümpeln und Teichen. Durch das bewegte Wasser wird mehr Sauerstoff eingemischt. Die Pflanzen in einem Bachbett sind ständiger Zugbelastung ausgesetzt und daher oft sehr stromlinienförmig (› Flutender Hahnenfuß, Seite 146). Dafür bringt das bewegte Wasser permanent neue Nährstoffe an Wurzeln und Sprosse. Fließgewässerpflanzen leiden daher an Teichen mit ruhendem Wasser oft an Mangelerscheinungen.

Bei stehenden Gewässern unterscheiden wir:

- → **See:** Stillgewässer mit Tiefenzonen, die keine Blütenpflanzen mehr beherbergen,
- → **Weiher:** kleineres natürliches Stillgewässer, dessen Tiefe nicht mehr als 2 m beträgt und in dem überall Pflanzen gedeihen,
- → **Teich:** künstlich geschaffener Weiher, meist mit Zu- und Abfluss,
- → **Tümpel:** gelegentlich austrocknendes Kleingewässer, Seerosen werden Sie hier vergeblich suchen.

Das heimische Pfeilkraut bildet sowohl aufrechtes, über dem Wasser stehendes Laub als auch Schwimmblätter aus.

Auf das Wasser kommt es an

Vor allem die Nährstoffverhältnisse können in natürlichen Gewässern ganz unterschiedlich sein. Viele Gewässer in der Kulturlandschaft sind umgeben von gedüngten landwirtschaftlichen Flächen. Überschüssige Düngesalze gelangen schließlich in die Gewässer und führen dort zu hohen Gehalten an Stickstoff, Phospor und anderen Nährstoffen. Die Folge ist eine sehr üppige Vegetation, die allerdings aus wenigen, konkurrenzstarken Arten besteht. In weniger intensiv bewirtschafteten Gegenden finden wir nährstoffarme Gewässer mit Pflanzenarten, die langsamer wachsen und auch für den Hausgarten gut geeignet sind. Am Rand verlanden diese Gewässer allmählich, d. h., Teile der Ufervegetation sterben jeden Herbst oberirdisch ab, sinken ins Wasser und bilden Torf. Wenn die Torfschichten so mächtig geworden sind, dass sie über den Wasserspiegel reichen, sprechen wir von Mooren. Nährstoffarme Moore sind äußerst artenreich und eine wahre Fundgrube für die Bepflanzung der Randzonen kleinerer Teiche.

Pflanzengesellschaften

An natürlichen Gewässern treten ganz verschiedene Pflanzengesellschaften auf. Welche Artenkombinationen sich jeweils einstellen, hängt von sehr vielen Faktoren ab. So spielen Feuchtigkeit bzw. Wassertiefe, Temperatur- und Lichtverhältnisse, Nährstoffe, Wasserhärte und pH-Wert sowie Wechselwirkung mit Mensch (Pflege), Tier (Schädlinge, Bestäuber) und Nachbarpflanzen (Konkurrenz, Unkräuter) eine wichtige Rolle.

➔ **Unterwasserrasen** sind bis in 5 m Wassertiefe zu finden. Sie beherbergen untergetaucht lebende Pflanzen wie Laichkräuter, Hornblatt oder Wasserschlauch. Unterwasserpflanzen können frei schwimmende oder am Grund verwurzelte Arten sein.

➔ **Schwimmblattgesellschaften** finden wir ab etwa 1 m Wassertiefe. Zu ihnen gehören z. B. Seerosen, Wasser-Knöterich und Froschbiss. Schwimmblattpflanzen können ebenfalls am Gewässergrund verwurzelt sein oder frei umherschwimmen.

➔ **Röhrichte** sind Pflanzengesellschaften mit zum Teil sehr hochwüchsigen, oft grasartigen Pflanzen, die mit Ausläufern stark wuchern wie Rohrkolben oder Schilf. Sie besiedeln überstaute Bereiche. Sprossachsen und Blätter ragen über die Wasseroberfläche hinaus.

Die drei Pflanzengesellschaften (Unterwasserrasen, Schwimmblattgesellschaften und Röhrichte) sind meist miteinander verzahnt.

➔ **Kurzlebige Gesellschaften nasser Gräben und abgelassener Teiche** sind oft ein Übergangsstadium zu Röhrichten oder Hochstaudenfluren. Hier ist der Boden meist sehr nährstoffreich. Hier gedeihen viele horstige, rasch blühende und versamende, allerdings nur kurzlebige Arten. Typisch sind Froschlöffel, Brennender Hahnenfuß oder die meisten Binsen-Arten.

➔ **Hochstaudenfluren** treten als Feuchtwiesen auf nassen, nährstoffreichen Böden auf. Hier wachsen Horststauden wie Blut-Weiderich, Mädesüß und Wasserdost.

➔ **Bruchwälder** bilden meist das Endstadium der Seenverlandung. Im Schatten von Schwarz-Erlen gedeihen Gelbe Schwertlilie, Sumpf-Dotterblume oder Sumpf-Kalla.

➔ **Kalk-Moore** sind nährstoffarme und von hartem Wasser gespeiste Pflanzzonen. Hier wachsen u. a. Breites Wollgras, verschiedene Kleinseggen, Knabenkraut, Schwalbenwurz-Enzian und Sumpf-Gladiole.

➔ **Hochmoore** und **saure Moore** werden von Regenwasser oder weichem Grundwasser gespeist. Sie sind sehr sauer und nährstoffarm, beherbergen aber äußerst interessante Pflanzengesellschaften. Hier gedeihen Besonderheiten wie Fleischfressende Pflanzen und Glocken-Heide.

Die Zonierung von Pflanzengesellschaften in freier Natur lässt sich analog auf künstlich angelegte Gartenteiche übertragen (› Seite 14). Allerdings sind dort die Platzverhältnisse in der Regel wesentlich beengter.

Die Zonierung dieses Sees ist ein Vorbild für den Gartenteich. Sie sollten jedoch weniger wuchernde Alternativen einsetzen.

Welcher Teich darf es sein?

Bevor Sie mit den Grabearbeiten für Ihren Gartenteich beginnen, sollten Sie sich zunächst folgende Fragen stellen:

➜ Wo wirkt eine Wasserfläche am besten in Verbindung mit der Umgebung?

➜ Wie viel Platz kann und will ich mit Wasserflächen belegen?

➜ Welchen Gestaltungsstil soll der Gartenteich verkörpern?

➜ Was erwarte ich vom Tierleben am Teich?

➜ Welche Farben sollen dominieren?

Die Antworten auf diese Fragen sind für die Vorplanungen entscheidend und Grundlage für die Auswahl der Pflanzenarten.

Naturnah oder architektonisch?

Es gibt sehr vielfältige Möglichkeiten, wie Sie Ihren Garten mit dem Element Wasser bereichern können. Welche Richtung Sie einschlagen, hängt in erster Linie ab von Größe und Zuschnitt Ihres Gartens sowie von Ihrem persönlichen Geschmack.

➜ Bei Naturfreunden soll alles so wirken, als ob es »von selbst« entstanden wäre. Bei einer solchen **naturnahen Gestaltung** müssen Sie den Teich sehr sensibel in den umliegenden Garten einbinden. In der Landschaft liegen Wasserflächen immer am tiefsten Punkt der Umgebung. Das sollten Sie auch im Garten berücksichtigen. Die Vegetation sollte eine kontinuierliche Abfolge vom Wasser zur umgebenden Gartenzone erkennen lassen, was bei sehr trockenem Boden außerhalb der Teichdichtung schon zur Herausforderung wird (› Seite 14-15). Der Teichrand sollte auch nicht als Kieselkrater erscheinen, indem sich ein Wulst aus Steinen um die Wasserfläche zieht, die keinerlei Verbindung zum Rest des Gartens aufnimmt. Stattdessen sollte sich das Material der Teichrandgestaltung auch in den benachbarten Gartenteilen wiederfinden, etwa in Wegebelägen oder Steinanlagen. Naturnah gestaltete Teiche sind großflächig leichter zu verwirklichen als bei Platzmangel. In der Natur nachempfundenen Steinanlagen können Sie aber auch künstliche Tümpel integrieren, die kleiner als ein Quadratmeter sind. Legen Sie diese komplett mit demselben Steinmaterial aus, das auch außerhalb verwendet wurde.

➜ Eine andere Möglichkeit ist die **»architektonische«** oder **»formale« Gestaltung.**

Mit dieser Form können Sie auf kleiner Fläche ganz unterschiedliche Pflanzkombinationen verwirklichen, ohne dass dies nach Stilbruch aussieht. Beachten Sie auch hier den Grundsatz der Materialtreue. Kombinieren Sie nicht auf kleinstem Raum verschiedenste Gesteinsarten, Hölzer oder sonstige Baustoffe. Ein rechteckiges Wasserbecken in einer Rasenfläche oder sogar Teiche bzw. Sumpflandschaften auf Hochbeeten in Umgebung der Terrasse überzeugen durch klares, einfaches Design. Architektonische Becken können auch kreisrund oder oval sein. Bei Verzicht auf Flachwasserbereiche ist in diesen Becken besonders auf Ausstiegshilfen für Tiere zu achten! Liebhabern von Koi oder anderen Teichfischen seien »Hochbeete« als architektonische Wasserflächen empfohlen. Fertigteiche aus glasfaserverstärktem Polyester (GFK) eignen sich hierfür sehr gut, denn sie müssen gar nicht oder nur flach in den Boden eingelassen werden. Die sichtbaren Außenseiten kön-

Am naturnahen Teich sollte die Gartenzone scheinbar nahtlos in die Teichzonen übergehen. Das Ufer verläuft weich und geschwungen.

Formale Teiche besitzen strenge Uferlinien. Durch Verzicht auf ein flach auslaufendes Ufer kommen Sie mit wenig Platz aus.

nen Sie dann mit einem dünnwandigen Mauerwerk verblenden.
Auf der folgenden Doppelseite finden Sie Anregungen für die Wahl einer Stilrichtung für Ihren Teich. Die meisten dieser Themen lassen sich sowohl naturnah als auch architektonisch umsetzen.

Bewegtes Wasser

Durch einen schnell oder langsam fließenden Bachlauf, Wasserfälle, Sprudelsteine oder Springbrunnen können Sie auch die bewegte Seite des nassen Elementes in den Garten bringen. Bewegtes Wasser kann sowohl eine Ergänzung zum Gartenteich als auch eine Alternative dazu sein.

- ➔ Gärten am Hang z. B. eignen sich ideal für Steinanlagen, zwischen denen sich munter murmelndes Wasser hinunterbewegt.
- ➔ In flachem, weitläufigem Gelände hat ein langsam fließender Wiesenbach Platz. Er bietet einen Kompromiss zwischen einem plätschernden Hangbach und einem ruhig daliegenden Gartenteich.
- ➔ Springbrunnen und Sprudelsteine passen am ehesten zu architektonischen Anlagen, wo sie schon auf kleinsten Flächen große Wirkung erzielen können. Die Hersteller von Brunnen und Wasserspeiern haben sich eine ganze Menge ausgedacht: Einfaches und Kompliziertes, Edles – aber auch Kitschiges.

Kleinst-Wasserflächen

Der Traum vom blühenden Wassergarten lässt sich selbst auf kleinstem Raum verwirklichen. Teichpflanzen lassen sich ohne größere Probleme auch in Kübel setzen (› Seite 27). Die Pflanzenauswahl richtet sich nach der Größe der Gefäße. Setzen Sie nicht zu viele Pflanzen ein, damit Sie auch noch etwas von der Wasserfläche sehen. Je kleiner das Gefäß, desto sorgfältiger sollten Sie – vor allem an heißen Tagen – auf den Wasserstand achten, nicht dass Ihre Pflanze auf einmal auf dem Trockenen stehen.
Als Mini-Teiche eignen sich wasserdichte und frostfeste Gefäße in allen Größen, Variationen und Stilrichtungen.

Lebensraum für Pflanze und Tier

Beziehen Sie in Ihre Planungen auch das Tierleben ein (› Seite 16-21), das am Wasser zu erwarten ist. Ein Steg oder ein Sitzplatz direkt am Teich bieten sich für genauere Beobachtungen der vielfältigen Tierwelt im und am Teich an. In die Nähe solcher Beobachtungsplätze sollten Sie bewusst Pflanzen setzen, die Tiere besonders anziehen, also Röhricht, an dem Libellen ihr Larvenkostüm verlassen, Seerosen, auf deren Blättern Frösche ihr Sonnenbad nehmen, oder einfach attraktiv blühende, nektarreiche Stauden, die von Schmetterlingen, Schwebfliegen und Bienen besucht werden.

Verschiedene Teichstile

So unterschiedlich kann Gestaltung mit Wasseranlagen aussehen. Ab Seite 174 stellen wir Ihnen einige Gestaltungsbeispiele mit Pflanzvorschlägen vor, die auch die hier gezeigten Themen aufgreifen.

← **Weißer Garten:** Ausschließlich grünes Laub und weiße Blüten sind dem kreisrunden Teich zugeordnet. Das wirkt zurückhaltend, aber repräsentativ. Dieses Thema eignet sich gut für eine symmetrische Gestaltung vor Eingangsbereichen.

↓ **Troggarten:** Auch auf der kleinsten Terrasse findet ein Bottich mit Wasser und einer Zwerg-Seerose Platz. Zum Wuchern neigende Sumpfpflanzen wie Rohrkolben sollten Sie aber in Töpfe »einsperren«.

↓ **Hochmoor in der Badewanne:** Unter dem sauren Torfsubstrat sind in der Badewanne ober- und unterseitig gelochte Behälter als Wasserspeicher eingebaut. In einem Teppich aus Torfmoosen gedeihen üppig Fleischfressende Pflanzen (Rote und Gelbe Schlauchpflanze) und andere Hochmoor-Arten. Wichtig ist die Verwendung von weichem Wasser.

← »Japanischer« Garten: Unter der Bogenbrücke schlängelt sich eine naturnahe Wasserfläche. Rundgeschliffene Findlinge, Ahorn, Azaleen und Formgehölze vermitteln ostasiatische Stimmung. Ein solche Gestaltung bildet die passende Kulisse zu einem Teich mit farbenprächtigen Koi-Fischen.

↓ Bachlauf im Steingarten: Terrassiert und eher formal gesetzte Steinquader verkleiden und sichern den steilen Hang. In kleinen Kaskaden plätschert das Wasser durch den von Kleingräsern gesäumten Bachlauf. In die Gartenzone sollten ebenfalls kleinwüchsige Stauden überleiten.

↑ Naturteich: Bei genügend Platz können der Hintergrund des naturnah geformten Teiches von üppigem Röhricht gesäumt und die Tiefenzone mit stark wachsenden Seerosen bestückt sein. Im Vordergrund ist eine niedrige Bepflanzung anzuraten, um die Sicht auf die Anlage frei zu geben.

Die verschiedenen Zonen

Gestaffelte Wassertiefen sorgen für Vielfalt und einen gut funktionierenden Gartenteich. Für jeden Wasserstand gibt es die passenden Pflanzen (› Seite 8 f.). Die Schnitt-Darstellung eines Teiches mit fünf verschiedenen Zonen orientiert sich an der Einteilung des Bundes Deutscher Staudengärtner und geht von einem terrassierten Teichprofil aus. Mit diesem Aufbau können Sie auch auf kleiner Fläche alle Pflanzzonen verwirklichen.

Auf den einzelnen Etagen können Sie Pflanzen in Körben aufstellen oder direkt in eine dünne Substratschicht pflanzen. Beachten Sie bitte, dass der für die jeweilige Art empfohlene Wasserstand ab Substratoberfläche zu kalkulieren ist! Eine durchgehende Auskleidung des Teiches mit Substrat würde eine recht flache Böschungsneigung erfordern. Bei 1 m Tiefe müsste der Teich dann mindestens 6 m breit sein!

Pflanzterrassen haben auch den Vorteil, dass im Teichgrund wuchernde Ausläufer nach außen von der Teichdichtung gebremst werden. Nach innen wachsen sie in den freien Wasserkörper hinein. Hier sind sie leicht zu erkennen und können bei Bedarf zurückgeschnitten werden.

→ **Die Gartenzone:** Der Bereich außerhalb der Teichdichtung, also das Umfeld des eigentlichen Teiches, ist die Gartenzone (› Seite 48–59). Sie steht in keiner Verbindung zum Wasser. Je nach anstehendem Boden und lokalem Klima kann die Gartenzone im Sommer sehr trocken sein. In diesem Fall sollten Sie Arten auswählen, die von ihrem Aussehen her zur Teichflora passen, aber mit geringer Bodenfeuchte auskommen. Es gibt sogar einige Stauden, die sowohl auf staunassem, als auch auf trockenem Substrat gut gedeihen. Auf feuchten Böden ist die Bepflanzung der Gartenzone kein Problem. In diesem Fall können Sie leicht Arten auswählen, die sowohl inner- als auch außerhalb der Teichdichtung (› Seite 23) gedeihen. Dadurch gelingt es, den Teich scheinbar fließend in die Umgebung einzupassen.

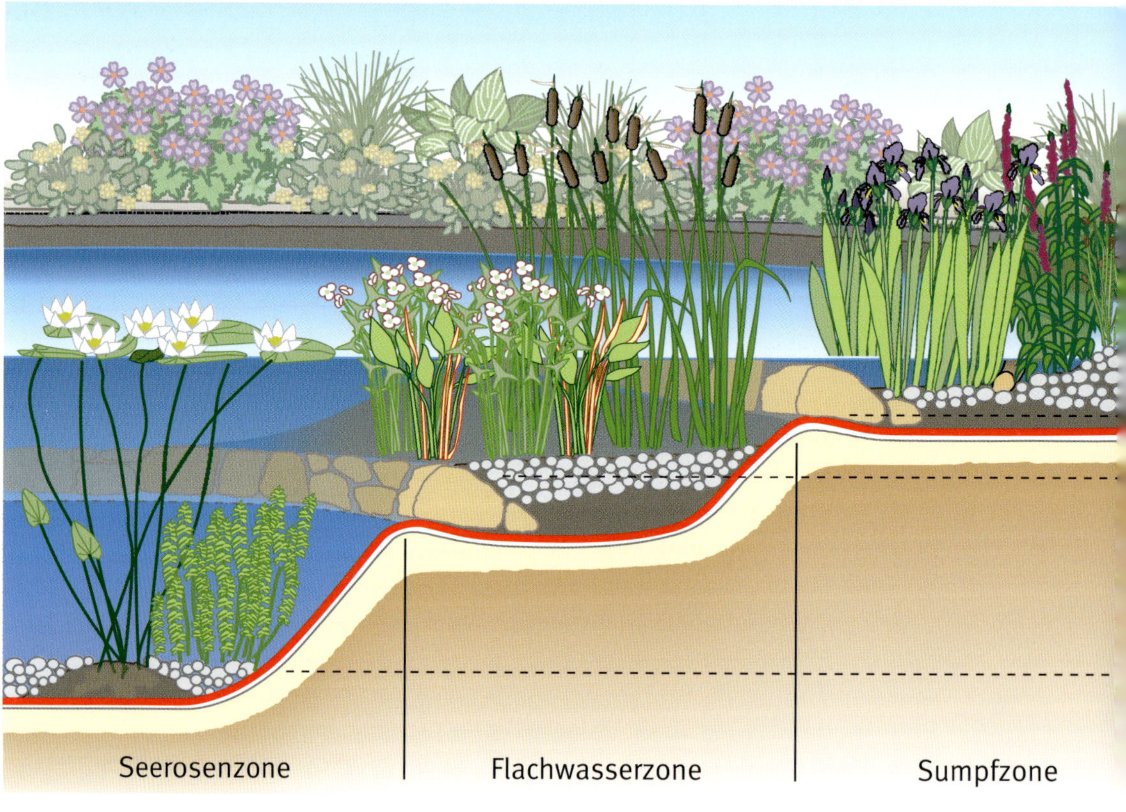

→ Die Feuchtzone: Die Pflanzfläche der Feuchtzone (› Seite 60-73) liegt knapp oberhalb des Wasserspiegels, ist aber permanent staunass. Hier gedeihen Arten unterschiedlicher Feuchtwiesentypen wie das nährstoffbedürftige Mädesüß und Wasserdost oder auch Sumpf-Gladiole und Wollgräser aus nährstoffarmen Mooren.

→ Die Sumpfzone: Den Bereich der Wasserlinie bis 10 cm darunter bezeichnen wir als Sumpfzone (› Seite 74-83). Der Wasserstand kann hier auch periodisch schwanken. Gelbe Sumpf-Dotterblume, rote Kardinals-Lobelie oder blaues Sumpf-Vergissmeinnicht gehören zum Standardsortiment der Sumpfzone.

→ Die Flachwasserzone: Etwas größer wird der Sprung in die Tiefe von bis 40 cm. In der Flachwasserzone (› Seite 84-93) ist das große Sortiment der klassischen Teichpflanzen zu Hause. Hier gedeihen nicht nur Röhrichtarten, sondern auch schon etliche Schwimmblatt- und Unterwasserpflanzen. Auf bis zu 100 cm hohen Stängeln präsentiert die Blumenbinse ihre rosa Blütendolden, und die auffälligen blauen Blütenähren des Hechtkrautes ziehen die Blicke auf sich.

→ Die Seerosenzone: Die Seerosenzone (› Seite 96-103) wird auch Tiefwasserzone genannt. Um Platz zu sparen, ist es günstig, diesen Bereich von 40–70 cm Wassertiefe steil abzuböschen (› Zeichnung).

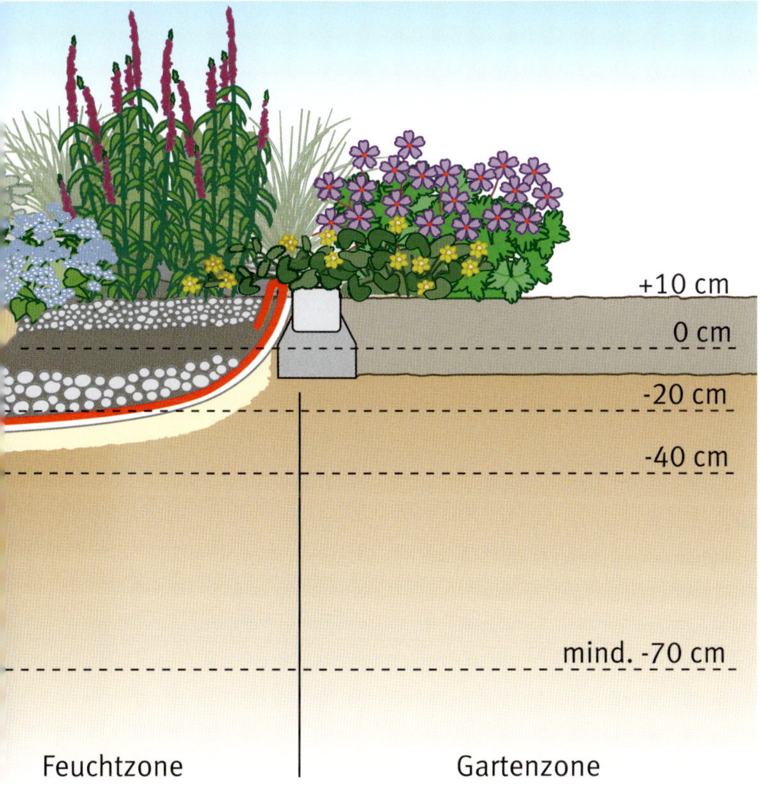

Das kühle Tiefenwasser dieser Zone sorgt dafür, dass sich der Teich im Sommer nicht zu stark aufwärmt. Andererseits können sich Wassertiere im Winter hierher frostgeschützt zurückziehen. Außer der namengebenden Seerose wachsen hier Sauerstoffspender wie Laichkraut, Tausendblatt und Krebsschere. Bei den Seerosen gibt es Sorten für unterschiedlichste Wassertiefen in verschiedenen Wuchsstärken (› Seite 138-140).

Die Grenzen fließen

Es gibt kaum eine Pflanzenart, die nur in einer einzigen Zone gedeihen würde. Oft finden wir – je nach Wasserstand – auch unterschiedliche Wuchsformen bei ein und derselben Pflanze. So entwickeln etwa Pfeilkraut (› Abb.) oder Igelschlauch in tiefem Wasser nur Unterwasser- oder Schwimmblätter, in der Sumpfzone dagegen Landformen mit aufrechtem Laub.

Mut zum Verzicht

Nicht immer müssen alle fünf Zonen im Teich ausgebildet sein. Besonders in architektonischen Anlagen ist es oft allein schon aus Platzgründen günstig, am Rand auf eine oder auch mehrere Zonen zu verzichten. Wird zum Beispiel eine ruhige und strenge Gestaltung gewünscht, kann ein rechteckiges Becken mit einheitlicher Tiefe von 70 cm und einer reinen Seerosenbepflanzung die beste Lösung sein.

Tiere am und im Gartenteich

Wasser, der Ursprung allen Lebens, der Lebensraum vielfältiger Kreaturen, der Ort zum Entspannen und Beobachten. Was wird sich im Laufe der Zeit am Gartenteich für ein Tierleben einstellen? Sind es nur kurzzeitige Besucher oder bleibende Gäste? Machen Sie sich auf in ein Gartenteichjahr voll interessanter und spannender Erlebnisse, und gehen Sie zusammen mit Ihren Kindern auf Entdeckungsreise.

Ein Paradies für Tiere

Wasser ist immer Anziehungspunkt für vielerlei Tiere – in freier Natur oder im Garten.
Die einen kommen nur zum Trinken und Baden, die anderen, um hier ihren Nachwuchs zur Welt zu bringen, die Dritten verbringen ihr ganzes Leben im Wasser.

Teiche voller Leben

Wird ein neuer Teich angelegt, dann dauert es nicht lange, und schon sind die ersten Tiere da – auch wenn der Teich mitten in der Stadt in einem Reihenhausgarten angelegt wurde. Wie kann das sein? Die im Teich lebenden Tiere gelangen auf ganz unterschiedliche Art und Weise in ihren neuen Lebensraum.

➜ Zuerst wird der Teich aus der Luft besiedelt. Der Wind bringt oftmals die Eier einiger Kleinstlebewesen an. Mücken und Fliegen kommen angeflogen, um ihre Eier dem neuen Gewässer anzuvertrauen. Und Libellen finden sich schon ein, wenn der Teich noch nicht einmal eingewachsen ist.

➜ Andere Tiere wie Teichmolch und Grünfrösche wandern aktiv zu – allerdings nur, wenn Sie einen möglichst naturnahen Garten haben. Versteckmöglichkeiten unter Totholz, Wurzeln und Steinhaufen und ausreichend Futter sind der beste Garant für diese Einwanderer. In einem Garten mit englischem Rasen, in Form geschnittenen Nadelgehölzen oder gefüllt blühenden und deshalb kaum Nektar enthaltenden Pflanzen werden Sie nur wenig tierisches Leben finden.

➜ Wassertiere werden aber auch häufig mit dem Pflanzmaterial eingeschleppt. Dabei handelt es sich meistens um Schneckeneier oder Larven anderer Kleinlebewesen, die sich gerne im Substrat aufhalten.

➜ Von Moderlieschen, Bitterling und Stichling werden in größeren Naturteichen gelegentlich die Eier über das Gefieder von Wasservögeln eingeschleppt.

➜ Manche Teichbesitzer wollen nicht warten, bis sich größere Tiere an ihrem Teich einfinden. Sie möchten gleich von Anfang an Leben im Wasser beobachten. Tiere, die sich zum Einsetzen in den Gartenteich eignen, sind Schnecken, Muscheln, Krebse, Sumpfschildkröten und Fische (› Seite 20).

Teichbewohner anlocken

Damit sich möglichst viele verschiedene Tiere am und im Gartenteich einfinden, sollten Sie viele unterschiedliche Lebensräume anbieten – trockene und feuchte, sonnige und schattige, sumpfige und steinige – und für eine artenreiche Bepflanzung sorgen.

➜ Sie können Ihren frisch angelegten Gartenteich mit etwas Bodengrund aus Nachbars Teich versehen, damit er schneller für Kleinstlebewesen besiedelbar ist. Als Nahrungsquelle ziehen diese dann auch größere Wassertiere an.

→ Große und kleine Steine, bizarre Wurzeln und alte Baumstämme oder Äste zieren nicht nur den Teichrand, sie bieten auch Unterschlupf und Brutmöglichkeiten für Tiere.
→ Bieten Sie für Insekten Nisthilfen an. Hängen Sie z. B. mit Heu oder Stroh gefüllte Tontöpfe auf. Oder bohren Sie in ein Stück Holz Löcher von 2–10 mm Größe, und hängen Sie das »Insektenholz« so auf, dass kein Regen in die Bohrlöcher eindringt. Auch ein Lochziegelstein bietet sich zum Nisten an, wenn die Löcher waagerecht zu liegen kommen und nicht gegen die Wetterseite weisen. Alle Nisthilfen für Insekten brauchen einen sonnigen und windgeschützten Platz.
→ Sorgen Sie in Teichnähe auch für ausreichend Überwinterungsmöglichkeiten wie Laub-, Ast- und Steinhaufen oder liegen gelassenes Schnittholz für Frösche, Kröten, Molche und Eidechsen.
→ Damit Tiere im Teich überwintern können, braucht er mindestens 80 cm Tiefe, damit sich die Tiere bei starkem Frost hierhin zurückziehen können.
→ Achten Sie darauf, dass auch Möglichkeiten zum Ausstieg aus dem Wasser vorhanden sind (› Seite 19).
Auf gar keinen Fall dürfen Sie Tiere oder Laich aus der freien Natur entnehmen und in Ihren Teich einsetzen!

Seerosenblätter – ein Festschmaus für den Seerosenblattkäfer und seine Larven. Auch Eigelege und Puppen sind zu sehen.

Unerwünschte Teichgäste

Leider finden sich am Gartenteich nicht immer nur erwünschte Besucher ein.
→ Damit sind nicht in erster Linie die Stechmücken gemeint, die als erste Bedenken angeführt werden, wenn es um die Anlage eines Teiches geht. Ihnen ist schnell Einhalt geboten, haben sich erst mal Rückenschwimmer, Schlammfliegenlarven und Wasserläufer eingefunden.
→ An den Seerosen machen sich die meisten Schädlinge zu schaffen. Sind Seerosenblattläuse noch mit einem kräftigen Wasserstrahl zu reduzieren, hilft beim Seerosenblattkäfer nur das Absammeln der Käfer und Larven sowie das Abschneiden befallener Blätter – im Wasser kein leichtes Unterfangen.
→ So nett es auch aussehen mag, wenn ein Entenpärchen auf dem Teich seine Kreise übers Wasser zieht. Mit wenigen Schnabelgriffen sind in frisch angelegten Teichen die noch nicht eingewurzelten Pflänzchen herausgerissen, und binnen weniger Minuten präsentiert sich uns ein Schlachtfeld. In kleinen Teichen würden viel zu viele Nährstoffe, besonders Phosphor, über den Entenkot in den Teich eingetragen.
→ Als ungebetener Gast sei auch noch die Bisamratte genannt, die es durch ihre Grabtätigkeit schon mal schafft, einen Teich undicht werden zu lassen.

Was lebt im Teich?

Die Existenz sehr vieler verschiedener Tierarten am und im Teich verhindert das Überhandnehmen einer einzelnen Art, die sonst zum Schädling würde, indem sie andere verdrängt oder gar vernichtet. Artenvielfalt ist auch die Voraussetzung für eine natürliche Nahrungskette. Nur wer die einzelnen Tiergruppen und ihre Grundbedürfnisse kennt und weiß, wie und wo sie leben, kann Tiere anlocken und ansiedeln.

➔ Die ersten Glieder in der Nahrungskette sind die Kleinstlebewesen im Wasser, das sogenannte **Plankton**. Hierzu gehören im Wasser schwebende, ein- oder vielzellige pflanzliche oder tierische Organismen.

➔ Von diesem Plankton leben **Kleinkrebse** wie Hüpferling und Wasserfloh (› Seite 154). Die winzigen Tierchen halten sich in der Flachwasser- und Seerosenzone auf und sind mit dem bloßen Auge kaum zu erkennen. Wenn Sie an einem warmen Tag ein Glas Wasser aus dem Teich schöpfen, dann werden Ihnen die im Wasser schwebenden Wasserflöhe nicht entgehen. Von den Kleinkrebsen wiederum leben größere Wassertiere wie Schnecken oder Insektenlarven.

➔ Schnecken und Muscheln gehören zu den **Weichtieren**. Schnecken (› Seite 155 f.) tauchen meist von selbst im Teich auf, denn mit den eingesetzten Wasserpflanzen werden oft auch Schneckeneier oder Jungschnecken mit eingeschleppt. Die meisten Schnecken sind sogenannte »Weidegänger«. Sie kriechen am Boden und auf den Pflanzen umher und fressen Algen, tote Tiere und pflanzlichen Abfall. Wasserschnecken im Gartenteich können feine Algenbeläge von der Teichfolie abweiden. Hält sich die Zahl der Schnecken in Grenzen, dann brauchen Sie auch keine Angst um Ihre Wasserpflanzen zu haben. Lediglich die Spitzhornschnecke (› Seite 155) kann zarten Pflanzen durch ihre Fresslust gefährlich werden. Teich-Muscheln (› Seite 155) kommen nicht von allein in den Gartenteich, die müssen Sie einsetzen. Sie kriechen über den Bodengrund und filtern sich aus dem aufgewirbelten Schlamm ihre Nahrung heraus – ein lebendiger Wasserfilter.

➔ **Insekten** sind die artenreichste Tierklasse überhaupt. Kein Wunder, dass sich von ihnen auch eine große Anzahl am und im Teich einfindet, um Nahrung zu suchen und sich zu vermehren.
Am auffälligsten sind wohl die wunderschönen Libellen (› Seite 76, 162 f.). Ihre Entwicklung findet im Wasser statt. Die Larven vieler Arten verbringen über ein Jahr im Wasser und werden mehrere Zentimeter lang. Mit raffinierten Fang-Masken erbeuten sie andere Kleintiere wie Kaulquappen oder Stechmücken- und Eintagsfliegenlarven. Libellen lieben sonnige Teiche, in und an denen eine große Pflanzenvielfalt mit reichem Blütenflor viele andere Insekten anlockt – ein wahrhaft gefundenes Fressen!
Unter und auf der Wasseroberfläche tummeln sich Rückenschwimmer und Wasserskorpion sowie Taumelkäfer und Wasserläufer (› Seite 159-161).

➔ Die Insekten und ihre Larven wiederum bieten die Nahrungsgrundlage für Amphibien, Repti-

Gerne fangen Kinder Kleintiere aus dem Teich, um sie näher zu betrachten. Sie sollten aber das Zurücksetzen ins Wasser nicht vergessen.

Eine »Schwimmende Insel« bietet nicht nur eine Ausstiegsmöglichkeit. Hier können sich die Tiere auch ungestört aufhalten.

lien und Vögel. Je mehr Insekten sich am Gartenteich einfinden, desto reicher ist der Tisch für diese Tiere gedeckt – ein ver- und anlockendes Angebot! Die **Amphibien** (› Seite 164-166) suchen den Teich in erster Linie zur Fortpflanzung auf. Wenn die Umgebung passt, werden sich mit der Zeit auch Kröten , Frösche und Molche zum Laichen an Ihrem Gartenteich einfinden. Und wenn die Tiere einmal in Ihren Teich abgelaicht haben, dann werden sie immer wieder an dieses Gewässer zurückkommen. Von den **Reptilien** geht nur die Ringelnatter (› Seite 167) ins Wasser. Eidechsen und Blindschleichen machen sich im dicht bewachsenen Ufer auf die Suche nach Insektenlarven, Würmern und Schnecken. Sie halten sich sonst aber lieber in besonnten Steinhaufen, Trockenmauern und unter Wurzeln auf. Wasser zieht zu jeder Jahreszeit **Vögel** zum Baden und Trinken an. Um das kuhle Nass gefahrlos genießen zu können, sollte ein Stück Ufer flach auslaufen und freie Sicht auf mögliche Feinde bieten.

Rettungsanker für Landratten

Es kommt immer wieder einmal vor, dass kleinere Säugetiere wie Mäuse oder Igel zum Trinken an den Teich kommen. Steile Ufer, glatte Folien oder Kunststoffbecken werden für diese Tiere zur qualvollen Todesfalle, wenn sie – aus welchem Grund auch immer – ins Wasser fallen. Sorgen Sie dafür, dass Ihr Teich eine Ausstiegshilfe hat.

→ Wenigstens ein Ufer sollte flach auslaufen und mit einer Sumpfzone gestaltet sein.

→ Decken Sie glatte Folie mit Böschungsmatten ab. Die Matten werden dann mit den geeigneten Pflanzen für wechselnden Wasserstand bepflanzt.

→ Oder Sie legen im Wasser eine »Schwimmende Insel« an (› Tipp), die Sie am Teichrand anbinden können.

→ Auch ein schräg ins Wasser reichendes Brett, auf das Sie zusätzlich Querleisten aufschrauben, macht den Tieren das Verlassen des Teiches möglich.

Ungeahnte Einsichten ins Tierleben

Mit einem Schwimmteich können Sie mit den Teichbewohnern auf Tuchfühlung gehen: beim Schwimmen, beim Treiben auf der Luftmatratze oder auch vom Steg aus. Mit Kindern kann man Stunden mit dem Beobachten der Tiere über und unter Wasser zubringen – es wird nie langweilig werden. Bemerkenswert, was man sieht, wenn man den Teichgrund absucht, wie Frösche elegant durchs Wasser schwimmen oder Schnecken sogar kopfüber unter der Wasseroberfläche laufen können.

TIPP!

Die »Schwimmende Insel«

Verwenden Sie für die Schwimmende Insel eine Trägerplatte aus Hartschaum-Styropor, in die Sie mehrere Löcher bohren. Hierdurch ziehen Sie dann Jute oder ähnliches saugfähiges Gewebe als Dochte. Es genügt, wenn Sie 3–5 cm Substrat (Torf oder Torfersatzstoff) auf der Platte verteilen. Setzen Sie dahinein kleinwüchsige Gräser wie Davall- oder Gelb-Segge. Bis die Wurzeln das Substrat fixieren, können Sie die Insel mit einem Holzrahmen umgeben, der nach 1–2 Jahren entfernt werden kann. Bei Bepflanzung mit Hochmoor-Arten sollte der Rahmen dauerhaft verbleiben.

Fische im Teich?

In einem Gartenteich, der mit Fischen besetzt ist, die sich von Kleinlebewesen ernähren, werden Sie kaum mit Libellenlarven und Amphibien rechnen können. Lediglich die unangenehm schmeckenden Kaulquappen der Erdkröte werden von den Fischen verschmäht.

Fische einsetzen

Wenn Sie sich für einen Besatz mit Fischen entschieden haben, dann sollten Sie vorab einiges beachten:
➜ Die Mindestgröße für einen mit Fischen besetzten Teich beträgt ca. 10 m^2. Wenn die Fische das ganze Jahr im Teich bleiben, dann sollte dieser eine Mindesttiefe von 80 cm haben, damit die Tiere sich bei Frost dahin zurückziehen können und nicht einfrieren. ➜ Sollte der Teich nicht tief genug sein, setzen Sie einen Eisfreihalter ein, und lassen Sie die Halme der Röhrichtzone bis ins Frühjahr stehen. Sie sind wichtig für den Gasaustausch, wenn der Teich gefroren ist. Zur Not tut es auch ein dickes Bündel langhalmiges Stroh, das in den Teich gelegt wird. Schlagen Sie auf gar keinen Fall das Eis auf, das würde die Fische einem unnötigen Stress aussetzen.
➜ Achten Sie darauf, dass Sie nicht Friedfische mit räuberisch lebenden Arten vergesellschaften. Letztere werden sich nämlich dann auf Dauer durchsetzen.
➜ Kräftig gefärbte Fische wie Goldfisch oder Goldorfe sind besser im Wasser zu sehen und zu beobachten als die eher braunen Graskarpfen oder Moderlieschen.
➜ Verzichten Sie auf gründelnde Fische wie Karpfen oder Schleie. Sie ackern den Bodengrund um, trüben das Wasser und lockern die Pflanzenwurzeln.
➜ Wenige kleine Fische in einem großen Teich müssen nicht gefüttert werden. Viele große Fische brauchen das Zufüttern. Geeignete Futtersorten in Form von Pellets oder Flocken gibt es im Zoofachhandel.
➜ Vor allem im Sommer benötigen die Fische ausreichend Sauerstoff. Ein deutliches Zeichen für Sauerstoffmangel ist das Luftschnappen an der Wasseroberfläche. Hier sorgen bewegtes Wasser oder ein Oxydator (› Seite 24) für Abhilfe.
➜ Filtersysteme (informieren Sie sich im Fachhandel) klären das Wasser zusätzlich, damit der Fischkot das Teichwasser nicht zu sehr belastet bzw. die Algenbildung fördert.

Fische – keine Einzelgänger

Moderlieschen, Bitterling und Stichling sind Arten, die sich für einen größeren Naturteich eignen. Da sie mehr im Untergrund leben und eher unscheinbar gefärbt sind, werden Sie sie allerdings nur selten sehen. Der Bitterling braucht zum Wohlfühlen einen sandigen Untergrund. Der Stichling lebt versteckt und benötigt daher vegetationsreiche Flachwasserzonen. Goldorfe, Goldfisch und Koi sind Schwarmfische, die mindestens zu viert gehalten werden sollten – was dann natürlich auch eine größere Wasserfläche bedeutet. Die farbenprächtigen Koi sind leidenschaftliche Gründler, die den Teichboden ständig nach allerlei Fressbarem durchwühlen. Graskarpfen sind tüchtige Algenfresser, die sich aber auch an der übrigen Teichvegetation gütlich tun. Die Fische brauchen über 26° C Wassertemperatur, um sich zu vermehren (› Seite 97).

TIPP!

Wie viele Fische für den Teich?

Als Faustregel für den Besatz eines Teiches mit Fischen gilt:
Ein Fisch von 10 cm Endgröße benötigt 50–60 Liter Wasser. Für größere Fische berechnen Sie die benötigte Mindestwassermenge wie folgt:

Länge des Fisches × 60 Liter × 0,4

Für einen 25 cm langen Koi sollten Sie also ein Becken von mindestens 600 Liter Inhalt bereitstellen.

Ein Überbesatz mit Fischen begünstigt – genauso wie zu viel Fütterung – dauerhaft trübes Wasser.

Goldfisch *Carassius auratus*
Der Goldfisch wird bis 30 cm lang. Er ist sehr genügsam, widerstandsfähig und wegen seiner auffallenden Färbung gut zu beobachten. Er ist ein Allesfresser und verträgt Wassertemperaturen bis 20 °C.

Moderlieschen *Leucaspidus delineatus*
Dieser 6–10 cm große, friedliche Schwarmfisch hält sich meist am Grund auf. Achtung: Das Moderlieschen vermehrt sich sehr gut und hat den Teich schnell überbevölkert.

Stichling *Gasterosteus aculeatus*
Dieser Schwarmfisch ist 5–10 cm groß und bevorzugt Lebendfutter. Zur Balzzeit ist das Männchen leuchtend rot gefärbt und duldet nur paarungswillige Weibchen in der Nähe.

Koi *Cyprinus carpio*
Der Koi ist der farbenprächtigste und auffälligste Fisch für den Gartenteich. Daher ist er auch relativ teuer. Der bis zu 80 cm groß werdende Karpfenfisch ist nur für große Anlagen geeignet.

Graskarpfen *Ctenopharyngodon idella*
Der Graskarpfen kann bis zu 1 m lang werden. Er frisst täglich mehr Pflanzenmasse als seinem Körpergewicht entspricht. Für Teiche »normaler Größe« ist er ungeeignet, da sonst bald alle Pflanzen abgeweidet sind.

Goldorfe *Leuciscus idus*
Die Goldorfe mit ihren 30–40 cm Länge ist für mittlere und größere Teiche geeignet. Sie kommt gerne an die Wasseroberfläche, um hier Insekten zu fangen.

Tipps zum Bau Ihres Gartenteiches

Bei Planung und Bau einer größeren Teichanlage, insbesondere wenn diese auch zum Baden genutzt werden soll, ist es ratsam, einen Fachbetrieb zu beauftragen. Kleine Teiche sind aber durchaus auch im Eigenbau zu bewerkstelligen. Dieses Buch beschäftigt sich in erster Linie mit der Bepflanzung, doch dürfen einige grundsätzliche Hinweise zum Anlegen eines Gartenteiches nicht fehlen.

Der Teich im Garten

Haben Sie sich für den Bau eines Gartenteiches entschieden, dann sollten Sie sich im nächsten Schritt über seine Größe, den Standort und den gewünschten Gestaltungsstil (› Seite 12/13) klar werden.

Der richtige Standort

Ein Standort mit 4–5 Stunden Sonne auf dem Teich ist ideal, da die meisten Sumpf- und Wasserpflanzen lichthungrig sind. In unserer Pflanzenauswahl finden Sie aber auch Arten für weniger sonnenverwöhnte Lagen. In reiner Südlage sollten Sie zum Beschatten hochwachsende Gräser oder Ziersträucher am Uferrand einplanen. Die Sonne fördert zwar den Pflanzenwuchs, sorgt im Hochsommer aber auch dafür, dass das Wasser relativ warm und sauerstoffarm wird – ideale Bedingungen für Algen (› Seite 32)!
Bäume in Teichnähe sind zwar gute Schattenspender. Das im Herbst in den Teich fallende Laub verschlechtert jedoch die Wasserqualität. Wenn sich das Laub zersetzt, ändert sich der pH-Wert (› Seite 32), mehr aber noch der Nährstoffgehalt des Teichwassers. Hier hilft dann nur das Überspannen der Wasserfläche mit einem Laubschutznetz.
Wollen Sie das Leben und Treiben im und am Wasser so oft wie möglich beobachten, dann sollte der Teich möglichst in der Nähe des am meisten benutzten Aufenthaltsplatzes im Garten liegen, z. B. an der Terrasse oder an Ihrem Lieblingssitzplatz.

Die passende Größe

Die Größe des Teiches ist nicht nur eine Platzfrage. Es besteht auch ein Zusammenhang zwischen Teichgröße und den Lebensabläufen im Teich. Im Teich sollte ein ausgeglichenes Verhältnis zwischen Nährstoffverbrauchern (lebende Pflanzen und Tiere) und Nährstofflieferanten (abgestorbene Pflanzen und Tiere) herrschen. Man spricht hier vom biologischen Gleichgewicht. Fallen mehr Nährstoffe an, als verbraucht werden, verschlechtert sich die Wasserqualität. Je kleiner der Teich, umso stärker sollten Sie darauf achten, dass möglichst wenig abgestorbene Pflanzenteile und andere Nährstoffquellen ins Wasser sinken. Eine gewisse Wasserbewegung durch Bachläufe, Sprudler u. a. unterstützt die biologischen Abbauprozesse.

→ In der **Garten- und Feuchtzone** ist es am einfachsten möglich, eine bunte Pflanzenvielfalt auf engem Raum zu kombinieren.

→ Schwieriger wird es schon mit **Sumpf-** und **Flachwasserzone**. Diese beiden Zonen sollten jeweils wenigstens 40 cm breit sein, wenn Sie die üblichen, mehr oder weniger wüchsigen Pflanzen einsetzen.

→ Am schwierigsten ist die **Seerosenzone.** Jede einzelne Pflanze benötigt ausreichend Platz, um sich gut entwickeln zu können. Wir empfehlen, über die Angaben in den Pflanzenporträts hinaus, etwa doppelt so viel Wasserfläche ein-

zukalkulieren, da Sie ja auch noch freie Wasserfläche sehen möchten. Um es konkreter zu machen: Bei unter 3 m² Platz sollten Sie entweder ganz auf Seerosen verzichten und dafür eine reich bepflanzte Uferzone gestalten, oder Sie wählen architektonische Becken aus, die nur aus einer entsprechend größeren Seerosenzone bestehen.
Planen Sie auch genügend Platz für sich selbst und Ihren Lieblings-Lehnstuhl, die Hängematte oder auch nur einen zum Sitzen und Verweilen geeigneten Holzsteg ein.

Die Kunst des Dichtens

Viele Wege führen ans Ziel – diese Weisheit kann auch die Qual der Wahl bedeuten. Für den Hausgebrauch jedoch liegen Sie mit einem Folienteich oder einem Fertigbecken auf der sicheren Seite. Beide Varianten können Sie auch gut selbst einbauen.

Tipps zum Folienteich

Folienteiche bieten Ihnen die Möglichkeit einer ganz individuellen Formgebung. Es gibt im Fachhandel aber auch fertig vorkonfektionierte Folie, die Sie nicht mehr schneiden oder verschweißen müssen.

➜ Wählen Sie nur beste Markenware. Die Folie sollte mindestens 15 Jahre Garantie haben, UV-stabil, hitze- und frostbeständig, verrottungsfest und umweltfreundlich sowie TÜV-geprüft sein.

➜ Profilieren Sie die Baugrube entsprechend der Abbildung auf Seite 14 in die verschiedenen Tiefenzonen. Die Tiefe der einzelnen Terrassen setzt sich aus drei Schichten zusammen:
1. Schicht: 5 cm für Sand und Schutzvlies unter der Folie,
2. Schicht: 10–15 cm für Substrat über der Folie bzw. Höhe der vorgesehenen Pflanzgefäße,
3. Schicht: Wasserstand der jeweiligen Zone.

➜ Und so bestimmen Sie Länge und Breite von Folie und Schutzvlies: Legen Sie an der jeweils längsten und breitesten Stelle der Teichgrube ein Bandmaß bodenbündig entlang des Profils durch den Teich, so dass es überall Kontakt mit der Oberfläche hat. Addieren Sie zu den Messwerten jeweils 100 cm für die spätere Randausbildung.

➜ Entfernen Sie Steine, starke Wurzeln oder andere Gegenstände, die die Folie gefährden könnten. Um die Folie vor Beschädigungen von unten zu schützen, schütten Sie zunächst eine 5 cm dicke Sandschicht auf und legen darüber ein Schutzvlies.

➜ Ziehen Sie die Folie nun mit der glatten Seite nach unten in die Grube. Achten Sie darauf, dass das untergelegte Schutzvlies nicht verrutscht.

➜ Die Folie sollte allseitig mindestens 40 cm über den Teichrand hinausreichen.

Unterschätzen Sie nicht das Gewicht der Folie! »Verpflichten« Sie zum Auslegen am besten einige Helfer mit durchtrainierten Muskeln!

➜ Füllen Sie nun Tiefenzone für Tiefenzone zunächst mit Substrat und Kiesabdeckung, dann mit Wasser, damit sich die Folie bündig an den Rand legt.

➜ Beim Einbau des Substrats der Feuchtzone schneiden Sie das Schutzvlies bündig und die Folie auf 30 cm Überstand ab.

➜ Die Folie wird nach innen eingeschlagen und durch das Substrat fixiert. Der umgeschlagene Teil muss auf jeden Fall etwas über den Boden herausstehen (› Abb. Seite 12).

Das A und O: die Kapillarsperre

Egal, wie Sie den Teichrand gestalten wollen, wichtig ist, die Folie am Rand so zu verlegen, dass das Folienende ein kleines Stück über die Bodenfläche hinausragt. Nur so verhindern Sie, dass der angrenzende Gartenboden dem Teich Wasser entzieht. Diesen als »Kapillarsperre« bezeichneten Saum können Sie durch grobe, nicht saugfähige Steine, einen um den Teich gezogenen Plattenbelag oder eine geschickte Bepflanzung kaschieren. Damit Sie später an den Rand des Teiches treten können, ohne die Folie nach unten zu drücken, sollte das Ufer stabil fixiert sein. Um dies zu erreichen (› Abb. Seite 15), graben Sie entlang des Ufers nach außen noch mal eine ca. 15 cm breite und tiefe Stufe und setzen dort Pflaster- oder Kantensteine auf Magerbeton (1 Teil Zement, 4 Teile Sand) ein.

Tipps zum Fertigteich

Der Einbau eines Fertigteichbeckens ist etwas einfacher als das Anlegen eines Folienteiches.

Achten Sie darauf, dass das Becken genügend große Tiefenzonen zum Bepflanzen hat. Wählen Sie keine Becken aus, bei denen die Pflanzzonen weniger als 40 cm breit sind, es sei denn, diese sind vertieft ausgeformt, so dass Sie direkt Substrat einfüllen können.

➔ Die Baugrube für den Fertigteich sollte 5–10 cm tiefer sein als das Becken, damit Sie eine entsprechend starke Ausgleichsschicht aus Sand einfüllen können.

➔ Kontrollieren Sie nach dem Einsetzen des Beckens, ob der Beckenrand wirklich horizontal verläuft, und füllen Sie dann das Bodensubstrat ein. Nun können Sie hier pflanzen und die untere Etage mit Wasser füllen.

➔ Füllen Sie den Spalt zwischen Becken und anstehendem Boden mit Sand aus, den Sie mit dem Gartenschlauch vorsichtig einspülen. Der Wasserstand außerhalb des Beckens darf nie höher steigen als im Becken, da dieses sonst aufschwimmt!

➔ Arbeiten Sie sich nun Zone für Zone nach oben: Substrat einfüllen, pflanzen, den Wasserstand entsprechend anheben, außerhalb des Beckens Sand einspülen.

➔ Um auf ebenen Terrassen 5–10 cm Substrat einfüllen zu können, füllen Sie Teichsäcke (im Fachhandel unter dieser Bezeichnung erhältlich) mit Kies und legen diese entlang der Kanten aus. Wenn Sie stattdessen schmale Steine verwenden, legen Sie die jeweilige Etage mit einem dünnen verrottungsfesten Vlies aus (z. B. Winterschutzvlies 90 g/m^2), das doppelt so breit ist wie die Terrasse und zunächst mit einer Hälfte in die nächst tiefere Ebene hängt. Am

Das erhöht eingebaute GFK-Becken ist Teil eines Bachlaufs. Es sitzt auf einer Folienbahn, die das überlaufende Wasser aufnimmt.

Rand entlang setzen Sie nun die Steine und schlagen das überstehende Vlies über diese zurück. Das auf das Vlies gefüllte Pflanzsubstrat sichert die Abkantung der Terrassen zuverlässig.

Der Überlauf

Nach langen Regenfällen kann das Ufer überflutet werden. Dabei können Nährstoffe (v. a. Phosphor) aus dem Gartenboden in den Teich gelangen. Sie können dies verhindern, wenn Sie einen Überlauf einplanen.

➔ Am einfachsten ist es, das Ufer an einer Stelle geringfügig tiefer zu legen und eine mit Kies gefüllte Folienrinne daran anzuschließen. Legen Sie die Rinne so an, dass sie ein vom Teich wegführendes Gefälle besitzt und an einer Stelle im Garten endet, an der das Wasser schadlos versickern kann.

➔ Eine andere Möglichkeit bietet eine Sickergrube an der tiefsten Stelle entlang des Teichrandes. Die Grube sollte mindestens 50 cm tief, 50 cm breit und 1 m lang sein. Sie wird mit Kies (Körnung 8–16 mm) gefüllt.

Wasser in Bewegung

Bewegtes Wasser (› Seite 180) führt zu besserer Filterung und Reinigung. Zudem werden Nährstoffe schneller abgebaut. In kleineren Teichen lässt sich mit Solarpumpen auf energiesparende Weise schon eine leichte Durchströmung bewirken. Wenn Sie genügend Platz haben, können Sie auch einen Bachlauf an den Teich anschließen.

➔ Legen Sie das Bachbett deutlich breiter mit Folie aus, als für den eigentlichen Wasserlauf vorgesehen ist, damit Sie Platz für die Ufergestaltung mit Kies und Steinen haben.

➔ Das Wasser sollte sich abschnittsweise in Kolken aufstauen und stufenweise von Kolk zu Kolk springen. Dadurch erhalten Sie das gewünschte Plätschern und haben auch bei sehr niedriger Durchflussrate einen ständigen Mindestwasserstand im Bachbett.

➔ Eine einfache Unterwasserpumpe im Teich sorgt für die notwendige Wasserzirkulation. Die Pumpen-Druckleitung sollte mindestens 5 cm stark sein.

Nützliche Technik

Zwei Dinge sind für eine gute Wasserqualität ausschlaggebend: ausreichend Sauerstoff und geringer Nährstoffeintrag. In größeren Teichen ohne Fischbesatz reguliert sich beides meist von allein. Kleine Teiche dagegen benötigen etwas Technik, um das biologische Gleichgewicht zu erhalten.

➔ Der **Oxydator** ist ein Gerät zur Sauerstoffanreicherung, das ohne Strom funktioniert. In einem Gefäß mit Wasserstoffperoxid und destilliertem Wasser wird über einen Katalysator Sauerstoff abge-

TIPP!
Vorsicht beim Umgang mit Strom

Lassen Sie sich beim Kauf elektrischer Geräte wie Pumpen und FIlter unbedingt im Fachhandel beraten. Kaufen Sie nur Geräte, die das GS-Zeichen für geprüfte Sicherheit tragen! Lassen Sie elektrische Installationsarbeiten nur vom Fachmann ausführen! Ziehen Sie unbedingt den Netzstecker, bevor Sie ein elektrisches Gerät aus dem Wasser nehmen!

spaltet. Das Gefäß wird einfach in den Teich gestellt. Ist der Oxydator leer, dann schwimmt er nach oben.

➜ Zur Verringerung der Abfallstoffe im Wasser gibt es spezielle **Filter**, die grobe Schmutzpartikel im Filtermaterial (Granulat, Bürsten oder Schwämme) festhalten. Das Filtermaterial muss regelmäßig gereinigt werden. Informieren Sie sich im Fachhandel über die verschiedenen Filtersysteme.

➜ **Pumpen** benötigen Sie für den Betrieb von Filter, Wasserspielen oder einem Bachlauf. Das Angebot an Pumpen ist groß. Geben Sie beim Kauf unbedingt Teichgröße und Verwendungszweck an.

Die Terrassierung des Bachlaufes sorgt schon bei geringer Fließgeschwindigkeit für einen ausreichenden Wasserstand.

Mit Pflanzen wird der Teich erst schön

Das Schönste kommt zuletzt – das gilt auch für den Bau Ihres Gartenteiches! Die Folie ist verlegt, die Tiefenzonen ausgeformt. Nun wird alles für das hergerichtet, was einen Gartenteich so schön und erlebnisreich macht: die Bepflanzung! Damit die Freude beim Pflanzen der verschiedenen Stauden und Gehölze auch von Dauer ist, sollten Sie einige fachliche Ratschläge beachten.

Pflanzenvielfalt am Teich

Pflanzen sind das wichtigste Gestaltungselement im Garten. Auch der Teich und sein Umfeld werden durch die Vegetation geprägt. Die Pflanzenauswahl hängt in erster Linie von Ihrem eigenen Geschmack ab und von der Stilrichtung, die Sie Ihrem Garten geben wollen. Achten Sie jedoch unbedingt auf die vorherrschenden Standortverhältnisse. Sie können diese zwar noch etwas beeinflussen, vermeiden aber durch Auswahl der passenden Art für die jeweilige Zone einen unnötig hohen Pflegeaufwand oder sogar ein Absterben der Pflanze.

Teichpflanzen – woher?

→ Pflanzen für Ihren Gartenteich beziehen Sie am besten in einer Staudengärtnerei, im gut sortierten Gartencenter oder in speziellen Wasserpflanzengärtnereien (› Bezugsquellen Seite 189). Besorgen Sie sich auf keinen Fall die Pflanzen aus der Natur.

→ Die Pflanzen sollten mit Namen und Pflegehinweisen etikettiert, gesund und unbeschädigt sein. Gesunde Pflanzen erkennen Sie an sattgrünen Blättern und gut entwickelten Trieben. Sehen Sie sich auch die Wurzeln, Knollen und Rhizome im Pflanztopf genau an bzw. lassen Sie sich diese zeigen. Von Seerosen werden auch ungetopfte Rhizomstücke angeboten. Wählen Sie nur solche Stücke aus, die weder Faul- noch Schimmelstellen zeigen. Außerdem sollten die Rhizome (das gilt auch für Wurzeln und Knollen) durch und durch fest sein. Stauden, die im Frühjahr noch nicht ausgetrieben haben, sollten einen gut durchwurzelten Substratballen haben.

→ Kommen Sie nach dem Kauf nicht sofort zum Einsetzen, sollten Sie die Pflanzen schattig unterbringen und gut wässern. Stellen Sie Sumpfpflanzen mit den Wurzeln ins Wasser. In durchsichtige Plastiktüten oder -dosen abgepackte Unterwasserpflanzen nehmen Sie aus den Behältern und tauchen sie in einem mit Wasser gefüllten Eimer unter. Seerosen lagern Sie mit dem Topf unter Wasser.

Teichpflanzen – wie viel?

Wie viele Pflanzen Sie von der jeweiligen Art einsetzen, richtet sich nach deren Funktion in der Pflanzung (› Seite 36–37) und ihrem Ausbreitungsverhalten. Viele Pflanzen sehen im Frühjahr meist noch recht spärlich aus. Lassen Sie sich dadurch nicht zum Kauf von zu vielen Pflanzen verleiten. Etliche Arten entwickeln sich relativ schnell zu prachtvollen Exemplaren, die viel Platz beanspruchen. Über einen Meter hoch werdende Stauden sollten – zwischen niedrigere Partner gestellt – mindestens den ihrer Höhe entsprechenden Abstand zueinander erhalten, wenn sie langfristig noch als Einzelpflanzen wirken sollen. Wollen Sie eine Gruppe formen, können Sie bis zu fünf Pflanzen pro Quadratmeter verwenden. In gemischten Pflanzungen können Sie von folgender Anzahl ausgehen:

→ wüchsige Röhrichtpflanzen: 2–4 Pflanzen pro Quadratmeter

→ wüchsige, aber nicht wuchernde Arten: 4–8 Pflanzen pro Quadratmeter

→ schwachwüchsige Arten der Moore: 10–15 Pflanzen pro Quadratmeter

→ Hinzu kommen Arten mit minimalem Platzbedarf, die meist nur begrenzte Zeit zu sehen sind wie Zwiebelpflanzen. Sie sollten sie am besten in Tuffs zu je 3–5 Stück zusätzlich einsetzen.

→ Die Seerosenzone sollte grundsätzlich sehr sparsam bepflanzt werden. Beachten Sie, dass es bei den Seerosen auch stark und weniger stark wüchsige Sorten gibt.

→ Unterwasserpflanzen sollten Sie am besten in mehreren Arten, aber in jeweils kleinen Stückzahlen einsetzen.

Verfahren Sie bei der Erstbepflanzung Ihres Teiches am besten nach dem Motto »Weniger ist mehr«. Falls sich später noch Lücken zeigen sollten, können Sie immer noch nachpflanzen. Das ist besser und billiger, als zu viel eingesetzte Pflanzen wieder auszureißen.

Wann pflanzen?

In der Gartenzone gilt die übliche Pflanzzeit im Frühjahr und Herbst. Hier wachsen Containerpflanzen bei regelmäßigem Gießen im ersten Jahr auch im Sommer gut ein.

Als Pflanzgefäße kommen ausreichend große Kunststoffkörbe und Taschen aus Vlies und Kokosgewebe in Frage.

Im staunassen Bereich und unter Wasser dagegen sind die Monate Mai und Juni der beste Zeitraum – dies gilt besonders für Seerosen. Auch Teilstücke ohne Topfballen wurzeln in dieser Zeit meist problemlos an. Bis August werden die meisten Containerpflanzen mit guten Wurzelballen auch noch einwachsen können, dann aber erst im Folgejahr größere Zuwachsraten erkennen lassen. Spätpflanzungen werden im Winter durch die Ausdehnung des Wassers bei Frost leicht aus dem Substrat gehoben, was zu Schäden führen kann. Achten Sie im Frühjahr auf freiliegende Wurzelballen. Drücken Sie diese wieder gut ins Substrat ein.

Geeignete Pflanzsubstrate

Während in der Gartenzone bereits ein Substrat in Form des vorhandenen Bodens existiert, müssen Sie dies innerhalb des Teiches erst einbringen. Oberstes Gebot ist das Vermeiden eines Überangebots an Nährstoffen.

➔ In die **Seerosenzone** füllen Sie am besten nur eine 10 cm starke Schicht aus kalkarmem Kies der Körnung 2–8 mm ein. An den Stellen, die mit Seerosen bepflanzt werden sollen, ist es günstig, einen flachen Hügel aus Gartenerde unter dem Kies aufzubringen (❯ Abb. Seite 14). Diese Erde sollte wenig Nährstoffe und keine organische Substanz enthalten. Dafür eignen sich z. B. die unteren Bodenschichten Ihres Gartens. Die im Handel angebotenen ungedüngten Teicherden können Sie verwenden, wenn sie wenig Torf oder andere organische Substanz enthalten.

Platzieren Sie die Seerose im Korb nicht mittig, sondern so in eine Ecke, dass der stärkste Kriechspross nach innen zeigt.

➔ Die **Flachwasser-** und **Sumpfzone** können Sie komplett mit einer 5–10 cm starken Schicht aus nährstoffarmem Substrat befüllen und mit 5 cm Kies (Körnung 2–8 mm) überdecken. Sichern Sie am Rand der jeweiligen Zone das Substrat mit Teichsäcken oder Steinen vor dem Abrutschen.

➔ Da die **Feuchtzone** nicht von oben mit Wasser überspült wird, ist hier eine stärkere Verarmung an Nährstoffen zu erwarten als in den tiefer gelegenen Zonen. Legen Sie deshalb im unteren Bereich eine Schüttung aus grobem Kies an, in der ein Wasseraustausch besser möglich ist als in dichterem Substrat. Darüber erst zieht sich eine 10–15 cm dicke Substratschicht, die wiederum von 5–10 cm kalkarmem Kies (Körnung 2–8 mm) abgedeckt wird. In dem oberflächennahen Bereich sollten Sie eine handelsübliche Teicherde einsetzen. Als Sicherung zur Sumpfzone eignen sich Steine oder auch dicke Äste.

Direkt oder in Gefäße pflanzen?

Ob Sie Ihre Teichpflanzen direkt ins Substrat setzen oder in Gefäße pflanzen, hängt zum einen vom Stil Ihres Teiches, zum andern von seiner Größe ab. In rein architektonischen Teichen ist oft die gesamte Bepflanzung in Pflanzgefäßen verteilt. Bei diesen Anlagen wird in erster Linie auf eine ansprechende Raumverteilung der einzelnen Gewächse geachtet (❯ Seite 38). Zudem soll das Verhältnis von freier Wasserfläche zu Bepflanzung langfristig möglichst konstant bleiben. Das ist mit einer Bepflanzung in Gefäßen gegeben. Besonders die Ausläufer treibenden Arten wirken immer am natürlichsten, wenn sie direkt in das Substrat der jeweiligen Zone, eingesetzt werden. Es gibt verschiedene Gründe in Gefäße zu pflanzen:

➔ Die Verwendung von Pflanzgefäßen bietet variable Gestaltungsmöglichkeiten. Durch Aufbocken von Gefäßen auf Steine können Sie die Tiefe nach Bedarf einstellen. Sie können auch die Pflanzenverteilung jederzeit nachjustieren. Dies ist besonders in kleinen architektonischen Becken günstig, wo das weniger natürliche Erscheinungsbild der eingesperrten Pflanzen nicht stört.

➔ Seerosen verbreiten sich mehr oder weniger stark und sind zudem nährstoffbedürftig. Bei kleineren Wasserflächen ist es besser, sie in einen größeren Pflanzkorb zu setzen, der ihren Ausbreitungsdrang etwas einschränkt, der sich gezielt düngen lässt und mit dem Sie die Pflanze auch gut aus dem Teich nehmen können (❯ Abb. oben).

Wucherer

Unter den Teichpflanzen gibt es ein paar ganz radikale Arten, denen Sie entweder nur als Besitzer eines großen Landschaftsparks oder aber in einem sehr festen Pflanzbehälter eingesperrt Zutritt zu Ihrem Teich gewähren sollten. Das sicherste aber ist, solche Pflanzen grundsätzlich zu meiden. Was Vegetationskundler treffend als »Guerilla-Strategen« bezeichen, ist dabei an Hinterlist kaum zu überbieten. In den ersten 2–3 Jahren treten diese Wucherer oberirdisch gar nicht übermäßig in Erscheinung – legen dafür aber in aller Heimlichkeit unterirdische Ausläufer (Rhizome) an. Eines Frühjahrs schießen sie dann mit ungeahnter Wucht oft über sämtliche Teichzonen hinweg drauf los, um die sonstige Vegetation unter ihre Kontrolle zu bringen. Den acht auf dieser Doppelseite vorgestellten Arten haben wir ganz bewusst keinen Platz bei der Pflanzenauswahl eingeräumt. Vorsicht bitte auch bei folgenden Kandidaten, die zwar in die Pflanzenauswahl aufgenommen wurden, die aber auch gut in Zaum gehalten werden müssen:

Kalmus › Seite 106
Kleiner Rohrkolben › Seite 150
Langes Zyperngras › Seite 118
Schmales Wollgras › Seite 120
Schneidried › Seite 117
Seekanne › Seite 140
Shuttleworth's Rohrkolben › Seite 150
Sumpf-Farn › Seite 118
Gelbe Teichrose › Seite 137
Gestreifte Teichsimse › Seite 148
Wasser-Knöterich › Seite 142
Zungen-Hahnenfuß › Seite 146

Wucherer können Sie nur in Grenzen halten, wenn Sie sie in stabile Gefäße pflanzen, und auch dann müssen Sie sie alle 2–3 Jahre teilen und kleinere Teilstücke neu einsetzen.

Gefahr für die Teichfolie?

Durch Pflanzenwachstum zerstörte Folien sind ein Schreckgespenst für alle Teichbesitzer. Es ist aber mehr eine Frage der sauberen Bauausführung als der Pflanzenauswahl, ob die Folie von Ausläufern durchstoßen wird. Klaffende Überstände an Schweißnähten bieten Angriffsflächen für Rhizome und Wurzeln, die in die entstandenen Taschen hineinwachsen, dort nicht ausweichen und schließlich Löcher verursachen können. Wirklich gefährlich auch bei gut verlegten Dichtungen ist vor allem das heimische Schilf. Freunden ostasiatischer Gärten droht Gefahr von der anderen Seite: Ausläufer treibender Bambus, vor allem *Phyllostachys*-Arten, gehen mit großer Brutalität gegen alles vor, was ihren Rhizomen in die Quere kommt. Hier empfiehlt sich der Einbau einer Sperre: einer 70 cm breiten und 2 mm dicken PEHD-Folie, die um den Wurzelraum eingebaut wird.

Sumpf-Segge *Carex acutiformis*
Feucht- und Sumpfzone; entwickelt am Teichufer ganz rasch dichte immergrüne Bestände, die mit 80–120 cm Höhe alle anderen Pflanzen überrollen; ähnlich *Carex acuta* (sommergrün), *C. riparia* (immergrün)

Schilf *Phragmites australis*
Feucht- bis Flachwasserzone; mit über 2 m Höhe die mächtigste Röhrichtpflanze, die große Seen zum Verlanden bringen kann; ideal nur für Pflanzenkläranlagen

Sumpf-Simse *Eleocharis palustris*
Sumpf- und Flachwasserzone; wird nur 30–60 cm hoch, ist als alleiniger Bewuchs auf mehreren Quadratmetern aber wenig attraktiv, denn Partnerpflanzen werden kaum geduldet und beiseitegedrängt

Igelkolben *Sparganium erectum*
Sumpf- und Flachwasserzone; bis 1,5 m hohe, dichtwüchsige Röhrichtpflanze mit sternchenförmigen Früchten; wächst rasant und verdrängend; etwas kleiner ist *S. emersum*

Laichkraut *Potamogeton natans*
Flachwasser- und Seerosenzone; es gibt attraktivere Schwimmblattpflanzen, das Schwimmende Laichkraut überzieht große Wasserflächen; auch Landformen im Sumpf

Schachtelhalm *Equisetum hyemale*
Feucht- bis Flachwasserzone; immergrüne über 1 m hohe Halme; im frei stehenden Sumpfkübel ein Hingucker; vom Teich selbst ebenso zu verbannen wie alle anderen *Equisetum*-Arten (z. B. *Equisetum variegatum*)

Wasserpest *Elodea canadensis*
Flachwasser- und Seerosenzone; die dichten Unterwasserrasen können selbst Seerosen unterdrücken; kontrollieren Sie neu erworbene Wasserpflanzen unbedingt auf eventuell anhaftende Wasserpestteile

Großer Rohrkolben *Typha angustifolia*
Sumpf- und Flachwasserzone; die über 2 m hohen kolbentragenden Triebe wachsen bald aus allen Teichzonen; *T. latifolia* wuchert ähnlich stark; *T. laxmannii* etwas weniger, bleibt aber niedriger

Der Korb kann die Seerose nicht an der Ausbreitung ihrer Kriechsprosse hindern, wohl aber regelmäßige Kontrolle mit Spaten und Messer.

Geeignete Pflanzgefäße

➔ Als Pflanzgefäße eignen sich Gitterkörbe in den verschiedensten Größen und Formen, Betonringe und Böschungsmatten mit eingebauten Pflanztaschen.

➔ Gitterkörbe können Sie mit Hilfe von Seilen, Bügeln oder Haken leicht in den Teich setzen und auch wieder herausheben. Legen Sie die Körbe vor dem Bepflanzen mit einem Gewebe aus Jute oder Kokosfaser aus, damit das Substrat nicht durch die Maschen rieselt.

➔ Feste Behälter sollten zumindest am Boden gelocht sein, um den Wasseraustausch etwas zu verbessern. Dazu ist auch eine 10 cm starke Packung aus grobem Kies (Körnung 8–16 mm) als unterste Schicht sinnvoll. Darüber füllen Sie dann das entsprechende Substrat ein.

➔ Körbe oder Pflanztaschen aus Kokosgewebe sind bei nicht wuchernden Pflanzen günstiger als Kunststoffgefäße, da hier die Wurzeln ins freie Wasser wachsen und so der Nährstoffverarmung entfliehen können.

➔ Zum Bepflanzen steilerer Ufer eignen sich Böschungsmatten mit eingebauten Pflanztaschen. Füllen Sie die Taschen zur Hälfte mit feinem Kies, setzen dahinein die Pflanzen und schließen die Tasche mit Bindedraht, damit die Pflanze vor dem Einwurzeln nicht davongeschwemmt werden kann.

Wie pflanzen?

➔ Wasserpflanzen, die nicht im Boden wurzeln, legen Sie einfach ins Wasser. Sie richten sich von allein aus. Wurzelnde Unterwasserpflanzen fixieren Sie an einer geeigneten Stelle im Teich zwischen Kies oder Steinen.

➔ Im Boden wurzelnde Schwimmblatt- und Sumpfpflanzen können Sie direkt in den Bodengrund, aber auch in Körbe pflanzen.

➔ Bei der Anzucht in der Gärtnerei sind die Stauden und Gehölze in ihren Kulturtöpfen mehr oder weniger starkem Zuflug von Samen aus der Umgebung ausgesetzt. Die meisten Pflegeprobleme im Garten entstehen nach einer Neuanlage durch aus den Topfballen herauswachsendes Unkraut. Deshalb sollten Sie nach dem Austopfen immer die obersten 2–3 cm Substrat entfernen, auch wenn Sie noch keinen Fremdbewuchs erkennen können. Die Agenten aus der Unkrautszene sind sehr gerissen und machen sich oft genug als Samenkorn oder winziges Sprossstückchen unkenntlich. Setzen Sie die Pflanzen so tief ein, dass das Teichsubstrat die entfernte Topferde ersetzt. Füllen Sie darüber noch etwa 2 cm Kies, damit das Substrat nicht abgeschwemmt wird.

➔ In der Feuchtzone setzen Sie Pflanzen der sauren Moore nur knapp unter die Oberfläche des Torfsubstrates und verzichten auf die Kiesabdeckung.

➔ Bei Seerosen wird der dicke Kriechspross in Kies eingebettet. Am einfachsten ist es, beim Befüllen eines Teiches gleich in den Bodengrund zu pflanzen. Sie können aber auch die Seerose in einen Pflanzkorb setzen.

Dauerhafte Freude am Gartenteich

Mit dem richtigen Anlegen und einer ausgewogenen Bepflanzung sind die besten Voraussetzungen für einen pflegeleichten Teich gegeben. Ob sich Pflanzen und Tiere auf die Dauer in Ihrem Gartenteich wohl fühlen, hängt ganz erheblich von der Wasserqualität ab – und darauf sollte bei der Pflege Ihr Hauptaugenmerk liegen. Ansonsten sind übers Jahr gesehen relativ wenig Pflegemaßnahmen notwendig.

Etwas Wasserchemie

Wie in jedem Biotop sind auch im Gartenteich Wachstum und Veränderung zu beobachten. Diese Dynamik ist erwünscht. Doch ohne lenkende Eingriffe wird bald ein Ungleichgewicht in der Bepflanzung entstehen: Einzelne Arten verdrängen andere, unerwünschte Gäste nisten sich ein, und im Wasser kann es zu Algenproblemen kommen. Um die richtigen Pflegemaßnahmen zu treffen, sollten Sie das Wuchsverhalten Ihrer Pflanzen einschätzen können, aber auch einige Grundlagen der Wasserchemie und Teichtechnik beherzigen. Kristallklares Wasser muss nicht immer auch gesund sein, trübes Wasser nicht ungesund. Im Teich spielen drei Werte eine tragende Rolle bei der Bestimmung der Wasserqualität: die Wasserhärte, der Säuregehalt (pH-Wert) und der Nährstoffgehalt. Alle drei Werte können mit im Fachhandel erhältlichen Reagenzien gemessen werden.

Weich oder hart

Die Wasserhärte ist das Maß für die Menge im Wasser gelöster Kalzium- und Magnesiumsalze. Zum »Hausgebrauch« reicht es aus, mit der Gesamthärte zu arbeiten, wenn Sie die Verhältnisse in Ihrem Teich herausfinden möchten. Die Gesamthärte des Wassers wird in Grad deutscher Härte (° dH) angegeben. Es gilt folgende Einteilung:
weich: weniger als 8,4 °dH
mittelhart: 8,4 bis 14 °dH
hart: mehr als 14 °dH
Bei einer Wasserhärte von 7–15 °dH gedeihen die meisten Wasserpflanzen und Fische am besten. Wirklich auf hartes Wasser angewiesen ist der Kleine Rohrkolben, in weichem Wasser bildet er kaum Früchte aus. Auch Breites Wollgras, Kopfbinsen und Schneidried fühlen sich bei hartem Wasser wohler, gedeihen aber auch noch in weicherer Umgebung. Andererseits aber sind einige Unterwasserpflanzen in hartem Wasser gar nicht lebensfähig, wie z. B. die Wasserfeder, eine der attraktivsten Arten überhaupt.

Sauer, neutral oder basisch

Der pH-Wert gibt den Säuregehalt des Wassers an. Einfach ausgedrückt beschreibt der pH-Wert, ob das Wasser sauer, neutral oder basisch reagiert.
sauer: pH-Wert unter 7
neutral: pH-Wert um 7
basisch: pH-Wert über 7
Welchen pH-Wert nun das Wasser Ihres Gartenteiches aufweisen soll, ist bei den Wassergarten-Profis immer noch umstritten. Besonders Schwimmteich-Experten empfehlen höhere Werte, etwa 7,5–8,4. Für die meisten Pflanzen und Fische scheint ein pH-Wert von 6,5–7,5 ideal zu sein.

Nährstoffreich oder nährstoffarm

Der Nährstoffgehalt gibt Auskunft über die im Wasser gelösten Nährstoffe wie Phosphor (P) und Stickstoff (N). Nährstoffe können auf unterschiedliche Weise in das Teichwasser gelangen: durch absterbende Wasserpflanzen und -tiere, durch Kot von Teichbewohnern, durch Pollenflug im Frühjahr und Laubfall im Herbst. Diese organischen Abfälle werden von Bakterien zersetzt. Dabei entstehen Ammonium (NH_4+), Nitrat (NO_3–) und diverse Phosphate. Während Stickstoffverbindungen, vor allem Nitrat, entscheidend sind für die Ernährung der Pflanzen, sind Phosphate fast immer in zu hoher Menge im Wasser gelöst und fördern das Algenwachstum. So lange nicht zu viele Nährstoffe in den Teich gelangen und diese von den Pflanzen aufgenommen werden können, entstehen keine Probleme. Welchen Nährstoffbedarf die verschiedenen Pflanzen haben steht im Kapitel »Pflanzen auswählen«. Hinweise zu Messung und Bewertung des Stickstoffgehaltes finden Sie auf Seite 46.

Ärgernis Algen

Algen sind für viele Hobbygärtner die meistverachteten Teichbewohner. Wichtigste Waffe im Kampf gegen Algen ist das Vermeiden von Phosphoreinträgen in den Teich! Fischen Sie daher so viel und so regelmäßig wie möglich abgestorbene Pflanzenteile, Blätter und Blüten aus dem Wasser, und sorgen Sie im Herbst mit einem Laubschutznetz dafür, dass kein Falllaub in den Teich gelangt.
Setzen Sie Schwimm- und Unterwasserpflanzen ein. Sie sind Nahrungskonkurrenten der Algen. Einige Arten, z. B. Hornblatt und Krebsschere, sondern sogar Substanzen ab, die Schwebealgen töten.

Unter Wasser betrachtet, können auch die verhassten Fadenalgen ästhetisch wirken. Den Tieren im Teich bieten sie guten Unterschlupf.

➔ **Schwebealgen** verursachen eine grünlich durchscheinende Trübung des Wassers. Sie entwickeln sich vor allem bei zu hohem Fischbesatz und zu wenig Pflanzenwuchs. In frisch eingelassenen Teichen ist ein anfänglicher Schub solcher Trübungen normal. Erst Algenvertilger wie Hüpferlinge und Wasserflöhe sorgen wieder für klare Verhältnisse. Wenn sich ein Gleichgewicht zwischen Pflanzen, Tieren und Nährstoffen eingestellt hat, können Sie mit kristallklarem Wasser rechnen. Trübungen treten jedoch oft auch noch in den Folgejahren im Frühjahr auf, wenn durch Falllaub und andere Nährstoffeinträge das Algenwachstum angeregt wird.

➔ **Fadenalgen** beginnen meist auf kalkhaltigen Oberflächen zu wachsen. Von dort aus können sie dann als grüne Fadengewirre durchs Wasser treiben.
Sogenannte Wattealgen, die sich durch abgeschiedene Kalkkrusten rau anfassen, lassen sich noch recht einfach abfischen. Schwieriger sind die glitschigen Jochalgen in den Griff zu bekommen. Sie gleiten einfach elegant durch die Finger, wenn Sie zugreifen. Besser funktioniert das Abfischen mit einem Kescher oder Laubbesen. Empfohlen wird auch, auf einen Akkubohrer einen langen Stab aufzusetzen und diesen rotierend in die Algenwatten zu halten. Zumindest die rauen Kandidaten können Sie mit dieser Methode gut aufwickeln.
Es werden auch unterschiedlichste chemische Mittelchen angeboten, die den fädigen Feinden den Garaus machen sollen. Wer eine etwas türkisfarbene Wirkung des Teichwassers akzeptiert, kann Algenbekämpfungsmittel auf Farbstoffbasis anwenden. Ihre Wirkung beruht auf dem Ausfiltern für die Algen notwendiger Wellenlängen des Lichtes, die für alle übrigen Gewächse aber ohne Bedeutung sind. In architektonischen Becken ist so etwas am ehesten akzeptabel.
Erfolge gegen Algen wurden auch bei Einbringen von Gerstenstroh in den Teich erzielt. 100 Gramm trockenes Stroh auf 10 m^3 Wasser sollen bereits eine gute Wirkung erzielen. Auch das Ansäuern des Wassers, z. B. mit Torf, hilft. Stopfen Sie dazu gut feuchten Hochmoortorf in einen Sack aus wasserdurchlässigem Gewebe und legen Sie diesen in den Teich. Nach einigen Wochen kann er wieder entfernt oder bei Bedarf der Torf ausgetauscht werden. Das Teichwasser verfärbt sich durch die Huminsäuren jedoch etwas bräunlich, aber ohne trüb zu werden. 50–100 Liter Torf pro 10 m3 Wasser sollten bereits einen guten Effekt haben.

Düngen im Teich

In einem nährstoffarmen Teich werden Sie im zweiten oder dritten Jahr nach der Anlage bei einigen Pflanzen feststellen, dass sie langsamer und schwächer wachsen, die Blätter kleiner bleiben und gelblich werden. Diese Symptome sind meist auf einen Mangel an Stickstoff zurückzuführen. Sie sollten die betroffenen Pflanzen nun düngen. Verwenden Sie dafür aber nur reine Stickstoffdünger. Auf keinen Fall darf Phosphor enthalten sein, da dieser das Algenwachstum fördert!

➜ Im Frühjahr bis Mitte Juni können Sie mit Hornspänen düngen. Diese enthalten etwa 15 % Stickstoff und sind nicht wasserlöslich. Im Wurzelraum der Pflanzen werden sie durch Mikroorganismen langsam aufgeschlossen. Damit der Dünger gut an die Pflanzen kommt, für die er bestimmt ist, und nicht zu viel Dünger ins freie Wasser gelangt, gibt es eine gute Methode: das Einfrieren des Düngers in Eiswürfel (› Abb.).

Einer kräftigen Wasserpflanze können Sie gut 50 g Hornspäne gewähren.

Wie vielen Eiswürfeln das entspricht, müssen Sie natürlich vor dem Versetzen mit Wasser auswiegen, denn diese Angabe bezieht sich auf Trockenmasse!

➜ Bis Anfang August ist die Düngung durch Besprühen mit Harnstoff (Urea) möglich. Haben Sie keine Bedenken wegen des »anrüchigen« Namens. Diese organische Verbindung wird technisch hergestellt und als feines Granulat im Gartenfachhandel angeboten. Sie besteht zu stolzen 46 % aus Stickstoff und wird in 1 %-iger Konzentration (10 g Granulat/Liter Wasser) angewandt. Harnstoff wird über die grünen Pflanzenteile direkt aufgenommen und ist daher sehr schnell wirksam. Düngen Sie nur zurückhaltend. Langfristig gesehen ist es günstiger, wenn Sie für Ihre Pflanzen »Schmalhans Küchenmeister« sein lassen. Sie haben mehr Freude an Ihrem Teich und weniger Pflegeaufwand, wenn alles etwas langsamer wächst.

Die im Eis verbackenen Hornspäne können Sie als Dünge-Pellets unter Wasser in den Wurzelraum drücken.

Notwendige Pflegearbeiten

Mit einer ausgewogenen Bepflanzung und einer guten Wasserqualität haben Sie wichtige Voraussetzungen für ein gesundes Teichleben geschaffen. Es gibt aber trotzdem noch einige Pflegemaßnahmen.

Wasser nachfüllen?

In einem gut abgedichteten Teich mit Kapillarsperre ist ein Wasserverlust nur durch Verdunstung möglich – es sei denn, die Folie ist undicht (› Tipp). Diese ist umso größer, je dichter der Teich bepflanzt ist. Bei großer, freier Wasserfläche bleibt die verdunstende Oberfläche gering, so dass auch in warmen Sommern wenig Wasser nachgefüllt werden muss. Ein Absinken des Wasserspiegels um 20 cm dürfen Sie kurzzeitig tolerieren, es sei denn, bestimmte Uferzonen fallen trocken. Verwenden Sie zum Auffüllen möglichst kein hartes Leitungswasser. Am besten eignet sich abgestandenes Regenwasser.

TIPP!

Was tun bei Wasserverlust?

Kontrollieren Sie im Frühjahr regelmäßig den gesamten Teichrand, ob seine Funktion als Kapillarsperre noch erhalten ist. Entfernen Sie Erde, verrottende Pflanzenreste und andere Feinteile vom Folienrand, da sie sonst wie ein Docht Wasser aus dem Teich saugen und in die Gartenzone ableiten. Falls tatsächlich ein Loch durch Unachtsamkeit oder sogar durch eingewachsene Pflanzenteile entstehen sollte, ist auch das meist kein Grund zur Panik. Eintretende Feinteile aus dem am Grund abgesunkenen Schlamm bzw. der als Substrat eingebaute Lehm können solche Lecks so dicht zusetzen, dass der Wasserverlust vernachlässigbar ist. Bei starkem Absinken des Wasserspiegels hilft nur: Wasserstand soweit sinken lassen, bis er stabil bleibt, und entlang der Wasseroberfläche den Teichrand nach Undichtigkeiten absuchen.

Rückschnitt und Mahd

➜ Arten, die zu starker Versamung neigen, wie Blut-Weiderich und Steif-Segge, schneiden Sie am besten zurück, bevor die ersten Samen reif werden. Bei versamungsfreudigen größeren Gräsern hat es sich bewährt, den ganzen Schopf aus Blättern und fruchtenden Trieben zusammenzubinden und dann komplett abzuschneiden (› Abb. unten). So müssen Sie nicht jeden Halm einzeln auflesen, sondern können das komplette Bündel auf dem Kompost entsorgen. Nach 3–4 Wochen hat sich dann schon wieder ein schöner Blattschopf gebildet.

➜ Die Blätter der Seerosen sollten Sie Ende September abschneiden und entfernen. Das absterbende Laub bringt nicht nur Nährstoffe ins Wasser, sondern fördert auch die Anhäufung von Faulstoffen am Grund des Teiches.

➜ Röhrichtpflanzen schneiden Sie im Spätwinter zurück. Arten mit sehr weichen Trieben, deren Sprosse ins Wasser sinken würden, am besten bereits im Herbst zusammen mit den Seerosen.

➜ Eine Feuchtwiese können Sie im Spätherbst oder Winter komplett abmähen, auf kleinen Flächen mit der Heckenschere, auf größeren mit der Motorsense. Wenn die Substratoberfläche der Feucht- und Sumpfzone im Winter gut gefroren ist, können Sie niedrige Vegetation, z. B. eine Moorwiese, sogar mit dem Rasenmäher überfahren. Gehölze und wintergrüne Pflanzen bitte aussparen. Auch für eine wachsende Torfmoosdecke besteht Mähverbot!

Rückschnitt einer Steif-Segge vor der Samenreife. Die zusammengebundenen Halme lassen sich mit einem Griff entfernen.

Unkrautbekämpfung

Kontrollieren Sie Ihren Teich regelmäßig auf Unkräuter. In der Feucht- und Sumpfzone können vor allem Weidenröschen-Arten lästig werden. Wenn Sie diese Eindringlinge konsequent rechtzeitig vor dem Fruchten herausziehen, werden immer nur einzelne Exemplare auftauchen. Vor der Blüte sehen sie aus wie kleine Blut-Weiderichpflänzchen, unterscheiden sich von diesem aber durch die runden Sprossachsen. In Sumpf und Flachwasser kommen in den ersten Jahren oft Sämlinge vom Breitblättrigen Rohrkolben auf, die Sie ebenfalls herausziehen sollten. Ihre grasartigen Blätter stehen sich parallel gegenüber und formen kleine Fächer. Sonst sind es vor allem Weiden- und Birkensämlinge, Binsen und diverse Gräser, die Probleme bereiten können.

Schädlingsbekämpfung

Die schlimmsten Schädlinge sind Seerosen-Zünsler, Seerosen-Blattkäfer und Seerosen-Blattlaus. Alle drei sind bei den Tierporträts beschrieben und Gegenmaßnahmen genannt. Seien Sie nicht enttäuscht, wenn wir nur manuelle Methoden, vor allem das Absammeln befallener Pflanzenteile empfehlen. Chemische Bekämpfungsmaßnahmen an Gewässern sollten Sie unbedingt vermeiden. Selbst im Garten eher harmlose Produkte wie Pyrethrum-Präparate sind im Wasser verheerend, weil sie nicht nur Schädlingen sondern allen Wassertieren den Garaus machen. Wenn an Ihrem Teich eine große Vielfalt an Amphibien, Insekten und Vögeln lebt, ist nur wenig Schädlingsdruck zu erwarten – und der kann toleriert werden.

Großreinemachen

Auch wenn Sie bewusst auf stark wuchernde Pflanzen verzichtet haben, werden Sie feststellen, dass die freie Wasserfläche immer mehr zuwächst und in den Randzonen einzelne Arten zu dominieren beginnen.

➜ Bevor alles komplett zugewuchert ist, sollten Sie nach einigen Jahren beginnen, einen Teilbereich der Seerosen- und Flachwasserzone von Vegetation zu befreien. Nehmen Sie vorsichtig die entstandene Schicht aus Kriechsprossen und Wurzeln von Seerosen und Co. zusammen mit dem darauf liegenden Schlamm mit einem Spaten ab, so dass nur noch die Kiesschüttung zurückbleibt.

Lagern Sie den »Aushub« eine Weile am Ufer, damit sich darin befindliche Tiere wieder ins Wasser zurückziehen können.

➜ Bearbeiten Sie jedes Jahr maximal ein Viertel der jeweiligen Zone und nicht mehr als 2–3 m^2 am

Stück so radikal, um die Tierwelt zu schonen und die entstandenen Narben rasch wieder zuwachsen zu lassen.

→ In der Sumpfzone können Sie in die Flachwasserzone ausufernde Pflanzen durch beharrliches Ausreißen von Einzeltrieben eine Zeit lang etwas zurückdrängen. Auf die Dauer wird aber auch hier eine größere Renovierung notwendig. Sie verspricht nur dann nachhaltig Erfolg, wenn Sie den kompletten Bestand des wuchernden Unholdes ausheben, alle Restwurzelstücke entfernen und die freigelegte Fläche neu bepflanzen.

Ein Laubschutznetz erfüllt seinen Zweck nur, wenn die Maschen nicht zu grob sind und es nicht im Wasser versinkt.

Winterschutzmaßnahmen

An einem Teich ohne Fischbesatz sind nicht viele Maßnahmen erforderlich:

→ Stehen viele Bäume in der Umgebung Ihres Teiches, kann sich das Überspannen mit einem Laubschutznetz (› Abb. oben) lohnen. Es sollte maximal 17 mm Maschenweite haben, sonst fallen zu viele Blätter hindurch und sorgen für Nährstoffeintrag.

→ Eisfreihalter sind besonders in kleinen, flachen Teichen mit Fischbesatz sinnvoll. Statt der im Fachhandel angebotenen schwimmenden Styroporkörper können Sie auch eine gut bewachsene »Schwimmende Insel« einsetzen (› Abb. Seite 19). Sie erfüllt ähnliche Funktionen, sieht aber erheblich natürlicher aus.

→ Für die Gelbe Schlauchpflanze und die Kobralilie ist ein Winterschutz aus Koniferenreisig oder Polypropylenvlies günstig.

→ Tropische Wasserpflanzen wie die Azur-Wasserhyazinthe müssen jedes Jahr neu eingesetzt werden, da sie bereits bei Temperaturen unter 5 °C abzusterben beginnen.

Pflegemaßnahmen übers Jahr

Ende Februar / Anfang März, wenn das Eis bricht und der Schnee schmilzt, sollten Sie wieder nach Ihrem Teich sehen.

Zu den regelmäßig durchzuführenden Pflegemaßnahmen gehören:

→ Kontrolle der Pflanzen auf Schädlings- oder Krankheitsbefall

→ Entfernen abgestorbener, kranker oder beschädigter Pflanzenteile

→ Abfischen von Algen und Wasserlinsen

→ Abschneiden verblühter Triebe bei stark aussamenden Pflanzen

→ Im Schwimmteich mindestens 2–3-mal jährlich den Bodenmulm absaugen

→ Kontrolle der Wasserqualität

Über diese Arbeiten hinaus gibt es monatlich anfallende Pflegemaßnahmen:

März: Spätestens jetzt das Laubschutznetz abnehmen. Kapillarsperre kontrollieren und Feinteile, die als Docht Wasser aus dem Teich saugen könnten, entfernen. Überlauf zur Sickergrube reinigen.

April: Winterschutz entfernen. Rückschnitt aller noch vom Winter stehen gebliebener, abgestorbener Pflanzen. Evtl. Düngen hungriger Pflanzen mit Hornspänen. Pumpen prüfen und wieder einsetzen.

Mai: Erster Unkrautkontrollgang. Auslichten zu dicht austreibender Seerosen und Röhrichtpflanzen. Nach den Eisheiligen können Sie wieder tropische Wasserpflanzen in den Teich setzen und die mediterranen Kübelpflanzen ins Freie stellen.

Juni: Versamungsfreudige Frühblüher (Steif-Segge, Rispen-Segge) zurückschneiden. Düngen der Pflanzen, die gelbes Laub bekommen (Übersprühen mit Harnstofflösung).

Juli/August: Pflanzenbestand zugewucherter Zonen partiell entfernen. Eventuell verdunstetes Wasser nachfüllen.

September: Versamungsfreudige Sommerblüher vor der Fruchtreife zurückschneiden. Rückschnitt von Röhricht und Seerosenblättern zur Vermeidung von Nährstoffeintrag.

Oktober: Rückschnitt in der Feuchtwiesenzone. Laubschutznetz ausbringen. Nicht winterharte Pflanzen aus dem Teich nehmen und evtl. frostfrei im Haus überwintern.

November: Eisfreihalter einsetzen. Vor den ersten Frösten alle Wasserleitungen und Schläuche leer laufen lassen. Pumpen, die flacher als 60 cm im Wasser stehen, aus dem Teich nehmen. Filter reinigen.

Dezember: Bei frostempfindlichen Pflanzen Winterschutz aus Reisig oder Vlies anbringen. Evtl. Eisfreihalter prüfen.

Gartenteiche gekonnt bepflanzen und gestalten

Pflanzen sind das wichtigste Gestaltungselement im Garten, auch am Teich. Sein Erscheinungsbild wird geprägt vom Zusammenspiel der Pflanzen im und am Wasser und einem harmonischen Übergang in den übrigen Gartenbereich. Mit festen Elementen wie Wege, Brücken und Stege, passende Wasserspiele, Figuren und einer gut inszenierten Beleuchtung integrieren Sie Ihr »Biotop« perfekt in den Gartenraum.

Gestalten mit Pflanzen

Bei der Bepflanzung kommt es darauf an, die vielen verschiedenen Arten und Sorten so zu kombinieren, dass sich ein harmonisches Gesamtbild ergibt, die einzelne Pflanze in ihrer Schönheit aber noch zur Geltung kommt. Wenn Sie einige Gestaltungsgrundlagen wie Raumbildung, Umgang mit Proportionen, Farben und Formen beachten, ist das kein Problem. Nutzen Sie die Vielfalt der Blüten, aber auch verschiedene Blattgrößen, Blattstrukturen und Blattfarben sowie unterschiedliche Wuchshöhen und Wuchsformen. Sie sollten die Natur zum Vorbild für Ihre Gestaltung nehmen. Stellen Sie sich einen üppig bewachsenen See vor, und versuchen Sie, die Vegetation auf ihre wesentlichen Linien zu reduzieren: Dünne, vertikale Halme und Blätter der Röhrichtpflanzen kontrastieren mit den horizontal ausgebreiteten Schwimmblattdecken von Seerosen, Froschbiss und anderen Wasserpflanzen.
Diese Aufteilung kann zum Leitbild auch für Ihren Gartenteich werden:
Im Randbereich dominieren grasartige Gewächse mit vertikalen Strukturen. Nach innen zu werden sie von horizontal wachsenden Pflanzen abgelöst, bis dann schließlich die freie Wasserfläche zutage tritt.

Pflanzliche Hierarchie

Die Pflanzen lassen sich nach ihrer Höhe, ihrer Wuchskraft bzw. der Dauer ihrer Attraktivität in verschiedene Verwendungsgruppen einteilen:

→ **Raumbildende Pflanzen** der Gartenzone gestalten den Rahmen Ihrer Anlage. Flankierend und im Hintergrund angeordnete Bäume und Sträucher schaffen eine naturnahe Umgebung. Sogar im Vordergrund als punktuelle Schattenspender können Sie Großgehölze wirkungsvoll einsetzen.

→ **Solitärpflanzen** oder **Gerüstbildner** sind Pflanzen, die vor allem durch ihre Höhe hervorstechen. Sie sind durch ihren eher kompakten, horstförmigen Wuchs gezielt platzierbar und ziehen den Blick durch besondere Farbe, Belaubung oder Form auf sich. Als Gerüst der Pflanzung werden sie als Erstes eingesetzt. In unseren Pflanzkombinationen (› Seite 168–181) sind sie deshalb auch immer mit Symbol in den Legenden aufgeführt und in den Plänen gezielt verteilt.
In kleineren Anlagen können diese Solitärs als Einzelpflanzen stehen, bei genügend Fläche aber bauen sie durch Wiederholung eine tonangebende Beziehung zueinander auf.

→ **Begleitpflanzen** bleiben deutlich niedriger als die Solitärpflanzen. Zwischen diesen werden sie in kleinen Trupps oder einzeln verstreut angeordnet. Die verschiedenen Arten dieser Rubrik sollten sich durch die Blattgröße und durch ihre Struktur (dicht oder lockerwüchsig) unterscheiden. Sehr stark wuchernde Arten sind auch hier zu meiden.

➜ **Bodendecker** füllen die unterste Etage der Pflanzung und halten die Begleit- und Solitärpflanzen auf Abstand zueinander.
Niedrige Gewächse wie Kleingräser (*Carex flava*, *C. davalliana*), Pfennigkraut oder Günsel sind dafür zuständig, dass die höheren ein klar strukturiertes Relief aufbauen können, ohne zum Dickicht zu verschmelzen.

➜ **Streupflanzen** sind sehr schlankwüchsige Arten, die einfach zwischen den Bodendeckern hindurch ihre dünnen Triebe und Blütenstände schieben und somit keinen relevanten Platzbedarf beanspruchen. Sie sind meist sehr langlebig, aber oft nur über einen begrenzten Zeitraum des Jahres zu sehen, weil sie sich nach der Blüte in eine unterirdische Zwiebel oder Knolle zurückziehen.
Beispiele hierfür sind Zierlauch (*Allium suaveolans*) und Sumpf-Gladiole, die in Moorpflanzungen zu den wichtigsten Farbträgern zählen. Streuen Sie solche Kleinode am besten in Trupps von je 3–7 Stück zwischen niedrige Stauden. Frühblüher wie Märzenbecher oder Schachbrettblume können auch unmittelbar neben spät austreibenden Solitären wie Wasserdost oder Rosa Seidenblume gepflanzt werden.

➜ **Füllstauden** sind besonders kurzlebige Arten, die zwar zunächst rasch wachsen, aber oft schon im zweiten oder dritten Jahr verdrängt werden. Sie füllen somit schnell anfängliche Pflanzlücken, geben dann aber den Platz für die langsameren, aber dauerhaften Arten frei. Farbenprächtig blühende Primeln, Pracht-Nelke oder das Sumpf-Vergissmeinnicht können sich über längere Jahre halten, wenn die sonstige Vegetation immer wieder genügend belichtete Lücken frei lässt, in denen ihre Sämlinge keimen können. Einige »Füller« können aber auch durch ihre reichliche Aussamung sehr lästig werden. Viele Binsen-Arten, Gelbe Gauklerblume oder Froschlöffel wandern gern auch an unpassende Stellen, wo sie zu einem Pflegeproblem werden können.

➜ **Röhrichtbildner** sind hochwüchsige Arten, die durch ihren Drang, flächig zu wuchern, nicht als ortsfeste Gerüstbildner eingesetzt werden können. In einer höhengestaffelten Pflanzung ist ihre Verwendung höchstens bei kontrolliertem Einsatz in festen Pflanzbehältern möglich.

Zur Röhricht bildenden Teichsimse sind gruppenweise Sumpf-Schwertlilie, Hechkraut und Fieberklee gepflanzt.

Ordnung im Nebeneinander

In der Natur bedecken einzelne Röhrichtpflanzen oft ganze Areale, die an Gruppen anderer Ausläufer treibender Arten grenzen und so ein großflächiges Mosaik bilden. Auch am Teich ist es günstig, flächig wuchernde Pflanzen in Gruppen zu verwenden. Sie erzielen damit eine gewisse Ordnung im Vegetationsbild, vermeiden unschöne Dickichte und können die Pflanzen besser im Zaum halten. Röhrichtbildner wie Langes Zypergras, Schneidried oder Teichsimse benötigen viel Platz. Kalkulieren Sie für eine Gruppe solcher Pflanzen wenigstens 3–5 m² ein. In kleineren Anlagen verzichten Sie am besten ganz auf Röhricht. Eine Gestaltung durch Benachbarung von in Gruppen gepflanzten, ähnlich hohen Arten kann aber auch in kleineren Teichen ansprechend wirken. In der Natur mag es dazu kein Pendant geben, besonders in architektonischen Anlagen kann diese Gruppenpflanzung aber sogar passender wirken als eine stärker durchmischte Anordnung. Sie können beispielsweise Japanische Schwertlilie, Hechtkraut oder Fieberklee in kleinen Verbänden gruppieren und diese einander zuordnen. Solche Pflanzungen wirken ansprechend durch ihre formale Strenge und den klaren Aufbau. Die als Füllstauden definierten kurzlebigen Arten jedoch sollten Sie nicht zu größeren Gruppen kombinieren, da sonst nach einiger Zeit größere Lücken in der Pflanzung entstehen können. Streupflanzen sind aufgrund ihres frühen Einziehens und des meist sehr geringen Deckungsgrades auch nicht zur Bildung von Gruppen aus nur einer Art geeignet. Wohl aber können Sie zwischen dauerhaften Stauden einige Zwiebel- und Knollenpflanzen platzieren.

Die Regenerationszone um diesen Badeteich ist mit aufrechten Röhrichtarten bepflanzt. Die helle Gestreifte Teichsimse sorgt für Kontraste.

Staffeln – Ordnung im Übereinander

Gerade bei begrenzten Platzverhältnissen können Sie sich als Vorbild für eine naturnahe Gestaltung statt dichter Röhrichte auch Feuchtwiesen, Hochstaudenfluren und Moore vorstellen. Diese artenreichen Pflanzengemeinschaften sind auch oft mit Wasserflächen verzahnt. Besonders ansprechend wirken Wiesen, die aus einem Teppich niedriger Gräser bestehen, zwischen denen in mehreren Etagen bunte Blütenstände aufragen. Unterschiedlich hohe Pflanzen wirken auch in zufälliger Platzierung geordnet, wenn eine klare Schichtung in Etagen entsteht. Dabei sollten die niedrigen Arten als Bodendecker in hoher Anzahl, die mittelhohen Arten als Begleiter in etwas geringerer Anzahl verwendet werden. Ganz hohe Pflanzen werden nur in wenigen Exemplaren als Solitärs auf weite Abstände gestellt. Verteilen Sie diese Gerüstbildner aber nicht zu regelmäßig auf die Fläche – das würde sehr gekünstelt wirken (was es ja auch ist, aber es soll eben niemand merken!). Vielmehr stellen Sie diese Solitärs in weit gestellte Paare, Dreiecke oder Y-förmige Viererkonstellationen in Beziehung zueinander. Das erfordert eine gewisse Routine. Hier helfen Ihnen die Pläne unserer Pflanzkombinationen (› Seite 168-181).

Das Zusammenspiel der Farben

Sicherlich sind Farben Geschmackssache. Es gibt jedoch ein paar Regeln, deren Beachtung eine Pflanzung einfach harmonischer erscheinen lassen. Günstig ist es, wenn Sie sich für eine oder zwei zueinanderpassende Hauptfarben entscheiden.

➜ **Grün**, **Grau** und **Weiß** wirken neutralisierend und geben immer einen schönen Rahmen für leuchtende Farben. Je mehr Grünanteile eine Pflanzung besitzt, umso unterschiedlicher dürfen die Blütenfarben sein. Grün als Untergrund ist praktisch unvermeidbar, es sei denn, Sie wählen ausschließlich rotlaubige Sorten aus, die es heute von vielen Pflanzen, auch für feuchte bis nasse Standorte, gibt. Viele dieser Sorten wirken jedoch sehr dunkel, und bei ihrem übermäßigem Einsatz kann ein sehr stumpfer, fast schon trauriger Eindruck entstehen. Grau- bis silbrig-weiße Blätter sind eher bei trockenheitsliebenden Arten zu finden.

➜ **Gelb**, **Orange** und **helles Rot** sind stark auffallend und intensiv wirkend. Sie ziehen die Blicke auf sich und können bei Kombination Ton in Ton eine Pflanzung der warmen Farben ergeben. Bei Vergemeinschaftung mit kühlen Farbtönen sollten Sie aber eine direkte Benachbarung von orangefarbenen und/oder rosa Blüten vermeiden! Im Schatten sind gelblaubige Pflanzen richtig am Platze. Die jeweils mit dem Namen 'Aurea' benannten Sorten der Steif-Segge und des Pfennigkrauts bringen dunkle Stellen zum Leuchten.

Die gelblaubigen Steif-Seggen (Sorte 'Aurea') leuchten aus dem Schatten heraus. Sie stehen an diesem Bachlauf als Gerüststauden.

➜ **Blau** und **Violett** sind kühle und zurückhaltende Farben. Sie fallen nicht gleich ins Auge und schaffen daher optische Weite.
Sie können starke Kontraste bilden, wenn Sie das warme Rot der Kardinals-Lobelie mit Blauer Gauklerblume und Hechtkraut kombinieren oder gelbe Sumpf-Dotterblumen und Sumpf-Vergissmeinnicht zusammenpflanzen.
Wer es nicht so knallig mag, ist mit farblich benachbarten Kompositionen, wie rosa blühender Schildblume und Blumenbinse in Verbindung mit violettem Pracht-Storchschnabel und Sibirischer Schwertlilie besser bedient.
Achten Sie auch auf ein harmonisches Miteinander aus den Farben der Bepflanzung und der sonstigen Accessoires bis hin zu Bodenbelägen und Hausfassade. Weiß- und Grautöne (z. B. Kalkstein- oder Granitbelag) passen praktisch immer. Roter Ziegel ist schon etwas schwieriger zu kombinieren.

Wuchs- und Blattformen

Um zwischen benachbarten Arten auch außerhalb von deren Blütezeit gute Kontraste zu erzeugen, ist es günstig, auch die Blattgröße (Textur), Wuchsrichtung (horizontal oder vertikal) und Wuchsform zu variieren. Das Spiel mit diesen Eigenschaften ist wichtig, um in einer Pflanzung auch ohne Farbunterschiede Akzente zu setzen und ihr Struktur zu verleihen. Besonders im Schatten können Sie dadurch ruhige, aber doch ausdrucksstarke Kombinationen erzielen. Neben großlaubigen Funkien (z. B. *Hosta* Krossa Regal) können fein gefiederte Farne (z. B. *Dryopteris*-Arten) und die dünnen bandförmigen Blätter von Gräsern wie Riesen-Segge oder Rohr-Pfeifengras eine wirkungsvolle Gruppierung eingehen. Dezente Farbunterschiede steigern die Klarheit der einzelnen Konturen noch. So wichtig diese Kontraste sind – vermeiden Sie zu harte Unterschiede in direkter Benachbarung. Der kleine, feinlaubige Kanten-Lauch etwa würde neben dem riesigen Busch-Knöterich völlig untergehen. Die Proportionen wirken hier einfach unrealistisch.

Im Wandel der Jahreszeiten

Damit Ihr Teich das ganze Jahr hindurch schön ist, sollten Sie Pflanzen einsetzen, die nicht nur unterschiedliche Blütenfarben haben, sondern die auch zu den verschiedensten Zeiten blühen undselbst noch im Winter attraktiv sind. Das Ende des Sommers z. B. können Sie durch Pflanzen mit besonderer Herbstfärbung wie Sumpf-Wolfsmilch und Dreiblattspiere in Szene setzen. Auch der Blut-Weiderich setzt im Oktober noch mal zu einem Feuerwerk in Orange an, passend zur Jahreszeit, in der warme Farben brillieren dürfen. Im Winter schließlich sind strukturstabile Pflanzen mit schöner Wuchsform gefragt. Auch wenn die Blätter und Halme der Gräser längst abgestorben sind, bleiben sie doch in Form. Sie zieren den Teich ganz besonders an kalten Tagen, wenn sie mit Raureif überzogen oder von Schneehäubchen bedeckt sind.

Raumbildung

➜ Kleine Teiche können Sie durch geschicktes Staffeln von Pflanzen unterschiedlicher Höhe und Textur größer wirken lassen: Pflanzen Sie von Ihrem Haupt-Beobachtungsplatz aus gesehen im Vordergrund und nach außen hin großwüchsige und groblaubige Gewächse, wie Trompetenbaum (*Catalpa bignonioides*) oder Busch-Knöterich. Im Teich selbst kann das eine großblättrige Seerose unmittelbar vor dem Holzdeck sein. Je weiter nach hinten und nach innen die Bepflanzung läuft, umso kleiner und feiner werden Wuchs und Blattgröße. Dies vermittelt als optische Täuschung einen ganz weit in die Ferne reichenden Eindruck. Bei konsequenter Durchführung dieses Prinzips kann Ihr kleiner Hausgarten fast an einen englischen Landschaftspark erinnern.

➜ Zur Abrundung der Gartengestaltung ist das »Großgrün« – bestehend aus Bäumen und höheren Sträuchern – entscheidend. Mit diesen Gehölzen gliedern Sie verschiedene Funktionsbereiche ab, verbinden andererseits bestimmte Themen oder überspannen Ruheräume und schaffen damit eine Atmosphäre der Geborgenheit.

Mit Pflanze und Tier „auf Du und Du“: auch der Randbereich von Badeteichen lädt zu Beobachtungen ein.

Als Hintergrund sind Gehölze oft geeignet, dem Betrachter den Eindruck völliger Naturverbundenheit des Gartens zu suggerieren, obwohl wenige Meter weiter bereits Wohnbebauung anschließt. In sehr kleinen Gärten sind für diese Zwecke schmalkronige Sorten, geschnittene Formen oder berankte Pergolen einsetzbar. Beachten Sie allerdings immer den Faktor des Laubfalles!

Im frostigen Raureif sorgen strukturstabile Gräser für stimmungsvolle Winterbilder. Schneiden Sie solche Pflanzen erst im Frühjahr zurück.

Gestalten mit »Hardware«

Zu einem Gartenteich gehören auch einige praktische Dinge, z. B. der Weg zum Teich, eine Brücke, ein Steg oder die notwendige Beleuchtung, die nicht unerheblich zur Gestaltung Ihres Gartenteiches beitragen. Und »last but not least« die Accessoires, die dem Teich eine persönliche Note verleihen.

Wege, Brücken und Stege

Ein Weg dient in erster Linie dazu, den Teich zu erreichen. Brücken und Stege bieten die Möglichkeit, an größeren Teichen von einem Ufer zum anderen zu gelangen, sind aber zugleich auch ein attraktives Gestaltungselement. Von hier aus können Sie den Teich und sein Leben beobachten und auch den einen oder anderen Pflanzkorb in den Teich senken oder wieder herausholen. Achten Sie auf eine feste Verankerung im Wasser und an den Ufern. Der Rutschgefahr auf Holzflächen beugen Sie am sichersten vor, indem Sie die Hölzer mit einem dünnen, kaum sichtbaren Drahgeflecht (»Hasendraht«) überspannen. Brücken mit Geländer sind allerdings nur etwas für große Teiche – in kleinen Anlagen wirken sie deplatziert. Hier sind Trittsteine oder Holzstege passender.

Licht am und im Teich

Licht sorgt nicht nur für Sicherheit am Teich, es kann auch die Wasserfläche in der Dämmerung und am Abend verzaubern. Lampen können mit einem Springbrunnen kombiniert werden und indirektes Licht von unten spenden, in Glaskugeln auf dem Wasser schwimmen oder als Strahler vom Ufer aus die Wasserfläche oder spezielle Pflanzgruppen ins rechte Licht rücken. Verwenden Sie bei allen Elektroinstallationen im Teich Niedervoltsysteme!

Wasserspiele und Skulpturen

Springbrunnen, Sprudelsteine und Wasserspeier machen den Teich noch attraktiver und sorgen zudem für ein beruhigendes Plätschern. Die Auswahl an Skulpturen ist riesengroß und lässt keine Wünsche offen. Die Angebote reichen von Kitsch bis Kunst. Wichtig ist, dass sie Ihnen gefallen und zum Gartenstil passen.

Badespaß im Gartenteich

Die Schwimmzone von Badeteichen bleibt in der Regel unbepflanzt – wer möchte schon beim Kraulen von Unterwasservegetation gekrault werden? Besonders naturverbundenen Badefreunden kann aber empfohlen werden, im Randbereich der Schwimmzone Seerosen am besten in gemauerte Becken oder größere, stabile Behälter zu pflanzen. So kommt man in den Genuss, die Blütenschönheiten beim Baden aus allernächster Nähe bestaunen und beschnuppern zu können – schließlich gibt es ja auch einige angenehm duftende Sorten, z. B. 'Sulphurea'.
Oft ist hier das Pflanzenwachstum sehr unbefriedigend. Nährstoffmangel führt zu gelben Blättern und höherer Anfälligkeit gegen Krankheiten und Schädlinge. Wählen Sie daher weniger nährstoffbedürftige Arten aus. Denken Sie auch daran, dass hier pH-Wert und Wasserhärte oft relativ hoch sind.

Pflanzen auswählen

Betrachten Sie den Teich nicht für sich alleine, sondern als Teil des gesamten Gartens. Von dort aus wollen wir uns nun Zone für Zone über Feuchtwiese, Sumpf und Flachwasser bis in die tiefen Gefilde der Seerosen und Unterwasserpflanzen vortasten. Jede Zone einzeln und nacheinander zu planen ist richtig. Denken Sie aber daran, dass Sie alle fünf gemeinsam überblicken und erleben möchten.

So finden Sie die richtigen Pflanzen

Teichpflanzen auswählen für fünf Zonen, die verschieden sind und doch fließend ineinander übergehen können – eine reizvolle Aufgabe. Die Auswahl ist aber auch kniffelig, denn die Vielfalt der Schöpfung, die sich hier verbirgt, äußert sich in zahlreichen Ansprüchen und Kombinationsmöglichkeiten. Unser Abfragesystem hilft Ihnen, standörtlich geeignete Arten aufzuspüren und diese wirkungsvoll zusammenzustellen.

Das ganze Jahr über sollen Ihr Teich und seine Bepflanzung ein Hingucker sein – dabei darf die Pflege nicht Ihr Sklaventreiber werden. Sie sollten also schöne Pflanzen auswählen können, die gleichzeitig mit wenigen einfachen Handgriffen zu erhalten sind. Gegen Krankheiten und Schädlinge sollen sie unempfindlich sein, aber anziehend wirken auf eine Vielzahl von tierischen Gästen, die Ihren Garten zum Naturparadies machen.

Da fast jede Pflanze auch mal unansehnliche Phasen durchläuft, kommt es auch auf ihre Nachbarn an. Wenn die Sumpf-Dotterblume ihr Frühjahrs-Blütenfest beendet und ihre Blätter allmählich vergilben, sollte sie bereits von Sumpf-Schwertlilien verdeckt sein, die im Farbenrausch schwelgen. Deren blütenlose Sommertracht wiederum wirkt nicht langweilig, wenn nebenan Lobelie und Blut-Weiderich ihr Feuerwerk zünden. Der Herbst prunkt dann in den warmen Laubfarben von Prachtscharte und Dreiblattspiere. Selbst im Winter sorgen strukturstabile Gräserhorste noch für stimmungsvolle Szenen. Verbunden werden diese Hauptakteure durch niedrige Pflanzen, die nichts anderes zu tun haben, als die hochwüchsigen »Highlights« Ihres Gartens zu umrahmen, damit diese nicht zum Dickicht schriller Farben verwuchern.

Die Artenvielfalt unserer Pflanzenauswahl ermöglicht Ihnen, Ihren Wassergarten ganzjährig von der Seerosenzone bis in den umgebenden Garten hinein attraktiv zu bepflanzen. Die meisten Gewächse gehören zum Standardangebot. Stark wuchernde Arten sind für kleine Gärten ungeeignet und entsprechend bewertet oder gar nicht in die Auswahl aufgenommen. Es sind auch einige wenige für sehr kleine Anlagen besonders gut geeignete Arten zu finden, obwohl sie leider nicht zum Teichstandard zählen. Wir hoffen, durch entsprechende Nachfrage auch diesen höchst empfehlenswerten Gewächsen zukünftig weitere Verbreitung im gärtnerischen Angebot zu ermöglichen.

Pflanzenauswahl – Schritt für Schritt

Damit Sie die passenden Pflanzen für Ihren Gartenteich auf Anhieb finden, ist dieses Kapitel nach fünf Pflanzzonen angelegt:

1. Gartenzone
2. Feuchtzone
3. Sumpfzone
4. Flachwasserzone
5. Seerosenzone

Diese Unterkapitel finden Sie auf einen Blick anhand der farbigen Randleiste. Die Kennfarbe der einzelnen Unterkapitel erleichtert die Orientierung noch zusätzlich.

Farbe

Zur weiteren Eingrenzung geeigneter Pflanzen dient die Blütenfarbe. Wählen Sie also im nächsten Schritt die Farbe aus, die Ihnen am besten zusagt. Die Pflanzen aller Zonen sind in folgende Gruppen unterteilt:

- ○ weiß
- ● gelb
- ● rot
- ● rosa
- ● violett
- ● blau
- ● grün/braun

➜ Einige Pflanzen sind nicht eindeutig einer Blütenfarbe zuzuordnen. Sie finden sich in der Farbkategorie, der sie am ehesten entsprechen. Die Prachtscharte *(Liatris spicata)* z. B. ist bei rosa und violett einsortiert.
➜ In der Farbkategorie »grün/braun« sind sowohl immergrüne Pflanzen zu finden, die nicht oder nur unscheinbar blühen, als auch Farne, die überhaupt nicht blühen, und Gräser, deren Blüten oder Halme z. B. bräunlich, ocker oder braunrot gefärbt sind.

Wuchshöhe

An einem gekonnt bepflanzten Gartenteich finden sich neben Gerüstbildnern oder Solitärpflanzen niedrigere, gern in kleinen Gruppen stehende Begleiter. Diese sollen den Solitär in seiner Wirkung ergänzen, ohne ihm die Schau zu stehlen. Um die Vertreter dieser beiden Artengruppen auf Abstand zu halten und doch eine geschlossene Pflanzung zu erzielen, sollten dazwischen reichlich niedrige Bodendecker stehen. Innerhalb der Farbkategorie werden die Pflanzen als weitere Entscheidungshilfe deshalb in drei Wuchshöhen unterteilt:

➜ über 80 cm (Gerüstbildner/Solitär)
➜ 40–80 cm (Begleiter)
➜ bis 40 cm (Bodendecker).

Gibt es in einer Farbkategorie mehrere Pflanzen gleicher Wuchshöhe, sind sie nach ihren Lichtansprüchen sortiert. Zuerst kommen Pflanzen, die sonnig bis schattig stehen können, danach die für Sonne und Halbschatten, dann Pflanzen die im Halbschatten am besten gedeihen und zum Schluss Arten für Halbschatten bis Schatten.

Wassertiefe

Bei den Pflanzen der Seerosenzone ist statt der Wuchshöhe die empfohlene Wassertiefe benannt. Vergessen Sie nicht, bei Pflanzung in Körben oder Kübeln die Höhe des Gefäßes von der Teichtiefe abzuziehen, um den »echten« Wasserstand zu erhalten.

Pflanzenabbildung

In der dritten Spalte sind alle Pflanzen mit ihrem hervorstechendsten Merkmal, also der Blüte, bei Gräsern und Farnen dem Laub oder dem Samenstand im Foto abgebildet.

Name/Eigenschaften

In der vierten Spalte finden Sie den Pflanzennamen, die Blütezeit, einen Verweis auf die Beschreibung im Porträtteil und kurze Angaben zum Wuchsverhalten, den Bodenansprüchen und ihren Nutzen für Tiere.

➜ Zuerst ist der **deutsche Pflanzenname** genannt. Da dieser aber von Region zu Region unterschiedlich sein kann, steht gleich darunter der (eindeutige) **botanische Name.** Wenn Sie sich Ihre Einkaufsliste zusammenstellen, schreiben Sie den botanischen Namen unbedingt dazu, damit Sie im Zweifelsfall auch die richtige Pflanze bekommen.

➜ Die **Symbole** hinter dem deutschen Pflanzennamen zeigen an, bei welchen Lichtverhältnissen die Pflanze gut gedeiht. Bei mehreren Symbolen eignet sich die Pflanze für alle angegebenen Standorte.

☼ sonnig

Der Standort liegt voll in der Sonne, d. h., von 9:00 bis 16:00 Uhr (MEZ) scheint mehr als vier Stunden am Tag die Sonne.

◐ halbschattig

Der Standort liegt im lichten Schatten lockerer Gehölzkronen bzw. die Sonne scheint am Tag weniger als vier Stunden zwischen 9:00 und 16:00 Uhr (MEZ).

● schattig

Der Standort liegt unter dem dichten Laubdach von Gehölzen oder im Schlagschatten von Gebäuden. Die Sonne scheint höchstens kurzzeitig zwischen 9:00 und 16:00 Uhr.

➜ Unter dem botanischen Namen steht die **Blütezeit.** Mit ihrer Hilfe können Sie Pflanzen gleicher Blütezeit kombinieren. Die Blütezeiten können allerdings nur ein ungefährer Anhaltspunkt sein, da sie sich je nach Witterung verschieben können.

➜ Die **Seitenzahl** gibt an, auf welcher Seite die Pflanze im Porträtteil ausführlicher beschrieben ist.

→ Unter der Seitenzahl ist in kurzen Stichworten angegeben, welche **Besonderheiten in Wuchs und Aussehen** die Pflanze hat. Ob sie z. B. stark wuchert oder sich extrem versamt, ob sie konkurrenzstark oder konkurrenzschwach ist. Zudem sind die **Ansprüche an den Boden und den Nährstoffbedarf** der Pflanze aufgeführt. Beim Nährstoffbedarf ist besonders das Element Stickstoff (N) zu beachten, das im Teich vor allem als Nitrat den Pflanzen zur Verfügung steht (› Seite 31 f.). Zur Messung eignen sich Schnelltests aus dem Aquarien-Zubehör-Handel.

Nährstoffbedarf gering

Der Nitratgehalt (NO_3) darf unter 3 mg Nitrat/Liter Wasser liegen.

Nährstoffbedarf mittel

Der Nitratgehalt sollte bei 3–8 mg Nitrat/Liter Wasser liegen.

Nährstoffbedarf hoch

Der Nitratgehalt sollte über 8–10 mg Nitrat/Liter Wasser betragen.

Wenn die Pflanze einen besonders hohen **Wert für Tiere** hat, entweder als Nektar- oder Pollenspender oder als Unterschlupfmöglichkeit, so ist das hier auch aufgeführt.

Gute Partner

In der letzten Spalte finden Sie die Rubrik »Gute Partner«. Hier ist angegeben, mit welchen anderen Pflanzen die genannte Art bzw. Sorte sich am besten vergesellschaften lässt. Sie finden hier bekannte Vertreter der Pflanzenauswahl, die auch im Porträtteil ausführlich beschrieben sind, aber auch weitere empfehlenswerte Arten oder Sorten.

Und so gehen Sie vor

1. Schritt: Welche Teichzone wollen Sie bepflanzen? Welche Farbkombinationen stellen Sie sich vor?
2. Schritt: Wählen Sie zunächst die Gerüstbildner (Wuchshöhe über 80 cm) nach Ihren Farbwünschen aus.
3. Schritt: Suchen Sie sich jetzt die entsprechenden Begleiter (Wuchshöhe 40–80 cm) aus, die mit ihrer Blütenfarbe die Vorzüge der Gerüstbildner unterstützen.
4. Schritt: Kombinieren Sie nun noch die farblich passenden Bodendecker (Wuchshöhe bis 40 cm) dazu.
Achten Sie darauf, dass:
- die Pflanzen auch zu den Lichtverhältnissen am geplanten Standort passen,
- alle ausgewählten Pflanzen ähnliche Substrat- und Nährstoffansprüche haben – das macht die Pflege nachher leichter,
- zu jeder Jahreszeit irgendwo am und im Gartenteich etwas blüht.

Zu den Pflanzenporträts

In diesem Kapitel (ab Seite 105) werden die Pflanzen in alphabetischer Reihenfolge ihrer botanischen Namen genauer vorgestellt.

Aufbau der Steckbriefe

→ Die Steckbriefe zeigen die Pflanzen noch einmal im **Bild.**
→ Unter dem Foto stehen deutscher und botanischer **Pflanzenname.**
→ Danach folgen Angaben zur **Höhe** der Pflanze. Es handelt sich hierbei stets um die Endgrößen.
→ Darunter ist die **Blüte-** oder **Fruchtzeit** angegeben.
Höhe und Blütezeiten sind nur Anhaltswerte. Sie können je nach Witterung, Klima und Nährstoffgehalt des Bodens schwanken.
→ Die **Seitenangaben** verweisen auf das Kapitel »Pflanzen auswählen« und nennen die Zone, für die die Pflanze bestimmt ist.
→ Jeder Pflanze sind **Symbole** zugeordnet, die einen raschen Überblick über ihre Verwendung und Eigenschaften ermöglichen.
→ **Wuchs:** Hier ist angegeben, zu welcher Pflanzengruppe die Pflanze gehört, welchen Wuchs sie hat, ob sie stark wuchert oder sich übermäßig versamt.
→ **Wert:** Diese Rubrik fasst zusammen, worin der besondere Wert der Pflanze liegt. Blüht sie besonders schön und lange? Verbessert sie die Wasserqualität? Welchen besonderen Wert hat sie für Tiere?

→ **Standort:** Der Standort ist maßgebend für das Gedeihen der Pflanzen. In welcher Teichzone wird sie angesiedelt? Wie soll der Boden sein? Welchen Nährstoffbedarf hat sie?
→ **Verwendung:** Wo und wie kann die Pflanze eingesetzt werden? Wird sie einzeln oder gruppenweise gepflanzt? Wie viel Platz benötigt sie?
→ **Gute Partner:** Was sind empfehlenswerte Nachbarpflanzen?
→ **Mein Tipp:** Erprobte Maßnahmen zur Pflege und Erkenntnisse zum Wachstum der Pflanze aus der Praxis helfen weiter. Muss man sie zurückschneiden? Wie wird gedüngt? Sollte man sie regelmäßig teilen und neu pflanzen?
→ **Weitere Arten/Sorten:** Hier finden Sie weitere empfehlenswerte Arten oder Sorten in anderen Höhen und Blütenfarben.

Auch kleine Teiche können der Ringelnatter ein Refugium bieten. Zum Sonnenbaden sind auch Seerosenblätter recht.

Zu den Tierporträts

In diesem Kapitel (ab Seite 153) werden die häufigsten und leicht zu beobachtenden Tiere am und im Gartenteich vorgestellt. Sie sind in folgender Reihenfolge aufgeführt: Kleinkrebse – Weichtiere – Insekten – Amphibien – Reptilien und Vögel.
Innerhalb dieser Gruppen gilt die alphabetische Reihenfolge der zoologischen Namen.

Aufbau der Steckbriefe

→ Die Steckbriefe zeigen die Tiere zunächst im **Bild.**
→ Unter dem Foto stehen deutscher und zoologischer **Tiername.**
→ Danach folgen Angaben zur **Größe** der Tiere. Es handelt sich hierbei stets um die Größe der ausgewachsenen Tiere.
→ Darunter ist die **Beobachtungszeit** angegeben, zu der man die Tiere am oder im Teich am ehesten sehen kann.
→ Die **Zonenangaben** nennen die Teichzone, in der man am ehesten mit dem genannten Tier rechnen kann. Da es sich jedoch um bewegliche Lebewesen handelt, können viele dieser Tiere auch in den anderen Zonen oder im Garten vorkommen.
→ Jedem Tier sind **Symbole** zugeordnet, die einen raschen Überblick über seine Gruppenzugehörigkeit geben und aussagen, ob es sich um eine geschützte Art handelt.
→ **Vorkommen:** Hier ist angegeben, wo das Tier in freier Natur und im Gartenteich bevorzugt lebt.
→ **Aussehen:** Es wird beschrieben, wie Alt- und Jungtiere aussehen, wie sich Männchen und Weibchen unterscheiden.
→ **Lebensweise:** In Stichworten erfahren Sie, wie das Tier lebt, was es frisst, wo es überwintert und wie alt es werden kann.
→ **Besonderes:** Hier wird auf ganz spezielle Verhaltens- oder Lebensweisen eingegangen.

Gartenzone

Die vielfältigste Pflanzzone eines Teiches ist zweifellos der Bereich um diesen herum. Die Pflanzen, die hier wachsen, verbinden das Gewässer mit dem restlichen Garten. Schöpfen Sie also alle gestalterischen Möglichkeiten aus, um den Teich so zu umrahmen, dass er zum Gartenstil passt und Teil Ihres grünen Wohnzimmers wird. Die Pflanzenauswahl ist groß – es stehen Ihnen alle Möglichkeiten offen.

Ein schöner Rahmen

Es gibt eine riesige Auswahl von Pflanzen, die sich für die Gartenzone eignen, da dieser Bereich vom Wasser des Teiches völlig unbeeinflusst ist. Die Bepflanzung richtet sich allein nach den Licht- und Bodenverhältnissen, dem allgemeinen Gartenstil und Ihrem persönlichen Geschmack.

➔ Achten Sie darauf, dass ein optisch schöner Übergang zur anschließenden Feuchtzone entsteht.

➔ Berücksichtigen Sie bei der Artenzusammenstellung Blütezeiten und Blütenfarben, damit es das ganze Jahr hindurch blüht.

Blickfang: Bäume und Sträucher

Binden Sie im weiteren Umfeld unbedingt größere Gehölze mit ein. Das lockt nicht nur Vögel und andere Tiere an, sondern schafft auch Struktur und Raumbildung im Garten. So passt z. B. der Japanische Fächer-Ahorn *(Acer palmatum)* mit seinem filigranen Wuchs und der roten Blattfärbung sehr schön zu einem asiatischen Stil. An naturnah gestalteten Teichen bieten sich Kätzchen-Weiden (*Salix caprea* 'Mas'), kleinblumige Strauchrosen oder Pfaffenhütchen *(Euonymus europaeus)* an. Für eher architektonische Anlagen eignen sich schlanke Sorten der Eibe (z. B. *Taxus baccata* 'Fastigiata') oder die schlanke Säulen-Zierkirsche (*Prunus serrulata* 'Amonogava') genauso wie zu Kugeln geschnittener Buchs (*Buxus sempervirens*). Kalkulieren Sie schon bei der Planung ein, wie breit die Kronen der Bäume und Sträucher werden. Laubfall in den Teich führt zu übermäßigem Nährstoffeintrag, und die zunehmende Beschattung wird vielleicht nach einigen Jahren eine Änderung der Unterpflanzung notwendig werden lassen!

Was wächst wo?

In unserer Gebrauchsanweisung auf den vorherigen Seiten definierten wir bereits die Angaben zu Lichtverhältnissen und Nährstoffbedarf. In der Gartenzone müssen wir bei den Eigenschaften noch die Bodenfeuchte ins Spiel bringen. Denn hier befinden wir uns außerhalb der Teichdichtung. Es hängt von Bodenart und Witterungsverlauf ab, wie gut die Pflanzung mit Wasser verwöhnt wird.

➔ **trockene Standorte:** sandige oder steinige Böden bei unter 800 mm Niederschlag/Jahr oder Lehm- und Tonböden bei unter 500–600 mm Niederschlag/Jahr

➔ **frische Standorte:** sandige oder steinige Böden bei 800–1000 mm Niederschlag/Jahr oder Lehm- und Tonböden bei 600–800 mm Niederschlag/Jahr

➔ **feuchte Standorte:** sandige oder steinige Böden bei über 1000 mm Niederschlag/Jahr oder Lehm- und Tonböden bei über 800 mm Niederschlag/Jahr oder

Staunässe (z. B. durch sehr hohen Grundwasserstand)

In der Pflanzenauswahl finden Sie auch Arten für sehr trockene Standorte wie z. B. die Gebüsch-Aster. Sie passen von ihrem Charakter her gut an naturnahe Teiche. In architektonischen Anlagen mit voneinander abgesetzten geometrischen Beeten können Sie auch Pflanzungen ganz anderer Themen in Wassernähe platzieren, ohne damit eine peinliche Wirkung zu erzielen.

Machen Sie sich die Pflege leicht

Die Auswahl von Pflanzen mit etwa gleichen Licht- und Feuchtigkeitsansprüchen ist der Schlüssel zu einer einheitlichen und damit auch weniger arbeitsintensiven Pflege. Das gilt sogar, wenn Sie sich für eine Kombination aus lauter Arten mit Angaben »Boden frisch bis feucht« entschieden haben, die Wetterlage Sie aber mit längeren Trockenperioden zu ärgern versucht. Immerhin können Sie jetzt alle Pflanzen gleichmäßig bewässern und müssen nicht auch noch auf individuelle Ansprüche einzelner Quertreiber Rücksicht nehmen. Etwas schwieriger wird es im umgekehrten Fall. Sie wählen Arten für trockene Böden aus und pflanzen diese auf ein überwiegend feuchtes Beet. Hier könnte es zu übermäßig mastigem Wuchs kommen. Wenn dies zu hässlichen Dickichtbildungen führt, sollten Sie die Pflanzen im Frühjahr ausgraben und den Boden intensiv mit Sand und Splitt abmagern. Arbeiten Sie mindestens eine 20 cm starke Schicht des mineralischen Materiales ein. Die Volumenvergrößerung wird dann allerdings eine Geländemodellierung nach sich ziehen. Achten Sie unbedingt darauf, dass kein Oberflächenwasser in den Teich gerät. Eine unmittelbar am Teichrand entlanggezogene, wenigstens 20 cm tiefe Rinne mit Kiesfüllung hilft, das Oberflächenwasser vorher versickern zu lassen.

Die dicht bepflanzte Gartenzone überspielt die Grenze des Badeteiches, so dass er wirkt, als wäre er ein Teil der Natur.

Vielfalt in der Gartenzone

Mit englischem Rasen und exotischen Ziersträuchern rund um den Gartenteich werden Sie nicht viele Tiere anlocken können. Je reichhaltiger die Gartenzone mit heimischen Pflanzen ausgestattet ist, desto artenreicher wird auch die Tierwelt sein, die hier passende Lebensräume findet. Ein großes, vielfältiges Pflanzenangebot mit Sträuchern und Stauden, Gräsern und Zwiebelblumen bietet auch einer großen Anzahl ganz unterschiedlicher Tiere Nahrung und Unterschlupf.

Geschäftiges Treiben im Blumenmeer

Auf den Blüten halten sich vor allem in den Sommermonaten unzählige Insekten auf (❯ Kasten links). Schmetterlinge wie Zitronenfalter, Kleiner Fuchs, Tagpfauenauge, Aurorafalter und viele Bläulings-Arten flattern von Blüte zu Blüte und stecken immer wieder ihre langen Saugrüssel auf der Suche nach Nektar tief in die Blüten. Bienen und Hummeln geben sich ein Stelldichein, und die Doldenblüten sind an sonnigen Tagen übersät mit Schwebfliegen. Eine Etage tiefer krabbeln Marienkäfer auf der Suche nach Blattläusen umher, hüpfen Heupferd und Grashüpfer von Pflanze zu Pflanze, weben sich Kreuzspinne und Wespenspinne ihre kunstvollen Netze. Und am Boden laufen Ameisen und Käfer umher.

Bunte Welt der Insekten

Die vielfältigen Pflanzen der Gartenzone ziehen vor allem Insekten an, die sich vom Frühjahr bis in den Herbst hinein an den Blüten einfinden. Schlüsselblume und Sumpf-Dotterblume bieten schon ab März in ihren gelben Blüten süßen Nektar für Bienen und Hummeln an. Hier finden sich auch die ersten Schmetterlinge ein, z. B. Zitronenfalter (❯ Abb. links) und Kleiner Fuchs (❯ Abb. oben). Pracht-Storchschnabel und Sumpf-Garbe folgen von Juni bis August. Das Schlusslicht bilden spätblühende Astern, die bis in den November hinein Blütenschmuck zeigen. Auf den Blüten von Gebüsch-Aster, Mädesüß und Wasserdost tummeln sich Schwebfliegen (❯ Seite 63) in großer Zahl. Wenn Sie viele Insekten anlocken wollen, sollten Sie Pflanzen mit einfachen, ungefüllten Blüten bevorzugen. Sorten mit dicht gefüllten Blüten sind oft steril und enthalten kaum Nektar.

Ein Platz an der Sonne

Wo es so viele Insekten gibt, da finden sich natürlich auch bald Tiere ein, die von ihnen leben. Ein vielgestaltiges Ufer mit zumindest einer flachen Stelle zum Ein- und Aussteigen ist ein idealer Platz zum Sonnetanken – nicht nur für Insekten und Spinnen, sondern auch für Eidechsen und Ringelnattern (❯ Seite 167). Wenn Sie darüber hinaus noch für einige trockenwarme Plätzchen im Garten und um den Teich herum sorgen, z. B. eine Steinterrasse, einen Steinhaufen, einen alten Wurzelstock oder einen Baumstamm, an dem sich die Reptilien sonnen und unter dem sie sich verstecken können, dann haben Sie schon viel zur dauerhaften Ansiedlung dieser Tiere getan. Darüber hinaus sollten Sie auf die Verwendung chemischer Schädlings- oder Unkrautbekämpfungsmittel verzichten. Bei einem artenreichen Tierleben sind Schädlingsbekämpfungsmittel meist sowieso nicht notwendig. Die Larven von Marienkäfer und Schwebfliege z. B. sind die besten Blattlausvertilger, die Sie haben können.

Teichmolche in Landtracht

In der feuchten Gartenzone halten sich oftmals an Land gegangene junge Teichmolche (❯ Seite 166) auf. An Land ist ihre Haut trocken, feinkörnig, wasserabweisend und tarnfarben.

Die Tiere halten sich tagsüber unter Gehölzgruppen, Totholz oder Laubansammlungen versteckt und gehen erst nachts auf die Suche nach Würmern und Asseln.

Besonders gern gesehen: der Igel

Und wenn Ihr Garten nicht allzu aufgeräumt ist, sondern irgendwo ein Totholz- oder Reisighaufen liegt, unter dem Gartenhäuschen ein Schlupfloch zu finden ist oder irgendwo Bretterhaufen oder Ziegelstapel lagern, dann können Sie sogar mit Igeln rechnen. Tagsüber schlafen die stacheligen Gesellen gerne im Gebüsch, unter Reisighaufen oder zwischen Wurzelwerk. In der Dämmerung und nachts machen sie sich dann auf die Jagd nach Insekten, Würmern und Schnecken, von denen sie jede Menge vertilgen können. Womit Sie einen weiteren natürlichen Schädlingsbekämpfer in Ihrem Garten hätten. Igel sind in der Regel Einzelgänger. Sie paaren sich von Mai bis Juli. Lassen Sie sich in dieser Zeit also nicht durch lautes Schnaufen, Grunzen und Prusten im Garten erschrecken – das ist lediglich das lautstarke Liebeswerben der Igel. Nach ca. fünf Wochen Tragzeit bringt das Igelweibchen 5–7 zunächst blinde Junge zur Welt, die sie die nächsten 3–4 Wochen in einem Nest aus Reisig, Laub, trockenem Gras und Moos großzieht. In solch einem selbst gebauten Nest überwintern Igel auch. Lassen Sie also im Herbst genügend Laub und trockenes Gras zum Nestbau liegen.

An besonders warmen und trockenen Tagen kommt der Igel auch an den Teich, um seinen Durst zu löschen. Gewöhnlich trinkt er aber Tau.

Farbe	Wuchshöhe	Pflanze	Name/Eigenschaften	Gute Partner
weiß	über 80 cm		**Busch-Knöterich** ☼ ◑ ● *Aconogonon speciosum* ❀ Juni – Sept. › Seite 106 konkurrenzstark; Boden frisch, Nährstoffbedarf hoch; gutes Versteck für Tiere Synonym: *Persicaria* 'Johanniswolke'	**Weicher Frauenmantel** *Alchemilla mollis* › Seite 107 **Gezähnter Goldkolben** *Ligularia dentata* › Seite 131
			**Echtes Mädesüß** ☼ ◑ *Filipendula ulmaria* 'Plena' ❀ Juni – August › Seite 123 gefüllte Sorte, versamt nicht; Boden frisch bis feucht, Nährstoffbedarf mittel	**Schlangen-Knöterich** *Bistorta officinalis* › Seite 112 **Wasserdost** *Eupatorium cannabium* 'Plenum' › Seite 121
			**Quirl-Haarstrang** ☼ ◑ *Peucedanum verticillare* ❀ Juni – August › Seite 142 Bärenklau-Ersatz, versamt moderat; Boden frisch bis mäßig trocken, Nährstoffbedarf hoch; Insektenmagnet	**Sumpf-Dotterblume** *Caltha palustris* › Seite 113 **Dreimasterblume** *Tradescantia* 'I.C. Weguelin' › Seite 149
	40–80 cm		**Gebüsch-Aster** ☼ ◑ ● *Aster divaricatus* ❀ August – September › Seite 110 Boden trocken bis frisch, Nährstoffbedarf mittel; Versteck für Tiere Synonym: *Eurybia divericata*	**Bergenie** *Bergenia* 'Morgenröte' › Seite 111 **Horst-Reitgras** *Calamagrostis × acutiflora* 'Karl Foerster' › Seite 112
			**Sumpf-Garbe** ☼ ◑ *Achillea ptarmica* 'Schneeball' ❀ Juni – August › Seite 106 gefüllte Sorte, versamt nicht; Boden frisch bis feucht, Nährstoffbedarf mittel; Schmetterlingsmagnet	**Pfennigkraut** *Lysimachia nummularia* › Seite 133 **Blut-Weiderich** *Lythrum salicaria* › Seite 134
			**Dreiblattspiere** ◑ ● *Gillenia trifoliata* ❀ Juni – Juli › Seite 125 leuchtend rote Herbstfärbung; Boden frisch bis feucht, Nährstoffbedarf mittel bis hoch	**Funkie** *Hosta plantaginea* 'Honeybells' › Seite 127 **Japanische Prachtspiere** *Astilbe japonica* 'Red Sentinel' › Seite 111

Farbe	Wuchshöhe	Pflanze	Name/Eigenschaften	Gute Partner
weiß	40–80 cm		**Funkie** ◑ ● *Hosta plantaginea* 'Honeybells' Juli – September › Seite 127 Boden frisch, Nährstoffbedarf hoch; Unterschlupf für Tiere	**Japanische Prachtspiere** *Astilbe japonica* 'Red Sentinel' › Seite 111 **Japanische Anemone** *Anemone japonica* 'Bressingham Glow' › Seite 109
gelb	über 80 cm		**Sumpf-Wolfsmilch** ☼ ◑ *Euphorbia palustris* Mai – Juni › Seite 122 orangefarbenes Herbstlaub; Boden mäßig trocken bis feucht, Nährstoffbedarf mittel	**Kriechender Günsel** *Ajuga reptans* › Seite 107 **Pracht-Storchschnabel** *Geranium × magnificum* › Seite 124
			**Weidenblättrige Sonnenblume** ☼ ◑ *Helianthus salicifolius* Oktober – November › Seite 126 blüht nur nach warmen Sommern; Boden trocken, Nährstoffbedarf mittel bis hoch; Insektenmagnet	**Pracht-Storchschnabel** *Geranium × magnificum* › Seite 124 **Ruten-Hirse** *Panicum virgatum* 'Hänse Herms' › Seite 141
			**Gezähnter Goldkolben** ☼ ◑ *Ligularia dentata* August – September › Seite 131 Boden frisch bis feucht, Nährstoffbedarf hoch; Insekten-, aber auch Schneckenmagnet	**Weicher Frauenmantel** *Alchemilla mollis* › Seite 107 **Wurmfarn** *Dryopteris filix-mas* › Seite 119
	40–80 cm		**Taglilie** ☼ ◑ *Hemerocallis* 'Corky' Juni – Juli › Seite 126 Boden mäßig trocken bis frisch, Nährstoffbedarf mittel bis hoch; Insektenmagnet	**Kriechender Günsel** *Ajuga reptans* › Seite 107 **Horst-Reitgras** *Calamagrostis × acutiflora* 'Karl Foerster' › Seite 112
	bis 40 cm		**Weicher Frauenmantel** ☼ ◑ ● *Alchemilla mollis* Juni – Juli › Seite 107 versamt leicht; Boden frisch bis feucht, Nährstoffbedarf mittel bis hoch	**Pracht-Storchschnabel** *Geranium × magnificum* › Seite 124 **Runzeliger Wasserdost** *Eupatorium rugosum* › Seite 122

Farbe	Wuchshöhe	Pflanze	Name/Eigenschaften	Gute Partner
gelb	bis 40 cm		**Sumpf-Dotterblume** ☼ ◑ ● *Caltha palustris* ✿ April – Mai › Seite 113 Boden frisch bis feucht, Nährstoffbedarf mittel bis hoch; Insektenmagnet (außer 'Multiplex')	**Morgenstern-Segge** *Carex grayi* › Seite 115 **Echtes Mädesüß** *Filipendula ulmaria* 'Plena' › Seite 123
			**Pfennigkraut** ☼ ◑ ● *Lysimachia nummularia* ✿ Mai – Juni › Seite 133 guter Bodendecker; Boden frisch bis feucht, Nährstoffbedarf mittel bis hoch; Versteck für Tiere	**Pracht-Storchschnabel** *Geranium × magnificum* › Seite 124 **Busch-Knöterich** *Aconogonon* 'Johannis-wolke' › Seite 106
			**Hohe Schlüsselblume** ☼ ◑ ● *Primula elatior* ✿ April – Mai › Seite 145 Boden frisch bis feucht, Nährstoffbedarf mittel, Kalk liebend; Insektenmagnet	**Sibirische Schwertlilie** *Iris sibirica* › Seite 129 **Rosa Seidenblume** *Asclepias incarnata* › Seite 110
			**Echte Schlüsselblume** ☼ ◑ *Primula veris* ✿ April – Mai › Seite 145 Boden trocken bis frisch, Nährstoffbedarf mittel, Kalk liebend; Insektenmagnet	**Frikarts Aster** *Aster × frikartii* 'Wunder von Stäfa' › Seite 110 **Steppen-Schwertlilie** *Iris spuria* › Seite 129
rosa	über 80 cm		**Rosa Seidenblume** ☼ ◑ *Asclepias incarnata* ✿ Juli – August › Seite 110 seidig behaarte Samen; Boden frisch bis feucht, Nährstoffbedarf mittel bis hoch	**Sumpf-Dotterblume** *Caltha palustris* › Seite 113 **Sibirische Schwertlilie** *Iris sibirica* › Seite 129
			**Wasserdost** ☼ ◑ *Eupatorium cannabinum* 'Plenum' ✿ Juli – September › Seite 121 versamt sich nicht; Boden frisch bis sumpfig, Nährstoffbedarf mittel bis hoch; Insektenmagnet	**Weicher Frauenmantel** *Alchemilla mollis* › Seite 107 **Sumpf-Garbe** *Achillea ptarmica* 'Schneeball' › Seite 106

Farbe	Wuchshöhe	Pflanze	Name/Eigenschaften	Gute Partner
rosa	40–80 cm		**Kuckucks-Lichtnelke** ☼–◑ *Lychnis flos-cuculi* ❀ Mai – Juni › Seite 132 kurzlebig; versamt sich; Boden frisch bis feucht, Nährstoffbedarf mittel; Insektenmagnet	**Dreimasterblume** *Tradescantia* 'I.C. Weguelin' › Seite 149 **Plattährengras** *Chasmanthium latifolium* › Seite 116
			**Schlangen-Knöterich** ☼–◑ *Bistorta officinalis* 'Superbum' ❀ Mai – Juni › Seite 112 kompakter als die reine Art; Boden frisch bis feucht, Nährstoffbedarf mittel; Insektenmagnet	**Rosa Seidenblume** *Asclepias incarnata* › Seite 110 **Chinaschilf** *Miscanthus sinensis* 'Morgenröte' › Seite 136
			**Rosa Schildblume** ☼–◑ *Chelone obliqua* ❀ August – September › Seite 117 Boden frisch bis feucht, Nährstoffbedarf hoch; Versteck für Tiere	**Weiße Sumpf-Dotterblume** *Caltha palustris* 'Alba' › Seite 113 **Morgenstern-Segge** *Carex grayi* › Seite 115
			**Sibirische Spierstaude** ☼–◑ *Filipendula palmata* 'Nana' ❀ Juli – August › Seite 123 kleinbleibende Horststaude; Boden frisch bis feucht, Nährstoff bedarf mittel	**Schachbrettblume** *Fritillaria meleagris* › Seite 123 **Sumpf-Garbe** *Achillea ptarmica* 'Schneeball' › Seite 106
			**Japanische Anemone** ◑ ● *Anemone japonica* 'Bressingham Glow' ❀ August – September › Seite 109 breitwüchsig; Boden frisch bis feucht, Nährstoffbedarf hoch	**Weicher Frauenmantel** *Alchemilla mollis* › Seite 107 **Dreiblattspiere** *Gillenia trifoliata* › Seite 125
			**Japanische Prachtspiere** ◑ ● *Astilbe japonica* 'Red Sentinel' ❀ Juli – August › Seite 111 Boden frisch bis feucht, humos, Nährstoffbedarf hoch; kühleliebend	**Dreiblattspiere** *Gillenia trifoliata* › Seite 125 **Wurmfarn** *Dryopteris filix-mas* › Seite 119

Farbe	Wuchshöhe	Pflanze	Name/Eigenschaften	Gute Partner
rosa	bis 40 cm		**Schnitt-Lauch** ☼ ◑ *Allium schoenoprasum* ❀ Mai – Juni › Seite 108 Boden trocken bis feucht, Nährstoffbedarf gering bis mittel; Kalkmoorpflanze; Insektenmagnet	**Plattährengras** *Chasmanthium latifolium* › Seite 116 **Echte Schlüsselblume** *Primula veris* › Seite 145
			**Pracht-Nelke** ☼ ◑ *Dianthus superbus* ❀ Juni – Juli › Seite 132 kurzlebig; Boden frisch bis feucht, Nährstoffbedarf gering bis mittel; Insektenmagnet	**Duft-Lauch** *Allium suaveolens* › Seite 108 **Blut-Weiderich** *Lythrum salicaria* › Seite 134
			**Wiesen-Gladiole** ☼ ◑ *Gladiolus illyricus* ❀ Juni – Julit › Seite 125 Boden trocken-feucht, auch schottrig, Nährstoffbedarf gering; Insektenmagnet	**Schachbrettblume** *Fritillaria meleagris* › Seite 123 **Sumpf-Garbe** *Achillea ptarmica* 'Schneeball' › Seite 106
			**Bergenie** ◑ ● *Bergenia* 'Morgenröte' ❀ April – Mai › Seite 111 Boden trocken bis frisch, Nährstoffbedarf mittel bis hoch; Versteck für Tiere	**Riesen-Segge** *Carex pendula* › Seite 115 **Gelbhalmiger Bambus** *Phyllostachys vivax* 'Aureocaulis' › Seite 143
violett	40–80 cm		**Gewöhnliche Akelei** ☼ ◑ ● *Aquilegia vulgaris* ❀ Mai – Juni › Seite 109 versamt sich sehr stark; Boden sehr trocken bis frisch, Nährstoffbedarf mittel; lockt Hummeln an	**Taglilie** *Hemerocallis* 'Corky' › Seite 126 **Gebüsch-Aster** *Aster divaricatus* › Seite 110
			**Pracht-Storchschnabel** ☼ ◑ ● *Geranium × magnificum* ❀ Juni – Juli › Seite 124 Boden trocken bis frisch, Nährstoffbedarf mittel; guter Unterschlupf für Tiere	**Taglilie** *Hemerocallis* 'Corky' › Seite 126 **Busch-Knöterich** *Aconogonon* 'Johanniswolke' › Seite 106

Farbe	Wuchshöhe	Pflanze	Name/Eigenschaften	Gute Partner
violett	40–80 cm		**Frikarts Aster** *Aster × frikartii* 'Wunder von Stäfa' September – Oktober › Seite 110 Boden sehr trocken bis mäßig frisch, Nährstoffbedarf mittel	**Gewöhnliche Akelei** *Aquilegia vulgaris* › Seite 109 **Steppen-Schwertlilie** *Iris spuria* › Seite 129
			**Sibirische Schwertlilie** *Iris sibirica* Mai – Juni › Seite 129 Boden frisch bis feucht, Nährstoffbedarf mittel; Kalkmoorpflanze; Insektenmagnet	**Schlangen-Knöterich** *Bistorta officinalis* › Seite 112 **Sumpf-Garbe** *Achillea ptarmica* 'Schneeball' › Seite 106
			**Prachtscharte** *Liatris spicata* Juli – August › Seite 131 horstig, Blüte rosaviolett, schwach versamend; Boden trocken bis feucht, Nährstoffbedarf mittel	**Pfeifengras** *Molinia caerulea* 'Moorhexe' › Seite 136 **Rosa Seidenblume** *Asclepias incarnata* › Seite 110
	bis 40 cm		**Kriechender Günsel** *Ajuga reptans* April – Mai › Seite 107 kriechender, immergrüner Bodendecker; Boden frisch bis feucht, Nährstoffbedarf mittel bis hoch	**Schlangen-Knöterich** *Bistorta officinalis* › Seite 112 **Echtes Mädesüß** *Filipendula ulmaria* 'Plena' › Seite 123
			**Dreimasterblume** *Tradescantia* 'I. C. Weguelin' Juni – August › Seite 149 Boden frisch bis feucht, Nährstoffbedarf hoch; Insektenmagnet	**Taglilie** *Hemerocallis* 'Corky' › Seite 126 **Busch-Knöterich** *Euphorbia palustris* › Seite 106
blau	40–80 cm		**Steppen-Schwertlilie** *Iris spuria* Mai – Juni › Seite 129 Sorten in anderen Farben; Boden trocken bis frisch, Nährstoffbedarf mittel bis hoch; Insektenmagnet	**Pracht-Storchschnabel** *Geranium × magnificum* › Seite 112 **Weidenblättrige Sonnenblume** *Helianthus salicifolius* › Seite 126

Farbe	Wuchshöhe	Pflanze	Name/Eigenschaften	Gute Partner
grün / braun	über 80 cm		**Pfeifengras** ☼ ◐ ● *Molinia caerulea* 'Moorhexe' ❀ August – Oktober › Seite 136 versamt weniger als die reine Art; Boden frisch bis feucht, Nährstoffbedarf gering	**Weicher Frauenmantel** *Alchemilla mollis* › Seite 107 **Schlangen-Knöterich** *Bistorta officinalis* › Seite 112
			**Horst-Reitgras** ☼ ◐ *Calamagrostis × acutiflora* 'Karl Foerster' ❀ Juli – Dezember › Seite 112 versamt nicht; Boden trocken bis frisch, Nährstoffbedarf gering bis mittel	**Echte Schlüsselblume** *Primula veris* › Seite 145 **Frikarts Aster** *Aster × frikartii* 'Wunder von Stäfa' › Seite 110
			**Chinaschilf** ☼ ◐ *Miscanthus sinensis* 'Malepartus' ❀ August – Dezember › Seite 136 Boden frisch bis feucht, Nährstoffbedarf mittel; Winterversteck für Tiere	**Gewöhnliche Akelei** *Aquilegia vulgaris* › Seite 109 **Weidenblättrige Sonnenblume** *Helianthus salicifolius* › Seite 126
			**Gelbhalmiger Bambus** ☼ ◐ *Phyllostachys vivax* 'Aureocaulis' ❀ blüht nicht › Seite 143 eine Rhizomsperre verhindert das Wuchern; Boden trocken bis frisch, Nährstoffbedarf hoch	**Pracht-Storchschnabel** *Geranium × magnificum* › Seite 124 **Riesen-Segge** *Carex pendula* › Seite 115
			**Schirm-Bambus** ◐ *Fargesia murielae* ❀ blüht erst in hohem Alter › Seite 122 immergrün; Boden frisch, Nährstoffbedarf hoch; Versteck für Tiere	**Gebüsch-Aster** *Aster divaricatus* › Seite 110 **Taglilie** *Hemerocallis* 'Corky' › Seite 126
			**Riesen-Segge** ◐ ● *Carex pendula* ❀ Juni – August › Seite 115 immergrün; Boden trocken bis frisch, Nährstoffbedarf mittel; Versteck für Tiere	**Bergenie** *Bergenia* 'Morgenröte' › Seite 111 **Gebüsch-Aster** *Aster divaricatus* › Seite 110

Farbe	Wuchshöhe	Pflanze	Name/Eigenschaften	Gute Partner
grün / braun	über 80 cm		**Wurmfarn** ◐ ● *Dryopteris filix-mas* ❀ blüht nicht › Seite 119 robuster Solitärfarn; Boden frisch, Nährstoffbedarf mittel bis hoch, kalkverträglich	**Weicher Frauenmantel** *Alchemilla mollis* › Seite 107 **Dreiblattspiere** *Gillenia trifoliata* › Seite 125
	40–80 cm		**Morgenstern-Segge** ☼ ◐ ● *Carex grayi* ❀ Juni – Oktober › Seite 115 bildet imposante Fruchtsterne aus; Boden frisch bis feucht, Nährstoffbedarf mittel	**Sumpf-Dotterblume** *Caltha palustris* › Seite 113 **Sibirische Spierstaude** *Filipendula palmata* 'Nana' › Seite 123
			**Ruten-Hirse** ☼ ◐ *Panicum virgatum* 'Hänse Herms' ❀ August – November › Seite 141 rote Herbstfärbung; Boden trocken bis frisch, Nährstoffbedarf mittel	**Pracht-Storchschnabel** *Geranium × magnificum* › Seite 124 **Taglilie** *Hemerocallis* 'Corky' › Seite 126
	bis 40 cm		**Frühlings-Segge** ☼ ◐ *Carex caryophylla* 'The Beatles' ❀ April – Juli › Seite 115 Boden trocken, Nährstoffbedarf gering bis mittel; Versteck für Tiere	**Wiesen-Gladiole** *Gladiolus illyricus* › Seite 125 **Schnittlauch** *Allium schoenoprasum* › Seite 108
			**Bunte Oshima-Segge** ◐ ● *Carex oshimensis* 'Evergold' ❀ April – Juni › Seite 115 Boden mäßig trocken bis frisch, Nährstoffbedarf mittel; Versteck für Tiere	**Hirschzungenfarn** *Phyllitis scolopendrium* › Seite 142 **Funkie** *Hosta plantaginea* 'Honeybells' › Seite 127
			**Hirschzungenfarn** ◐ ● *Phyllitis scolopendrium* ❀ blüht nicht › Seite 142 immergrün; gut zwischen Steinen; Boden frisch, Nährstoffbedarf mittel, liebt Kalk	**Hohe Schlüsselblume** *Primula elatior* › Seite 145 **Bunte Oshima-Segge** *Carex oshimensis* 'Evergold' › Seite 114

Feuchtzone

Sie erscheint auf den ersten Blick wie eine Weiterführung der Gartenzone, ist aber echter Teil der Teichbepflanzung. Von unten staunass, aber nicht überflutet: die Feuchtzone. Hier sind durstige Arten der Gartenzone genauso verwendbar wie mancherlei Stauden, die sonst im Röhricht zu Hause sind. Aber auch die spektakulären fleischfressenden Pflanzen der Hochmoore und Feuchtwiesen-Orchideen gehören hierher.

Zwischen Land und Wasser

Falls Sie sich fragen, ob eine Feuchtzone überhaupt nötig ist, lautet die klare Antwort: Nein, das ist sie nicht. Sie können genauso gut die freie Wasserfläche an den Rand der Teichdichtung stoßen lassen. Doch ist die Feuchtzone die einfachste und gleichzeitig am natürlichsten wirkende Möglichkeit, Folienränder unsichtbar zu machen.

Schön, aber manchmal lästig

Unter den »üblichen« Vertretern der Feuchtzone befinden sich viele sehr schöne, aber auch sehr versamungsfreudige Stauden. Zum »Lästling« können sich z. B. Gelbe Gauklerblume, viele Binsen (*Juncus effusus, J. inflexus*), einige Groß-Seggen (*Carex paniculata, C. pendula, C. pseudocyperus*) oder der Blut-Weiderich entwickeln. Besonders an sehr kleinen Teichen ist es ratsam, auf diese Arten lieber ganz zu verzichten.

Weniger problematisch sind Kuckucks-Lichtnelke, Pracht-Nelke, Lobelien (*Lobelia cardinalis* u. a.), Sumpf-Vergissmeinnicht oder Sumpf-Primeln (*Primula japonica, Primula florindae* u. a.). Sie setzen zwar auch reichlich Samen an, doch weil sie konkurrenzschwach bzw. sehr kleinwüchsig sind, ist hier eine gewisse Versamung sogar wünschenswert!

Düngen notwendig?

Die Feuchtzone wird vom Teichwasser nur langsam durchdrungen. Somit gelangen auch Nährstoffe nur sehr behäbig an die Pflanzenwurzeln. Hinzu kommt, dass gierige Mikroorganismen nichts Besseres im Sinn haben, als das Nitrat als wichtigste von Pflanzen aufnehmbare Stickstoffform »anzuknabbern«. Ergebnis: Das nasse, sauerstoffarme Substrat der Feuchtzone wird zum Stickstoffmangelstandort. Dieser Effekt ist auch in den anderen Teichzonen zu beobachten (› Seite 31), führt jedoch vor allem in der Feuchtzone oft zu besonders deutlichen Mangelsymptomen an nährstoffbedürftigen Arten.

Viele Arten eher nährstoffreicher Wiesen wie Trollblume und Schlangen-Knöterich oder Hochstauden wie Mädesüß, Wasserdost und Seidenblume leiden dann oft unter Nährstoffmangel. Düngung im Frühjahr ist dann angebracht! Wenn Sie ein entsprechend schwaches Wachstum feststellen, können Sie in der Feuchtzone im März etwa 20–40 g Hornspäne/m^2 ausstreuen. Das hält die Pflanzen vital und macht sie weniger anfällig gegen Krankheitserreger und Schädlinge.

Moor statt Düngung

Genau diese beschriebene Tendenz zum Nährstoffmangel-Standort können Sie aber auch zur Gestaltung von sehr artenreichen Themen mit ungewöhnlichen Pflanzen nutzen: Moorlandschaften (› Seite 8 f.) lassen sich im Garten in der Feuchtzone des Teiches recht gut nachbauen.

→ Bei **hartem Wasser** ist das nährstoffarme Kalkmoor die richtige Variante. Zwischen niedrigen, feingliedrigen Gräsern (*Carex davalliana, C. viridula*) erheben sich grazile Blütenstände von Sumpf-Gladiolen und Orchideen (*Dactylorhiza, Epipactis*). Das Breite Wollgras lässt seine Wattebäuschchen im Wind wehen. Im Sommer und Herbst sorgen Schwalbenwurz-Enzian und Duft-Lauch für Farbe. Etwas Geduld brauchen Sie bei dieser Pflanzung allerdings. Viele hier vorkommende Blütenpflanzen – besonders die Orchideen – zeigen im ersten Jahr keinen erkennbaren Zuwachs. Ein Frühjahrsaustrieb – das war's dann auch. Alles Weitere läuft unterirdisch ab, wo ein deutlich stärkerer Austrieb für das Folgejahr vorbereitet wird.

→ Bei **weichem Wasser** können Sie auch eine Pflanzung mit Arten der Hochmoore zusammenstellen. Die Hochmoorvariante sollte eine Bodendecke aus lebendem Torfmoos (*Sphagnum*) bekommen, das in der Lage ist, seine Umgebung aktiv anzusäuern. Im Torfmoos fühlt sich die rosa blühende Moor-Orchidee (*Pogonia ophioglossoides*) besonders wohl. Wenn das Wachstum der Schlauchpflanzen (*Sarracenia*-Arten) und Cranberries ins Stocken gerät, kann dies an einem zu sehr angestiegenen pH-Wert liegen. Hier gibt es ein relativ einfaches Mittel: Überbrausen mit Zitronensäure. Auf 2 m^2 gießen Sie 10 Liter Regenwasser oder weiches Leitungswasser, in das 1 Esslöffel Zitronensäure eingerührt wurde. Gießen Sie damit von April bis September alle zwei Wochen Ihre Moorfläche, und brausen Sie sie anschließend leicht mit Teichwasser ab. Zum Dank werden Ihre fleischfressenden Lieblinge eifrig blühen und auf Insektenfang gehen.

Dem Blütenreichtum von Schwertlilie, Breitem Wollgras und Knabenkraut in der Kalkmoorzone kann die Seerose im Teich kaum folgen.

Sonnenbaden im Moos

Grünfrösche wie Wasser- und Teichfrosch (› Seite 165) gehören zu den ersten »größeren« Teichbewohnern. Sie wandern in naturnahen Gärten mit guten Versteckmöglichkeiten schnell ein und sind im Gartenteich von der Feucht- bis zur Seerosen-zone anzutreffen. Sehr interessant ist, dass sich die Frösche gerne am gleichen Platz am Uferrand aufhalten, um hier ein Sonnenbad zu nehmen (› Abbildungen). Bei genauerem Hinsehen können Sie in unmittelbarer Ufernähe eigenartige Mulden erkennen, in denen keine andere Vegetation außer Moos aufkommt. An diesen Stellen werden Sie – bei vorsichtigem Anpirschen – immer wieder Frösche finden. Werden die Tiere gestört, dann hüpfen sie mit wasserfroschtypischen weiten Sätzen ins Wasser und verstecken sich so lange in der Unterwasserflora, bis die Luft wieder rein ist. Dann schwimmen sie meist zielstrebig wieder ihren Ruheplatz an.

Leben im feuchten Milieu

Vom feuchten Randbereich des Teiches, der Feuchtzone, bis ins tiefe Wasser hinein lebt eine Vielzahl von kleinen und großen Tieren, die man keiner Zone richtig zuordnen kann. So sitzen auf hohen, im Wind wiegenden Ufergräsern, aber auch auf aus dem Wasser ragenden Blättern der Krebsschere oder den Blüten der Gelben Teichrose Libellen, die nach Beute oder Weibchen Ausschau halten. Frösche sonnen sich am Uferrand (› Kasten links), aber auch auf Seerosenblättern mitten im Teich.

Wespenimitator

Schwebfliegen sind für den Menschen trotz ihrer großen farblichen Ähnlichkeit mit Wespen völlig harmlos. Ihre Tarnfärbung hilft ihnen, vor Fressfeinden sicher zu sein. Im Unterschied zu Wespen haben sie nur ein Flügelpaar (› Abb. rechts unten) und einen abgeplatteten Hinterleib. Schwebfliegen können schwebend in der Luft stehen – daher auch ihr Name –, um dann blitzschnell vorwärts, seitwärts oder rückwärts zu fliegen, wobei sie sehr hohe Geschwindigkeiten erreichen, aber auch ebenso abrupt abbremsen können. Schwebfliegen legen ihre Eier ganz gezielt in Blattlauskolonien ab. Die schlüpfenden Larven sind äußerst gefrässige Blattlausvertilger. Eine einzige Larve kann bis zur Verpuppung bis zu 1000 Blattläuse fressen. Je nach Art ähneln die Larven kleinen, mehlig bestäubten Nacktschnecken oder sind borstig be-haart. Diese Tiergruppe im Garten zu haben ist gerade im Blick auf die biologische Schädlingsbekämpfung sehr zu begrüßen.

Träge Flieger

Die Schlamm- oder Wasserflorfliege (› Seite 160) sieht ähnlich aus wie eine Köcherfliege, ist aber sehr gut an ihrem trägen, flatternden Flug zu erkennen. Meist sind Schlammfliegen nur an warmen Sommertagen in der Luft zu beobachten. Ansonsten verbringen sie den Tag eher passiv in der Ufervegetation oder auf nahe gelegenen Gehölzen, auf denen sie unsicher herumkrabbeln. Schlammfliegen haben eine recht kurze Lebensdauer, in der sie fast keine Nahrung zu sich nehmen. Zur Paarungszeit im Mai/Juni locken die Weibchen die Männchen mit Hilfe eines speziellen Duftstoffes an. Nach der Paarung legt das Weibchen bis zu 2000 Eier in kunstvollen Gelegen ab (› Abb. rechts). Die schlüpfenden Junglarven kriechen entweder aktiv an der Pflanze ins Wasser hinunter oder lassen sich einfach hineinfallen. Die Entwicklung bis zum Vollinsekt dauert zwei Jahre. In dieser Zeit leben die Larven im schlammigen Bodengrund des Teiches und häuten sich neunmal. Als Nahrung dienen andere kleine Wassertiere, die sie im Bodengrund aufstöbern und mit ihren kräftigen, zangenartigen Kiefern packen.

Eier in Reih und Glied

Die Schlammfliege legt ihre Eier kunstvoll aufgereiht in über 1 cm breiten Gelegen an den Stängeln und Blättern hochwachsender Uferpflanzen ab. Das Gelege ist so fest an der Unterlage angeheftet, dass es jedem Wind und Wetter trotzt. Nach 10–24 Tagen schlüpfen die Junglar-ven aus, deren weitere Entwicklung dann im Wasser stattfindet.

Zur Verpuppung krabbeln die Larven an Land und graben sich in den Boden ein. Die Puppe hat keinen Kokon. Wenn es Zeit zum Schlüpfen der Schlammfliege ist, dann gräbt sich die Puppe an die Erdoberfläche.

Schwebfliegen können auf den ersten Blick mit Wespen verwechselt werden – das liegt an ihrer gelb schwarzen Tarnfärbung.

Gedeckter Tisch am Gartenteich

Der Graureiher (› Seite 167) sucht seine Nahrung – Mäuse, Fische, Frösche, Kröten, Molche und größere Insekten – in der Regel auf Feuchtwiesen, Seen und Bächen in freier Natur. Manchmal kann er aber auch am Gartenteich auftauchen, vor allem wenn dieser ungestört liegt und mit Fischen besetzt ist, also reiches und leicht zu fangendes Futter bietet. Sollten Sie solch einen Fischräuber an Ihrem Gartenteich haben, dann können Sie nur mit Spanndrähten in der Garten- und Feuchtzone gegen ihn ankommen.

Farbe	Wuchshöhe	Pflanze	Name/Eigenschaften	Gute Partner
weiß	über 80 cm		**Echtes Mädesüß** ☼ ◐ *Filipendula ulmaria* 'Plena' ✿ Juni – August › Seite 123 gefüllte Sorte versamt nicht; Nährstoffbedarf mittel	**Schlangen-Knöterich** *Bistorta officinalis* › Seite 112 **Wasserdost** *Eupatorium cannabium* 'Plenum' › Seite 121
			**Prachtscharte** ☼ ◐ *Liatris spicata* 'Floristan Weiß' ✿ Juli – August › Seite 131 robuster Sommerblüher, horstig, schwach versamend; Boden trocken bis feucht; Nährstoffbedarf mittel	**Kopfbinse** *Schoenus nigricans* › Seite 148 **Rosa Seidenblume** *Asclepias incarnata* › Seite 110
	40–80 cm		**Breites Wollgras** ☼ ◐ *Eriophorum latifolium* ✿ Mai – Juli › Seite 121 lange fruchtend, versamt kaum; Substrat kalkhaltig bis neutral (Kalkmoor), Nährstoffbedarf gering	**Wiesen-Schaumkraut** *Cardamine pratensis* › Seite 114 **Sumpf-Stendelwurz** *Epipactis palustris* › Seite 120
			**Scheidiges Wollgras** ☼ ◐ *Eriophorum vaginatum* ✿ April – Mai › Seite 121 geringe Versamung; Substrat sauer, torfig (saures Moor), Nährstoffbedarf gering	**Cranberry** *Vaccinium macrocarpon* › Seite 151 **Lavendel-Heide** *Andromeda polyfolia* › Seite 108
			**Grönland-Sumpfporst** ☼ ◐ *Ledum groenlandicum* ✿ April – Mai › Seite 130 kompakter Kleinstrauch; Substrat sauer, kalkfrei (saures Moor), Nährstoffbedarf gering	**Cranberry** *Vaccinium macrocarpon* › Seite 151 **Rote Schlauchpflanze** *Sarracenia purpurea* › Seite 148
	bis 40 cm		**Märzenbecher** ☼ ◐ ● *Leucojum vernum* ✿ März – April › Seite 131 kleine Zwiebelpflanze; Nährstoffbedarf hoch; Insektenmagnet	**Japanische Etagenprimel** *Primula japonica* › Seite 145 **Sumpf-Eibisch** *Hibiscus moscheutos* 'Chatelaine' › Seite 126

Farbe	Wuchshöhe	Pflanze	Name/Eigenschaften	Gute Partner
	bis 40 cm		**Lavendel-Heide** ☼-◑ *Andromeda polyfolia* ❀ April – Mai › Seite 108 immergrüner Kleinstrauch; Substrat sauer, torfig (saures Moor), Nährstoffbedarf gering	**Alpen-Haarsimse** *Trichophorum alpinum* › Seite 119 **Rote Schlauchpflanze** *Sarracenia purpurea* › Seite 148
			**Weiße Sumpf-Kalla** ☼-◑ *Caltha palustris* var. *alba* ❀ April – Mai › Seite 113 Sämlinge wieder weiß blühend; bevorzugt weiches Wasser, Nährstoffbedarf hoch	**Rosen-Primel** *Primula rosea* › Seite 145 **Rosa Schildblume** *Chelone obliqua* › Seite 117
			**Wiesen-Schaumkraut** ☼-◑ *Cardamine pratensis* ❀ April – Mai › Seite 114 gefüllte Sorte steril; Substrat kalkarm, Nährstoffbedarf mittel	**Gelb-Segge** *Carex flava* › Seite 114 **Blut-Weiderich** *Lythrum salicaria* › Seite 134
			**Sumpf-Stendelwurz** ☼-◑ *Epipactis palustris* ❀ Juni – Juli › Seite 120 Orchidee mit Ausläufern; Substrat kalkhaltig, Nährstoffbedarf gering (Kalkmoorpflanze); Insektenmagnet	**Duft-Lauch** *Allium suaveolens* › Seite 108 **Große Kopfbinse** *Schoenus nigricans* › Seite 148
			**Sommer-Knotenblume** ☼-◑ *Leucojum aestivum* ❀ April – Mai › Seite 131 Zwiebelpflanze; versamt sich; Nährstoffbedarf mittel; Insektenmagnet	**Chinesische Trollblume** *Trollius chinensis* › Seite 150 **Echtes Mädesüß** *Filipendula ulmaria* 'Plena' › Seite 123
			**Alpen-Haarsimse** ☼-◑ *Trichophorum alpinum* ❀ Mai – Juli › Seite 121 reich fruchtendes Kleingras; Substrat neutral bis sauer, Nährstoffbedarf gering (saures Moor)	**Grönland-Sumpfporst** *Ledum groenlandicum* › Seite 130 **Scheidiges Wollgras** *Eriophorum vaginatum* › Seite 121

Farbe	Wuchshöhe	Pflanze	Name/Eigenschaften	Gute Partner
gelb	über 80 cm		**Sumpf-Wolfsmilch** *Euphorbia palustris* Mai – Juni › Seite 122 orangefarbenes Herbstlaub, breiter Wuchs; Nährstoffbedarf mittel	**Zwerg-Binse** *Juncus ensifolius* › Seite 130 **Wasserdost** *Eupatorium cannabium* 'Plenum' › Seite 121
	40–80 cm		**Europäische Trollblume** *Trollius europaeus* 'Superbus' Mai – Juni › Seite 150 gut am Bachlauf; Nährstoffbedarf mittel bis hoch; Insektenmagnet	**Sibirische Schwertlilie** *Iris sibirica* › Seite 129 **Schwalbenwurz-Enzian** *Gentiana asclepiadea* › Seite 124
			**Gelbe Gauklerblume** *Mimulus luteus* Juni – September › Seite 135 wuchert durch Versamung; Nährstoffbedarf mittel bis hoch; Insektenmagnet	**Sumpf-Vergissmeinnicht** *Myosotis palustris* › Seite 136 **Rosa Seidenblume** *Asclepias incarnata* › Seite 110
			**Tibet-Primel** *Primula florindae* Juni – Juli (August) › Seite 145 realtiv kurzlebig, aber versamend; bevorzugt leicht saures Substrat, Nährstoffbedarf mittel bis hoch	**Kammfarn** *Dryopteris cristata* › Seite 118 **Rosa Schildblume** *Chelone obliqua* › Seite 117
			**Chinesische Trollblume** *Trollius chinensis* 'Orange Queen' Juni – Juli › Seite 150 gut am Bachlauf; Nährstoffbedarf mittel bis hoch; Insektenmagnet	**Weiße Sumpf-Dotterblume** *Caltha palustris* var. *alba* › Seite 113 **Blaue Lobelie** *Lobelia sessilifolia* › Seite 132
			**Große Sumpf-Dotterblume** *Caltha palustris* 'Auenwald' April – Mai › Seite 113 auch am Bachlauf und für Sumpf und Flachwasser; Nährstoffbedarf mittel	**Pfennigkraut** *Lysimachia nummularia* › Seite 133 **Königsfarn** *Osmunda regalis* › Seite 141

Farbe	Wuchshöhe	Pflanze	Name/Eigenschaften	Gute Partner
gelb	bis 40 cm		**Sumpf-Dotterblume** ☼ ◐ ● *Caltha palustris* April – Mai › Seite 113 auch am Bachlauf; Nährstoffbedarf mittel; Insektenmagnet (außer 'Multiplex')	**Pracht-Schwertlilie** *Iris ensata* 'Aquamarin' › Seite 128 **Blut-Weiderich** *Lythrum salicaria* › Seite 134
			**Pfennigkraut** ☼ ◐ ● *Lysimachia nummularia* Mai – Juni › Seite 133 immergrüner Bodendecker; Nährstoffbedarf mittel; Versteck für Tiere	**Sumpf-Vergissmeinnicht** *Myosotis palustris* › Seite 136 **Tibet-Primel** *Primula florindae* › Seite 144
rosa	über 80 cm		**Rosa Seidenblume** ☼ ◐ *Asclepias incarnata* Juli – August › Seite 110 seidig behaarte Samen; Nährstoffbedarf mittel bis hoch; viele Blütenbesucher	**Blaue Lobelie** *Lobelia sessilifolia* › Seite 132 **Runzeliger Wasserdost** *Eupatorium rugosum* › Seite 122
			**Wasserdost** ☼ ◐ *Eupatorium cannabium* 'Plenum' Juli – September › Seite 121 breithorstig; nicht versamend; Nährstoffbedarf hoch	**Amerikanische Sumpf-Schwertlilie** *Iris versicolor* › Seite 128 **Morgenstern-Segge** Carex grayi › Seite 115
			**Purpur-Mädesüß** ☼ ◐ *Filipendula purpurea* 'Elegans' Juni – Juli › Seite 123 wuchert nicht; breithorstig; Nährstoffbedarf hoch; viele Blütenbesucher	**Sumpf-Wolfsmilch** *Euphorbia palustris* › Seite 122 **Zyperngras-Segge** *Carex pseudocyperus* › Seite 115
			**Blut-Weiderich** ☼ ◐ *Lythrum salicaria* Juli – August › Seite 134 schlankwüchsig, versamt stark, horstig; Nährstoffbedarf mittel; Insektenmagnet	**Sumpf-Dotterblume** *Caltha palustris* › Seite 113 **Schlangen-Knöterich** *Bistorta officinalis* › Seite 112

Farbe	Wuchshöhe	Pflanze	Name/Eigenschaften	Gute Partner
rosa	40-80 cm		**Duft-Lauch** *Allium suaveolens* August – September › Seite 108 versamt sich; Nährstoffbedarf gering (Kalkmoorpflanze); Insektenmagnet	**Knabenkraut** *Dactylorhiza*-Hybriden › Seite 118 **Breites Wollgras** *Eriophorum latifolium* › Seite 121
			**Schlangen-Knöterich** *Bistorta officinalis* 'Superbum' Mai – Juni › Seite 112 kompakter als die reine Art; Nährstoffbedarf mittel bis hoch; Insektenmagnet	**Morgenstern-Segge** *Carex grayi* › Seite 115 **Echtes Mädesüß** *Filipendula ulmaria* 'Plena' › Seite 123
			**Rosa Schildblume** *Chelone obliqua* August – September › Seite 117 bildet Ausläufer; Nährstoffbedarf hoch; Versteck für Tiere	**Amerikanische Sumpf-Schwertlilie** *Iris versicolor* › Seite 128 **Weiße Seidenblume** *Asclepias incarnata* 'Ice Pearl' › Seite 110
			**Prachtscharte** *Liatris spicata* Juli – August › Seite 131 horstig, schwach versamend; Nährstoffbedarf mittel	**Knabenkraut** *Dactylorhiza*-Hybriden › Seite 118 **Gelb-Segge** *Carex flava* › Seite 114
			**Kuckucks-Lichtnelke** *Lychnis flos-cuculi* Mai – Juni › Seite 132 kurzlebig, versamt sich; Nährstoffbedarf mittel; Insektenmagnet	**Sumpf-Vergissmeinnicht** *Myosotis palustris* › Seite 136 **Blut-Weiderich** *Lythrum salicaria* › Seite 134
	bis 40 cm		**Kanten-Lauch** *Allium angulosum* August – September › Seite 110 auch am Bachlauf; Nährstoffbedarf gering (Kalkmoorpflanze); Insektenmagnet	**Gelb-Segge** *Carex flava* › Seite 114 **Pracht-Nelke** *Dianthus superbus* › Seite 132

Farbe	Wuchshöhe	Pflanze	Name/Eigenschaften	Gute Partner
rosa	bis 40 cm		**Schnitt-Lauch** ☼ ◑ *Allium schoenoprasum* 'Forescate' Mai – Juni › Seite 108 auch am Bachlauf; Nährstoffbedarf gering (Kalkmoorpflanze); Insektenmagnet	**Wiesen-Schaumkraut** *Cardmine pratensis* › Seite 114 **Große Kopfbinse** *Schoenus nigricans* › Seite 148
			**Knabenkraut** ☼ ◑ *Dactylorhiza*-Hybriden Mai – Juli › Seite 118 Orchidee mit Knollen; Substrat kalkhaltig, Nährstoffbedarf gering bis mittel (Kalkmoorpflanze)	**Gelb-Segge** *Carex flava* › Seite 114 **Breites Wollgras** *Eriophorum latifolium* › Seite 121
			**Pracht-Nelke** ☼ ◑ *Dianthus superbus* Juni – Juli › Seite 132 kurzlebig, etwas versamend; Nährstoffbedarf gering bis mittel; Insektenmagnet	**Wiesen-Gladiole** *Gladolius illyricus* › Seite 125 **Blaue Lobelie** *Lobelia sessilifolia* › Seite 132
			**Glocken-Heide** ☼ ◑ *Erica tetralix* August – Oktober › Seite 120 Zwergstrauch; Substrat sauer, torfig, kalkarm (saures Moor); Nährstoffbedarf gering; Insektenmagnet	**Scheidiges Wollgras** *Eriophorum vaginatum* › Seite 121 **Moor-Orchidee** *Pogonia ophioglossoides* › Seite 151
			**Schachbrettblume** ☼ ◑ *Fritillaria meleagris* April – Mai › Seite 123 Zwiebelpflanze, gut am Bachlauf; Substrat leicht sauer bis neutral; Nährstoffbedarf mittel bis hoch	**Rosa Schildblume** *Chelone obliqua* › Seite 117 **Sibirische Schwertlilie** *Iris sibirica* › Seite 129
			**Bach-Nelkenwurz** ☼ ◑ *Geum rivale* Mai – Juni › Seite 124 horstig; Nährstoffbedarf mittel; Insektenmagnet	**Zyperngras-Segge** *Carex pseudocyperus* › Seite 115 **Purpur-Mädesüß** *Filipendula purpurea* 'Elegans' › Seite 123

Farbe	Wuchshöhe	Pflanze	Name/Eigenschaften	Gute Partner
rosa	bis 40 cm		**Sumpf-Gladiole** ☼ ◑ *Gladiolus palustris* Mai – Juni › Seite 125 Kalk liebend; Nährstoffbedarf gering; im Handel erhält man meist *Gladiolus illyricus*	**Davall-Segge** *Carex davalliana* › Seite 114 **Lungen-Enzian** *Gentiana pneumonanthe* › Seite 124
			**Rosen-Primel** ☼ ◑ *Primula rosea* April – Mai › Seite 145 sehr kleinwüchsig; Nährstoffbedarf mittel	**Japanische Schwertlilie** *Iris ensata* 'Aquamarin' › Seite 128 **Blut-Weiderich** *Lythrum salicaria* › Seite 134
			**Cranberry** ☼ ◑ *Vaccinium macrocarpon* Juni › Seite 151 immergrüner, kriechender Strauch, Beeren essbar; Substrat sauer, Nährstoffbedarf gering	**Lavendel-Heide** *Andromeda polyfolia* › Seite 108 **Glocken-Heide** *Erica tetralix* › Seite 120
rot	über 80 cm		**Sumpf-Eibisch** ☼ ◑ *Hibiscus moscheutos* 'Chatelaine' Juli – September › Seite 126 Großstaude für Einzelstellung, riesige Blüten, Sorten in weiß und rosa; Nährstoffbedarf sehr hoch	**Japanische Etagen-Primel** *Primula japonica* › Seite 145 **Japanische Schwertlilie** *Iris ensata* 'Aquamarin' › Seite 128
	40–80 cm		**Japanische Etagen-Primel** ◑ ● *Primula japonica* Juni – Juli › Seite 145 relativ kurzlebig, aber versamend; Substrat leicht sauer, Nährstoffbedarf hoch	**Pfennigkraut** *Lysimachia nummularia* › Seite 133 **Königsfarn** *Osmunda regalis* › Seite 141
	bis 40 cm		**Rote Schlauchpflanze** ☼ ◑ *Sarracenia purpurea* Mai – Juni › Seite 148 fleischfressende Pflanze; Substrat sauer, Nährstoffbedarf gering bis mittel (saures Moor)	**Moor-Orchidee** *Pogonia ophioglossoides* › Seite 151 **Scheidiges Wollgras** *Eriophorum vaginatum* › Seite 121

Farbe	Wuchshöhe	Pflanze	Name/Eigenschaften	Gute Partner
violett	40–80 cm		**Schwalbenwurz-Enzian** ☼ ◑ ● *Gentiana asclepiadea* August – September › Seite 124 horstig, wenig versamend; Kalkmoorpflanze, Nährstoffbedarf mittel	**Schachbrettblume** *Fritillaria meleagris* › Seite 123 **Große Kopfbinse** *Schoenus nigricans* › Seite 148
			**Pracht-Schwertlilie** ☼ ◑ *Iris ensata* 'Yoake Mae' Juni – Juli › Seite 128 viele weitere großblumige Sorten; Substrat kalkarm, Nährstoffbedarf hoch	**Sommer-Knotenblume** *Leucojum aestivum* › Seite 131 **Kardinals-Lobelie** *Lobelia cardinalis* › Seite 132
			**Sibirische Schwertlilie** ☼ ◑ *Iris sibirica* Mai – Juni › Seite 129 Kalkmoorpflanze, Nährstoffbedarf mittel; Insektenmagnet	**Breites Wollgras** *Eriophorum latifolium* › Seite 121 **Duft-Lauch** *Allium suaveolens* › Seite 108
			**Amerikanische Sumpf-Schwertlilie** ☼ ◑ *Iris versicolor* Mai – Juni › Seite 128 reich verzweigte Blütenstände; bis 20 cm Wassertiefe, Nährstoffbedarf hoch	**Sumpf-Dotterblume** *Caltha palustris* › Seite 113 **Echtes Mädesüß** *Filipendula ulmaria* 'Plena' › Seite 123
			**Blaue Lobelie** ☼ ◑ *Lobelia sessilifolia* September – Oktober › Seite 132 Nährstoffbedarf mittel; Insektenmagnet	**Draht-Segge** *Carex diandra* › Seite 114 **Sibirische Schwertlilie** Iris sibirica › Seite 129
	bis 40 cm		**Lungen-Enzian** ☼ ◑ *Gentiana pneumonanthe* Juli – August › Seite 124 Substrat neutral bis leicht sauer, Nährstoffbedarf mittel	**Wiesen-Schaumkraut** *Cardamine pratensis* › Seite 114 **Breites Wollgras** *Eriophorum latifolium* › Seite 121

Farbe	Wuchshöhe	Pflanze	Name/Eigenschaften	Gute Partner
blau	bis 40 cm		**Sumpf-Vergissmeinnicht** ☼-◑ *Myosotis palustris* ✿ Mai – Juni › Seite 136 polsterbildend, versamt sich stark; Nährstoffbedarf mittel-hoch	**Purpur-Mädesüß** *Filipendula purpurea* 'Elegans' › Seite 123 **Sumpf-Wolfsmilch** *Euphorbia palustris* › Seite 122
grün / braun	über 80 cm		**Königsfarn** ☼-◑ ● *Osmunda regalis* ✿ blüht nicht, braune Sporenwedel › Seite 141 Substrat leicht sauer bis neutral, Nährstoffbedarf hoch; Versteck für Tiere	**Märzenbecher** *Leucojum vernum* › Seite 131 **Zyperngras-Segge** *Carex pseudocyperus* › Seite 115
			**Riesen-Segge** ◑ ● *Carex pendula* ✿ Juni – August › Seite 115 immergrün, versamt; Nährstoffbedarf mittel bis hoch; Versteck für Tiere	**Japanische Etagen-Primel** *Primula japonica* › Seite 145 **Königsfarn** *Osmunda regalis* › Seite 141
	40–80 cm		**Morgenstern-Segge** ☼-◑ ● *Carex grayi* ✿ Juni – Juli › Seite 115 bildet imposante Fruchtsterne aus, versamt kaum; Nährstoffbedarf mittel	**Pfennigkraut** *Lysimachia nummularia* › Seite 133 **Tibet-Primel** *Primula florindae* › Seite 144
			**Kammfarn** ☼-◑ ● *Dryopteris cristata* ✿ blüht nicht › Seite 118 schlanke Horste; Substrat kalkarm, Nährstoffbedarf mittel; Versteck für Tiere	**Weiße Scheinkalla** *Lysichiton camtschatcensis* › Seite 133 **Riesen-Segge** *Carex pendula* › Seite 115
			**Blaue Binse** ☼-◑ *Juncus inflexus* ✿ Juni – Oktober › Seite 130 starke Versamung; Kalk liebend, Nährstoffbedarf mittel	**Sumpf-Vergissmeinnicht** *Myosotis palustris* › Seite 136 **Gelbe Gauklerblume** *Mimulus luteus* › Seite 135

Farbe	Wuchshöhe	Pflanze	Name/Eigenschaften	Gute Partner
grün / braun	bis 40 cm		**Draht-Segge** ☼ ◑ *Carex diandra* ✿ Mai – August › Seite 114 niedrige bis mittelhohe Segge, versamend; Nährstoffbedarf gering	**Schlangen-Knöterich** *Bistorta officinalis* › Seite 112 **Sibirische Schwertlilie** *Iris sibirica* › Seite 129
			**Gelb-Segge** ☼ ◑ *Carex flava* ✿ Mai – August › Seite 114 bildet kleine Fruchtsternchen, schwach versamend; Kalkmoorpflanze, Nährstoffbedarf gering	**Kanten-Lauch** *Allium angulosum* › Seite 108 **Wiesen-Gladiole** *Gladiolus illyricus* › Seite 125
			**Große Kopfbinse** ☼ ◑ *Schoenus nigricans* ✿ Mai – Dezember › Seite 148 schön am Bachlauf; Substrat kalkhaltig (Kalkmoorpflanze), Nährstoffbedarf gering	**Knabenkraut** *Dactylorhiza-Hybriden* › Seite 118 **Breites Wollgras** *Eriophorum latifolium* › Seite 121

Ein dicht bepflanzter Teichrand hält unsere kleinen Forscher davon ab, der freien Wasserfläche zu nahe zu kommen. Aus deren Perspektive ist der eigentliche Teich kaum wahrnehmbar.

Sumpfzone

Nirgends merken Sie deutlicher als hier, wie die Übergänge der einzelnen Zonen tatsächlich fließen. In den Diagrammen finden Sie daher etliche Arten, die auch in einer der Nachbarzonen auftauchen. In der Sumpfzone darf der Wasserstand schwanken, und die Bepflanzung steht mal 10 cm unter, mal knapp über der Wasserlinie. Flach überspülte Bereiche an Bachläufen sind auch diesem Lebensbereich zuzuordnen.

Schwankende Wasserstände

In der Sumpfzone finden Sie viele Pflanzen, die unterschiedliche Wuchsformen entwickeln – je nachdem, ob sie nun über oder unter Wasser stehen. Der Tannenwedel etwa wächst in dieser Zone als reine Landform und baut Miniatur-Wäldchen aus schachtelhalmartigen Trieben auf. Pfeilkraut und Goldkeule, die in tieferem Wasser Schwimmblätter entwickeln, tragen hier aufrechtes Laub und verzahnen sich mit Gräsern und Hochstauden der Feuchtwiese. Nadelkraut, Wasserfeder und Wasserstern bilden normalerweise schöne Teppiche unter Wasser, wobei sie in flachem Terrain auch mal an die Oberfläche stoßen. Im Sumpfbereich entwickeln sie sich über den Sommer zu Polsterstauden. Alle drei Arten bevorzugen weiches Wasser. Die Winterkälte treibt sie wieder in die Tiefe zurück. Die Spähtruppen an Land erfrieren, das untergetauchte Basislager überlebt.

Flotte Flotten schwimmender Rasen

Ideal ist die Sumpfzone für die Ansiedlung von Schwingrasenbildnern. Dank der Luftkammern in ihren Kriechsprossen können die Triebe von Fieberklee oder Sumpf-Blutauge auf der Wasseroberfläche treibend in den Teich hineinwachsen. An natürlichen Seen entstehen durch Verzahnung dieser Triebe schwimmende Vegetationsdecken, die nun wiederum zum Lebensraum für andere Pflanzen und Tiere werden.

→ Einzeltriebe des **Fieberklees** können sich innerhalb eines Sommers weit in tiefere Zonen hineinschieben. Zu vorwitzige Ausleger können Sie aber problemlos abschneiden.

→ Auch die **Sumpf-Kalla** besitzt schwimmfähige Triebe, von denen jedoch im Winter die älteren Partien absterben. Im Frühjahr können wurzellose Sprossspitzen umhertreiben, in der Sumpfzone anlegen, um hier mit frischen Wurzeln vor Anker zu gehen.

Prima Primeln

Die spektakulären Etagen-Primeln *(Primula japonica, Primula poissonii, Primula × bullesiana)* fühlen sich nicht nur in der Feuchtzone, sondern auch im Wasserübergangsbereich richtig wohl. Leichter Schatten tut ihnen gut, während Rosen-Primel und Tibet-Primel eher Sonnenkinder sind. Diese kurzlebigen Arten freuen sich über eine leichte Düngung mit Hornspänen im Frühjahr. Dauerhaft können sie sich durch Versamung halten, wenn Sie dafür sorgen, dass die Begleitvegetation nicht zu sehr wuchert und offene Stellen bleiben, an denen die Samen keimen können. Leichte Wasserbewegung im Substrat fördert das Gedeihen von Primeln sehr.

Sumpf am Bach

Bachläufe bepflanzen verlangt Sparsamkei. Effektvoll sind kleine Bachläufe im Privatgarten besonders, wenn eine geschickte Steinsetzung das Wasser hin und her lenkt und über Kaskaden plätschern lässt. Die ausgewählten Pflanzen dürfen diese Wasserspiele nicht behindern oder gar verdecken. Zum Bepflanzen ist besonders die nasse Randzone zwischen den Steinen geeignet. Das sauerstoffreiche, fließende Wasser ermöglicht auch Pflanzen, die sonst lieber in der Feuchtzone stehen, das Gedeihen im Bereich der Wasserlinie. So können Knabenkraut *(Dactylorhiza),* Lauch-Arten und Trollblumen hier kräftige Exemplare bilden. Sehr elegant wirken zwischen den Steinen Breites Wollgras und Kopfbinsen (*Schoenus*-Arten). In genügend breiten Bachläufen oder durchströmten Sumpfbereichen des Teiches finden viele Primeln, Bachbunge, Sumpf-Dotterblume und Sumpf-Vergissmeinnicht gute Wachstumsbedingungen.

Der Sumpf als Rettungszone

Nicht nur in den Teich gefallenen Tieren bietet ein allmählicher Übergang vom Wasser zum Land Ausstiegsmöglichkeiten. In umgekehrter Richtung gesehen, kann eine deutlich ausgeprägte Sumpfzone auch Kleinkindern das Leben retten. Ein plötzlich mit dem Gesicht voran ins Wasser fallendes Kleinkind bleibt vor Schreck eine Zeit lang regungslos liegen – lebensgefährlich, wenn dabei die Nase unter Wasser ist! Besser noch als ein Zaun um den Teich – das Türchen kann auch mal offen stehen – oder ein Gitter auf der Wasserfläche, schützt eine breite Sumpfzone an den zugänglichen Stellen. Wenn der unerfahrene Knirps beim Marschieren dort im Matsch einsinkt, wird sein Tatendrang jäh unterbrochen, und er wird – wenn auch quengelnd – den Rückzug antreten.

Im Bereich der Wasserlinie fühlen sich viele Seggen, Japanische Schwertlilie und Tibet-Primel sehr wohl.

Warm und feucht

In der Sumpfzone, dem Bereich zwischen Feuchtzone und Flachwasserzone liegt die Wassertiefe bei 0–10 cm. Bei geringem Wasserstand heizt sich das Wasser in der wärmeren Jahreszeit relativ schnell auf. Das beschleunigt nicht nur das Wachstum der Pflanzen, die hier angesiedelt sind, sondern auch die Stoffwechselaktivitäten der hier lebenden Wassertiere.

Gefräßige Larven

Es ist immer günstig, das Teichufer so zu gestalten, dass man an einer Stelle bis ans Wasser herantreten und so gut auf den Gewässergrund schauen kann (Achtung bei Kleinkindern!). Hier können Sie verschiedene Larvenarten auf ihren Raubzügen beobachten. Da ist z. B. die schlanke, bis zu 8 cm lange Gelbrandkäferlarve, ein äußerst gefräßiges Tier, das sich über Frosch- und Fischlaich, Kaulquappen und sogar Jungfische hermacht – andererseits aber auch Mengen von Stechmückenlarven vertilgt. Hier leben auch die schlanken Larven der Kleinlibellen und die etwas größeren und plumperen Larven der Großlibellen, die ebenfalls auf Beutefang gehen und sogar vor Artgenossen nicht haltmachen. Vielleicht sehen Sie auch wandernde Aststückchen oder Kieselhäufchen. Das sind die Larven der Köcherfliege. Sie schützen ihren weichen, raupenartigen Körper mit einem selbst gebauten Köcher, den sie wie ein Schneckenhaus mit sich herumtragen. Der Köcher ist mit den verschiedensten am Teichboden befindlichen Materialien wie Laubresten, Aststückchen oder

Die Libellen schlüpfen

Ab dem Frühsommer fangen die Libellen an auszuschlüpfen. Es ist ein ganz besonderes Erlebnis, in den frühen Morgenstunden die Veränderung von der plumpen Larve am Gewässergrund zur erwachsenen Plattbauchlibelle zu beobachten. Es ist einfach überwältigend, diese Veränderung vom »kleinen, hässlichen Entlein« zum Kunstflieger miterleben zu dürfen. Die Larve verlässt das Wasser, kriecht an einem Pflanzenstängel empor und krallt sich dann dort fest. Danach presst die Larve Körperflüssigkeit in die Brust. Diese schwillt an, und die Larvenhülle reißt an einer extra dafür vorgesehenen Stelle am Rücken auf. Langsam schiebt sich nun das fertige Insekt aus der Hülle und entfaltet die knittrigen

Flügel. Jetzt lässt die Libelle Körper und Flügel in der Sonne trocknen und aushärten. Nach 1–2 Stunden startet sie dann zu ihrem ersten Flug über den Teich.

Sand und Steinchen bekleidet. Auch die Larven der Zuckmücken und Eintagsfliegen, von Rückenschwimmer und Furchenschwimmer halten sich gerne in diesem »Warmwasserbereich« auf. Und es gibt sogar Schmetterlingsraupen, die im Wasser leben: die Larven des Seerosenzünslers. Sie schneiden sich Stücke aus Seerosenblättern heraus und bauen sich daraus einen schützenden Köcher, in dem sie sich dann auch verpuppen und den Winter überstehen.

Zuck- oder Stechmücke?

Zuckmücken können auf den ersten Blick mit Stechmücken verwechselt werden. Sie stechen aber nicht. Im Sitzen fallen die überlangen Vorderbeine auf, mit denen sie in Ruhestellung immer wieder zucken. Die Weibchen legen je nach Art mehrere Hundert bis einige Tausend Eier ab. Die roten Larven werden sehr gerne von Fischen und Molchen gefressen.

Kümmel auf dem Wasser?

Auf der Wasseroberfläche können Sie hin und wieder eigenartige Gebilde entdecken, die wie überdimensionale Kümmelkörner aussehen. Fischen Sie einmal so ein »Kümmelkörnchen« aus dem Wasser. Jetzt sehen Sie, dass es sich um Eigelege handelt. Stechmückenweibchen legen ihre Eier – zu Hunderten in Eischiffchen verklebt – auf der Wasseroberfläche ab. Die Mückenschiffchen treiben wie ein Floß auf der Wasseroberfläche, sind unbenetzbar und gehen nicht unter. Und aus all den Eiern werden dann die lästig surrenden und blutsaugenden Plagegeister? Keine Angst: Es wird gar nicht zu einer Massenvermehrung kommen können, weil für Rückenschwimmer, die Larven des Furchenkäfers und für Wasserläufer die schlüpfenden Mücken- Larven eine wahre Delikatesse sind.

Stechmücken legen ihre dunkelbraunen, zugespitzten Eier in kleinen »Schiffchen« auf der Wasseroberfläche ab.

Tanzende Mückenschwärme

Zur Paarungszeit der Zuckmücken können Sie an lauen, windstillen Sommertagen große Mückenschwärme beobachten, die in Teichnähe auf und ab tanzen. Es sind die Männchen der Zuckmücke, die auf sich aufmerksam machen. Zur Paarung fliegen die Weibchen in den Schwarm und werden hier in Sekundenschnelle begattet.
Ähnliche große, auf und ab steigende Schwärme bilden auch die Männchen der Eintagsfliegen.

Farbe	Wuchshöhe	Pflanze	Name/Eigenschaften	Gute Partner
weiß	über 80 cm		**Blumenbinse** ☼-◐ *Butomus umbellatus* 'Schneeweißchen' ❀ Juni – Juli › Seite 112 bis 40 cm Wassertiefe; Nährstoffbedarf hoch; Ausstiegshilfe für Libellenlarven	**Sumpf-Vergissmeinnicht** *Myosotis palustris* › Seite 136 **Schmaler Froschlöffel** *Alisma lanceolatum* › Seite 107
	40–80 cm		**Schmaler Froschlöffel** ☼-◐ ● *Alisma lanceolatum* ❀ Juni – August › Seite 107 schleierkrautartige Blütenrispen, kurzlebig, versamend; Nährstoffbedarf hoch	**Sumpf-Kalla** *Calla palustris* › Seite 113 **Sumpf-Schwertlilie** *Iris pseudacorus* › Seite 129
			**Weiße Scheinkalla** ◐ ● *Lysichiton camtschatcensis* ❀ April – Mai › Seite 133 bildet große Horste; Tiefwurzler, der Wasser filtriert; Nährstoffbedarf hoch; gut am Bachlauf bei viel Substrat	**Pfennigkraut** *Lysimachia nummularia* › Seite 133 **Königsfarn** *Osmunda regalis* › Seite 141
	bis 40 cm		**Gnadenkraut** ☼-◐ *Gratiola officinalis* ❀ Juni – Juli › Seite 125 sumpfig bis niedriger Wasserstand, weiches Wasser; Nährstoffbedarf mittel; Versteck für Tiere	**Rispen-Segge** *Carex paniculata* › Seite 114 **Blaue Gauklerblume** *Mimulus ringens* › Seite 135
			**Fieberklee** ☼-◐ *Menyanthes trifoliata* ❀ April – Mai › Seite 135 Schwimmtriebe auf dem Wasser; sumpfig bis niedriger Wasserstand, weiches Wasser, Nährstoffbedarf mittel	**Nadelkraut** *Crassula helmsii* › Seite 117 **Draht-Segge** *Carex diandra* › Seite 114
			**Sumpf-Kalla** ◐ ● *Calla palustris* ❀ Mai – Juni › Seite 113 im Sommer rote Frucht, giftig! sumpfig bis Flachwasser, weiches Wasser, Nährstoffbedarf hoch	**Strauß-Felberich** *Lysimachia thyrsiflora* › Seite 133 **Shuttleworth's Rohrkolben** *Typha shuttleworthii* › Seite 150

Farbe	Wuchshöhe	Pflanze	Name/Eigenschaften	Gute Partner
gelb	über 80 cm		**Sumpf-Schwertlilie** ☼ ◑ ● *Iris pseudacorus* ❀ Mai – Juni › Seite 129 versamt sich, wasserreinigend; bis 30 cm Wassertiefe, Nährstoffbedarf hoch; viele Blütenbesucher	**Nadel-Minze** *Mentha cervina* › Seite 134 **Herzblättriges Hechtkraut** *Pontederia cordata* › Seite 143
	40–80 cm		**Große Sumpf-Dotterblume** ◑ ● *Caltha palustris* 'Auenwald' ❀ April – Mai › Seite 113 auch am Bachlauf und für Sumpf und Flachwasser; Nährstoffbedarf mittel	**Pfennigkraut** *Lysimachia nummularia* › Seite 133 **Königsfarn** *Osmunda regalis* › Seite 141
	bis 40 cm		**Sumpf-Dotterblume** ☼ ◑ ● *Caltha palustris* ❀ April – Mai › Seite 113 horstig; etwas versamend; Nährstoffbedarf mittel bis hoch; Insektenmagnet (außer 'Multiplex')	**Herzblättriges Hechtkraut** *Pontederia cordata* › Seite 143 **Blut-Weiderich** *Lythrum salicaria* › Seite 134
			**Strauß-Felberich** ☼ ◑ *Lysimachia thyrsiflora* ❀ Mai – Juni › Seite 133 wuchert etwas, bildet lange Ausläufer; weiches Wasser, Nährstoffbedarf mittel bis gering; Ausstiegshilfe für Insekten	**Wasserstern** *Callitriche palustris* › Seite 113 **Fieberklee** *Menyanthes trifoliata* › Seite 135
			**Wasser-Goldkeule** ☼ ◑ *Orontium aquaticum* ❀ Mai – Juni › Seite 140 schwarze Beeren, nicht essbar! bis 40 cm Wassertiefe; Nährstoffbedarf hoch	**Nadelkraut** *Crassula helmsii* › Seite 117 **Schmaler Froschlöffel** Alisma lanceolatum › Seite 107
			**Brennender Hahnenfuß** ☼ ◑ *Ranunculus flammula* ❀ Juni – August › Seite 146 bis 20 cm Wassertiefe, weiches Wasser, Nährstoffbedarf mittel; Insektenmagnet	**Pillenfarn** *Pilularia globulifera* › Seite 119 **Pfeil-Aronstab** *Peltandra virginica* › Seite 141

Farbe	Wuchshöhe	Pflanze	Name/Eigenschaften	Gute Partner
rosa	über 80 cm		**Blumenbinse** ☼-◐ *Butomus umbellatus* Juni – Juli › Seite 112 bis 40 cm Wassertiefe; Nährstoffbedarf hoch; Ausstiegshilfe für Libellenlarven	**Sumpf-Vergissmeinnicht** *Myosotis palustris* › Seite 136 **Schmaler Froschlöffel** *Alisma lanceolatum* › Seite 107
			**Blut-Weiderich** ☼-◐ *Lythrum salicaria* Juli – August › Seite 134 Versamung mittel bis stark; Nährstoffbedarf mittel; Insektenmagnet	**Gnadenkraut** *Gratiola officinalis* › Seite 125 **Kleiner Rohrkolben** *Typha minima* › Seite 150
	bis 40 cm		**Igelschlauch** ☼-◐ *Baldellia ranunculoides* Juni – August › Seite 111 kleine, sternförmige Früchte; Sumpf- bis Seerosenzone; Nährstoffbedarf gering bis mittel	**Kleiner Rohrkolben** *Typha minima* › Seite 150 **Echtes Pfeilkraut** *Sagittaria sagittifolia* › Seite 147
rot	40–80 cm		**Kardinals-Lobelie** ◐ ● *Lobelia cardinalis* Juli – August › Seite 132 kurzlebig, Versamung schwach; Sumpf- bis Flachwasserzone; Nährstoffbedarf mittel bis hoch; Insekten anziehend	**Amerikanische Sumpf-Schwertlilie** *Iris versicolor* › Seite 128 **Shuttleworth's Rohrkolben** *Typha shuttleworthii* › Seite 150
	bis 40 cm		**Sumpf-Blutauge** ☼-◐ *Potentilla palustris* Mai – Juni › Seite 144 bis 20 cm Wassertiefe, Substrat sauer, kalkarm, Nährstoffbedarf gering bis mittel; Schwimmtriebe als Tierversteck	**Wasserschlauch** *Utricularia australis* › Seite 151 **Strauß-Felberich** *Lysimachia thyrsiflora* › Seite 133
			**Rote Schlauchpflanze** ☼-◐ *Sarracenia purpurea* Mai – Juni › Seite 148 fleischfressende Pflanze; Substrat sauer, Nährstoffbedarf gering bis mittel (saures Moor)	**Moor-Orchidee** *Pogonia ophioglossoides* › Seite 151 **Scheidiges Wollgras** *Eriophorum vaginatum* › Seite 121

Farbe	Wuchshöhe	Pflanze	Name/Eigenschaften	Gute Partner
violett	40–80 cm		**Amerikanische Sumpf-Schwertlilie** ☼ ◑ *Iris versicolor* ❀ Mai – Juni › Seite 128 reich verzweigte Blütenstände; bis 20 cm Wassertiefe; Nährstoffbedarf mittel bis hoch	**Sumpf-Dotterblume** *Caltha palustris* › Seite 113 **Gnadenkraut** *Gratiola officinalis* › Seite 125
			**Wasser-Minze** ☼ ◑ *Mentha aquatica* ❀ Juni – Juli › Seite 134 wasserreinigend; Feucht- bis Flachwasserzone; Nährstoffbedarf mittel bis hoch; Versteck für Tiere	**Zungen-Hahnenfuß** *Ranunculus lingua* › Seite 146 **Shuttleworth's Rohrkolben** *Typha shuttleworthii* › Seite 150
	bis 40 cm		**Nadel-Minze** ☼ ◑ *Mentha cervina* ❀ Juni – September › Seite 134 wasserreinigend; Sumpf- bis Flachwasserzone; Nährstoffbedarf mittel	**Steif-Segge** *Carex elata* › Seite 114 **Japanische Schwertlilie** *Iris laevigata* › Seite 128
			**Bachbunge** ☼ ◑ *Veronica beccabunga* ❀ Mai – Juni › Seite 151 nicht sehr langlebig, gut am Bachlauf; in fließendem Wasser am vitalsten; Nährstoffbedarf hoch	**Blumenbinse** *Butomus umbellatus* › Seite 112 **Sumpf-Schwertlilie** *Iris pseudacorus* › Seite 129
blau	40–80 cm		**Japanische Schwertlilie** ☼ ◑ *Iris laevigata* ❀ Juni – August › Seite 128 im Sommer nachblühend; bis 20 cm Wassertiefe; Nährstoffbedarf mittel bis hoch	**Sumpfkalla** *Calla palustris* › Seite 113 **Blumenbinse** *Butomus umbellatus* › Seite 112
			**Blaue Gauklerblume** ☼ ◑ *Mimulus ringens* ❀ Juli – August › Seite 135 unterirdische Ausläufer; Sumpf- bis Flachwasserzone, Nährstoffbedarf mittel bis hoch	**Brennender Hahnenfuß** *Ranunculus flammula* › Seite 146 **Steif-Segge** *Carex elata* › Seite 114

Farbe	Wuchshöhe	Pflanze	Name/Eigenschaften	Gute Partner
blau	bis 40 cm		**Sumpf-Vergissmeinnicht** ☼ ◑ *Myosotis palustris* ❀ Mai – Juni › Seite 136 bildet lockere Polster, versamt sich stark, gut am Bachlauf; Nährstoffbedarf hoch	**Sumpf-Schwertlilie** *Iris pseudacorus* › Seite 129 **Shuttleworth's Rohrkolben** *Typha shuttleworthii* › Seite 150
grün / braun	über 80 cm		**Kalmus** ☼ ◑ *Acorus calamus* ❀ Juni – Juli › Seite 106 wasserreinigend, etwas wuchernd; Sumpf- bis Flachwasserzone; Nährstoffbedarf hoch	**Nadel-Simse** *Eleocharis acicularis* › Seite 119 **Zungen-Hahnenfuß** *Ranunculus lingua* › Seite 146
			**Schneidried** ☼ ◑ *Cladium mariscus* ❀ September – Dezember › Seite 117 attraktiv fruchtend, wuchernd; Sumpf- bis Flachwasserzone; liebt Kalk, Nährstoffbedarf gering	**Igelschlauch** *Baldellia ranunculoides* › Seite 111 **Nadelsimse** *Eleocharis acicularis* › Seite 119
			**Langes Zypergras** ☼ ◑ *Cyperus longus* ❀ Juli – Oktober › Seite 118 wasserreinigend, wuchernd; Sumpf- bis Flachwasserzone; Nährstoffbedarf gering; Ausstiegshilfe für Insekten	**Sumpf-Kalla** *Calla palustris* › Seite 113 **Tannenwedel** *Hippuris vulgaris* › Seite 127
			**Shuttleworth's Rohrkolben** ☼ ◑ *Typha shuttleworthii* ❀ Juli – Dezember › Seite 150 wasserreinigend, lockerer Wuchs, etwas wuchernd; bis 40 cm Wassertiefe; Nährstoffbedarf mittel bis hoch	**Sumpf-Dotterblume** *Caltha palustris* › Seite 113 **Sumpf-Vergissmeinnicht** *Myosotis palustris* › Seite 136
	40–80 cm		**Zyperngras-Segge** ☼ ◑ ● *Carex pseudocyperus* ❀ Juni – August › Seite 115 hellgrünes Laub; Garten- bis Sumpfzone; Nährstoffbedarf sehr hoch	**Sumpf-Kalla** *Calla palustris* › Seite 113 **Gelbe Scheinkalla** *Lysichiton camtschatcensis* › Seite 133

Farbe	Wuchshöhe	Pflanze	Name/Eigenschaften	Gute Partner
grün / braun	40–80 cm		**Steif-Segge** *Carex elata* April – Juni › Seite 114 wasserreinigend, stark wurzelnd; Sumpf- bis Flachwasserzone; Nährstoffbedarf mittel bis gering	**Sumpf-Vergissmeinnicht** *Myosotis palustris* › Seite 136 **Blut-Weiderich** *Lythrum salicaria* › Seite 134
			**Kleiner Rohrkolben** *Typha minima* Mai – Juni › Seite 150 etwas wuchernde Ausläufer; bis 20 cm Wassertiefe; Wasser kalkreich (Hartwasser); Nährstoffbedarf gering	**Kuckucks-Lichtnelke** *Lychnis flos-cuculi* › Seite 132 **Nadel-Minze** *Mentha cervina* › Seite 134
	bis 40 cm		**Schmales Wollgras** *Eriophorum russeolum* Mai – Juli › Seite 120 sehr dünne Triebe und Blätter; Substrat neutral bis sauer, kalkarm (saures Moor), Nährstoffbedarf mittel	**Fieberklee** *Menyanthes trifoliata* › Seite 135 **Strauß-Felberich** *Lysimachia thyrsiflora* › Seite 133
			**Draht-Segge** *Carex diandra* Mai – August › Seite 114 niedrige bis mittelhohe Segge, versamend; Nährstoffbedarf gering	**Sumpf-Blutauge** *Potentilla palustris* › Seite 144 **Gnadenkraut** *Gratiola officinalis* › Seite 125
			**Zwerg-Binse** *Juncus ensifolius* Juni – September › Seite 130 starke Ausbreitung und Versamung; Feuchtzone bis ins flache Wasser; Nährstoffbedarf mittel	**Wasser-Minze** *Mentha aquatica* › Seite 134 **Langes Zyperngras** *Cyperus longus* › Seite 118
			**Pfeil-Aronstab** *Peltandra virginica* April – Juni › Seite 141 Ersatzart für Pfeilkraut; bis 40 cm Wassertiefe; Nährstoffbedarf mittel bis hoch	**Igelschlauch** *Baldellia ranunculoides* › Seite 111 **Fieberklee** *Menyanthes trifoliata* › Seite 135

Flachwasserzone

Im flachen Wasser finden Sie alle Wuchsformen. Unterwasserrasen und Schwimmblätter durchziehen die schlanken aufrechten Sprosse der Röhrichtgewächse. Mit dieser Vielfalt können Sie kleine Troggärten oder auch großflächige Regenerationszonen am Schwimmteich anspruchsvoll bepflanzen. Auch das Tierleben ist hier sehr vielgestaltig und lädt zu Beobachtungen ein, bei denen Sie nur allzu leicht die Zeit vergessen.

Vielfalt und Wuchskraft

Vielgestaltig ist sie fürwahr, die Flachwasserzone mit 20–40 cm Wasserstand, nicht nur hinsichtlich der Formen, auch bezüglich der Wuchskraft: Nirgends im Teich können Sie sich so verschätzen wie hier!

Wir beginnen aus gutem Grund mit einer Warnung und dem nachdrücklichen Rat, die Hinweise zu den Wucherern dringend zu beachten, denn die meisten Vertreter dieser Kampftruppen nutzen die Flachwasserzone als Schlachtfeld und vertreiben in wenigen Jahren kompromisslos die gesamte Begleitvegetation. Da hilft dann nicht selten nur ein komplettes Ausräumen des Teiches, denn die Ausläufer bleiben nicht etwa im Flachwasser, sondern schieben sich gnadenlos in die Tiefe wie auch in Sumpf-und Feuchtzone hinein. Die Steckbriefe der hinterlistigsten Vertreter dieser Gruppe sind auf den Seiten 28–29 zur Warnung ausgehängt. Die folgende Pflanzenauswahl enthält auch noch ein paar Kandidaten, die Sie nicht unterschätzen dürfen. Pflanzen Sie z. B. Rohrkolben, Schneidried, Teichsimse, Zungen-Hahnenfuß und Zyperngras besser in feste, aber geräumige Kübel, wenn das Substrat Ihrer Flachwasserzone durchgängig mit den Nachbarzonen in Verbindung steht.

Seerosen für Niedrigwasser

➜ Die kleinste aller Seerosen, die Zwerg-Seerose, ist schon mit einem Wasserstand von 20 cm zufrieden. Sie ist sehr genügsam und zwischen lockerem Röhricht genauso gut zu halten wie in einer Wasserschale oder einer beckenartigen Verbreiterung (Kolk) im Bachlauf. Wichtig ist nur, dass es ihr nicht zu warm wird. Eine geschützte Überwinterung ist angebracht, aber selbst wenn diese Mini-Seerose erfrieren sollte, finden sich meist im Folgejahr zahlreiche Sämlinge ein, die den Fortbestand der Art sicherstellen.

➜ Bei 30–40 cm sind die Seerosen-Sorten 'Froebeli' und 'Perry's Baby Red' in Rot, 'Walter Pagels' in Weiß und 'Berthold' in Zartrosa empfehlenswert.

Weiches Wasser bevorzugt!

In der Flachwasserzone können auch einige Unterwasserpflanzen angesiedelt werden. Beachten Sie aber, dass einige dieser Pflanzen kein hartes Wasser mögen. Besonders empfindlich ist z. B. die Wasserfeder (› Seite 127). In Wasser mittlerer Härte stirbt sie in der Regel bereits ab.

Etwas härter im Nehmen sind da Nadelkraut, Wasserschlauch und Wasserstern. Diese Pflanzen sind in härterem Wasser allerdings weniger wüchsig – und wenn es ganz hart kommt, weichen auch sie zurück.

Die Flachwasserzone als Kläranlage

Den meisten heute gängigen Schwimmteich-Systembauweisen ist neben einer intensiven Filtertechnik noch eine Regenerationszone zugeordnet, die meist einen Wasserstand von 20–40 cm aufweist. Hier soll üppig wucherndes Röhricht die Reinigung und Entkeimung des Wassers unterstützen. Die Stickstoffdiebe, die wir bei der Feuchtzone beschreiben, arbeiten jedoch auch hier meist so effizient, dass das Pflanzenwachstum stagniert. Sollte das der Fall sein, dann helfen Ihnen folgende Maßnahmen:

➜ Verwenden Sie besser die wenigen Flachwasserpflanzen, die Stickstoffarmut ertragen (Igelschlauch und Wasserschlauch, bei ausreichend Substrat auch Seerosen).

➜ Düngen Sie ganz gezielt in dieser Zone.

➜ Durch leichte Wasserbewegung im Wurzelraum gelangt immer wieder nährstoffreicheres Wasser an die Pflanzen.

Flachwasserzone im Trog

Einen Trog mit etwa 60 cm Durchmesser, gefüllt mit kiesigem Substrat, können Sie bei 20 cm Wasserstand in zwei bis drei Höhenetagen gestaffelt bepflanzen. Als dominante Arten empfehlenswert sind z. B. Hechtkraut, Japanische Schwertlilie *(Iris laevigata)* oder Blut-Weiderich. In zweiter Etage bilden Gnadenkraut oder Nadel-Minze halbhohe Polster aus. Als Schwimmblattpflanze kommt neben den Miniatur-Seerosen auch Froschbiss infrage. In kleineren Gefäßen verwenden Sie statt Schwimmblattpflanzen lieber nur den kleinen Igelschlauch. Den Winter sollten solche Kübel im kühlen Keller verbringen, um Schäden an Pflanzen und Gefäß zu verhindern. Es genügt dann ein flacher Wasserstand über dem Substrat. Ganz wichtig ist die Stickstoffdüngung, die Sie bereits beim Aufstellen der Gefäße im Freien Anfang Mai vornehmen sollten.

Im Bereich der Wasserlinie fühlen sich viele Seggen, Japanische Schwertlilie und Tibet-Primel sehr wohl.

Die Balz der Erdkröten

Wenn die Erdkröten ihr Laichgewässer erreicht haben, beginnt die Paarung. Die kleineren Männchen, die meist in der Überzahl sind, klettern auf den Rücken der Weibchen und halten sie mit einem festen Griff umklammert (› Abb. oben). Oftmals sieht man mehrere Männchen an einem Weibchen hängen, und oft klammert sich auch ein Männchen an ein anderes. Es wimmelt nur so um Uferrand und brodelt im Wasser. Das Weibchen stößt zwei Laichschnüre aus, die sofort vom Männchen besamt werden. Das Ergebnis der nächtlichen Aktion sind bis zu 5 m lange, gallertartig umhüllte Schnüre, die um Pflanzenstängel und ins Wasser ragende Äste geschlungen wurden, damit sie nicht auf den Teichboden absinken. Nach 2–3 Wochen schlüpfen die ersten schwarzen Kaulquappen. Sie halten sich meist in größeren Gruppen auf (› Abb. links) und sind daher gut zu erkennen und zu beobachten.

Gemäßigte Temperaturen

In der Flachwasserzone beträgt die Wassertiefe 20–40 cm. Das hat den Vorteil, dass das Wasser hier nicht so warm wird wie in der Sumpfzone. In diesem Übergang zwischen Sumpfzone und tiefem Wasser wachsen Röhrichtpflanzen wie Shuttleworth's Rohrkolben und Kalmus. Tannenwedel, Froschlöffel und verschiedene Seerosen beschatten den Gewässergrund und sorgen für angenehme Wassertemperaturen auch im Hochsommer.

Frühjahrszeit – Laichzeit

Im Frühjahr gibt es in der Flachwasserzone jede Menge zu entdecken. Jetzt beginnt die Laichzeit der Frösche, Kröten und Molche. Ende Februar, Anfang März treten in den Abendstunden die **Erdkröten** (› Seite 164) ihre Wanderungen zu den Laichgewässern an. Ihr Marsch führt mit einem Tempo von etwa 600 m pro Tag oft mehrere Kilometer weit zum Teich. Erdkröten sind sehr standorttreu. Zur Laichzeit zieht es sie unfehlbar zurück in jenen Teich, in dem sie einst aus dem Ei geschlüpft sind. Manchmal passen die Männchen schon auf dem Weg zum Laichgewässer ein Weibchen ab, umklammern es fest und gelangen so auf bequeme Art und Weise zum Teich. Man sieht die Tiere nicht nur, man hört sie auch. Häufiger als den Paarungsruf hört man den Befreiungsruf der Männchen, die irrtümlicherweise von einem anderen Männchen umklammert wurden. Es ist ein zartes, metallisch klingendes »ük – ük – ük«. Nach dem Ablaichen verlassen die Alttiere das Wasser und suchen in der Umgebung feuchte Verstecke auf. Die kleinen, kommaförmigen Kaulquappen, die nach ca. zwei Wochen aus den Eiern schlüpfen, schwimmen auf Nahrungssuche durchs Wasser, halten sich sonst aber in Schwärmen an seichten, warmen Wasserstellen auf. In ihrer 2–3-monatigen Entwicklungszeit wachsen die Kaulquappen auf 4 cm heran. Bis zur vollständigen Umwandlung zum Landtier ist die Kaulquappe, da der Schwanz schrumpft, sich Hinter- und Vorderfüße entwickeln, nur noch 7–14 mm groß. Kaum zu glauben, dass daraus eine 9–12 cm lange und 50–100 g schwere Erdkröte werden will.

Bereits im Februar laicht der **Grasfrosch** ab. Rund um den Teich sind nun die knurrenden Paarungslaute der Männchen zu hören. Auch hier klettert das Männchen auf das Weibchen und klammert sich fest. Frösche legen ihre Eier aber nicht in Schnüren, sondern in klumpigen Laichballen im Bereich der flachen Sumpfzone ab. Die Ballen enthalten bis zu 4000 Eier. Die Gallerthülle um die einzelnen Eier quillt im Wasser stark auf (› Abb. unten), so dass die Laichballen an der Wasseroberfläche schwimmen. Hier sind sie natürlich für viele Tiere (z. B. Fische, Molche, Enten) ein gefundenes Fressen, so dass von den Tausenden von Eiern nicht viele übrig bleiben. Die Kaulquappen unterscheiden sich von denen der Kröten durch eine mehr grünlich marmorierte Farbe.

Frösche legen ihre Eier in klumpigen Laichballen ab. Die gallertige Masse schützt das Ei und hält den Laichballen an der Wasseroberfläche.

Ein scheuer Badegast

Das Rotkehlchen ist eher ein scheuer Einzelgänger. Der kleine Vogel treibt sich gerne auf der Suche nach Kleininsekten im Garten herum. Zu seinem Alltag im Frühjahr und Sommer zählt auch das tägliche Bad. Bis zum Bauchgefieder steigt das kleine Vögelchen ins Wasser, um sich dann mit kräftigen Flügelschlägen Wasser auf den Rücken zu spritzen.

Vögel am Teich

Auch der Vogelfreund kommt am Teich auf seine Kosten. Ist das Ufer so gestaltet, dass sich kleine Mulden mit festem Untergrund ergeben, sind dies garantiert Magnete für ein erfrischendes Vogelbad. Sie können beobachten, dass Vogelarten, die in Gruppen leben, wie der Stieglitz oder der Haussperling, auch im Verbund zum Baden kommen. Während die einen noch planschen, warten die anderen, bis wieder Platz ist oder sind schon mit der Gefiederpflege beschäftigt. Das ereignet sich dann jeden Tag ungefähr zur selben Zeit. Ein munteres Treiben ohne Streit und Hektik – einfach schön zum Entspannen.

Farbe	Wuchshöhe	Pflanze	Name/Eigenschaften	Gute Partner
weiß	40-80 cm		**Schmaler Froschlöffel** ☼ ◐ ● *Alisma lanceolatum* ❀ Juni – August › Seite 107 schleierkrautartige Blütenrispen, kurzlebig, versamend; Nährstoffbedarf hoch	**Sumpf-Kalla** *Calla palustris* › Seite 113 **Sumpf-Schwertlilie** *Iris pseudacorus* › Seite 129
	bis 40 cm		**Zwerg-Seerose** ☼ ◐ *Nymphaea tetragona* ❀ Juli – August › Seite 140 empfindlich gegen Sommerwärme; Wassertiefe 10-20 cm; Nährstoffbedarf mittel	**Wasserschlauch** *Utricularia australis* › Seite 151 **Pillenfarn** *Pilularia globulifera* › Seite 119
			**Seerose 'Walter Pagles'** ☼ ◐ *Nymphaea* 'Walter Pagels' ❀ Juni – Oktober › Seite 139 Ausbreitung langsam; Wassertiefe 20–50 cm; Nährstoffbedarf mittel; Ruheplatz für Tiere	**Wasserschlauch** *Utricularia australis* › Seite 151 **Seerose 'Maurice Laydeker'** *Nymphaea* 'Maurice Laydeker' › Seite 138
			**Zwerg-Pfeilkraut** ☼ ◐ *Sagittaria graminea* ❀ Juni – August › Seite 147 Flachwasser- bis Seerosenzone; Unterwasserblätter bandförmig; Nährstoffbedarf mittel	**Pfeil-Aronstab** *Peltandra virginica* › Seite 141 **Pfeilblättriges Hechtkraut** *Pontederia lanceolata* › Seite 143
			**Echtes Pfeilkraut** ☼ ◐ *Sagittaria sagittifolia* ❀ Juni – August › Seite 147 lange Ausläufer mit Endknollen; Flachwasser- bis Seerosenzone; Nährstoffbedarf mittel bis hoch	**Glänzendes Laichkraut** *Potomogeton lucens* › Seite 143 **Sumpf-Schwertlilie** *Iris pseudacorus* › Seite 129
			**Froschbiss** ☼ ◐ *Hydrocharis morsus-ranae* ❀ Juni – Juli › Seite 128 starke Ausbreitung; Flachwasser- bis Seerosenzone; Nährstoffbedarf mittel bis hoch; Landeplatz für Insekten	**Tannenwedel** *Hippuris vulgaris* › Seite 127 **Langes Zyperngras** *Cyperus longus* › Seite 118

Farbe	Wuchshöhe	Pflanze	Name/Eigenschaften	Gute Partner
gelb	über 80 cm		**Sumpf-Schwertlilie** ● *Iris pseudacorus* Mai – Juni › Seite 129 versamt sich; wasserreinigend; bis 30 cm Wassertiefe; Nährstoffbedarf hoch; viele Blütenbesucher	**Nadel-Minze** *Mentha cervina* › Seite 134 **Herzblättriges Hechtkraut** *Pontederia cordata* › Seite 143
	40–80 cm		**Zungen-Hahnenfuß** *Ranunculus lingua* Juni – Juli › Seite 146 bildet Ausläufer, neigt zum Wuchern; Flachwasserzone; Nährstoffbedarf mittel bis hoch; viele Blütenbesucher	**Froschbiss** *Hybdrocharis morsus-ranae* › Seite 128 **Langes Zyperngras** *Cyperus longus* › Seite 118
			**Große Sumpf-Dotterblume** ● *Caltha palustris* 'Auenwald' April – Mai › Seite 113 auch am Bachlauf und für Sumpf- und Feuchtzone; Nährstoffbedarf mittel	**Hechtkraut** *Pontederia cordata* › Seite 143 **Shuttleworth's Rohrkolben** *Typha shuttleworthii* › Seite 150
	bis 40 cm		**Seerose 'Sulphurea'** *Nymphaea* 'Sulphurea' Juni – September › Seite 139 Ausbreitung langsam; Wassertiefe 30–50 cm; Nährstoffbedarf mittel	**Igelschlauch** *Baldellia ranuncuoides* › Seite 111 **Herzblättriges Hechtkraut** *Pontederia cordata* › Seite 143
			**Zwerg-Seerose 'Helvola'** *Nymphaea* 'Helvola' Juni – September › Seite 140 Miniatur-Form; im Winter vor Frost schützen; Wassertiefe 10-20 cm; Nährstoffbedarf mittel	**Igelschlauch** *Baldellia ranunculoides* › Seite 111 **Wasserschlauch** *Utricularia australis* › Seite 151
			**Wasser-Goldkeule** *Orontium aquaticum* Mai – Juni › Seite 140 schwarze, giftige Beeren; bis 40 cm Wassertiefe; Nährstoffbedarf hoch	**Nadelkraut** *Crassula helmsii* › Seite 117 **Schmaler Froschlöffel** *Alisma lanceolatum* › Seite 107

Farbe	Wuchshöhe	Pflanze	Name/Eigenschaften	Gute Partner
rosa	über 80 cm		**Blut-Weiderich** ☼ ◑ *Lythrum salicaria* Juli – August › Seite 134 Versamung mittel bis stark; Nährstoffbedarf mittel; Insektenmagnet	**Pfeilkraut** *Sagittaria sagittifolia* › Seite 147 **Kleiner Rohrkolben** *Typha minima* › Seite 150
			**Blumenbinse** ☼ ◑ *Butomus umbellatus* Juni – Juli › Seite 112 gut in langsam fließendem Wasser, bis 40 cm Wassertiefe, Nährstoffbedarf hoch; Ausstiegshilfe für Libellenlarven	**Sumpf-Vergissmeinnicht** *Myosotis palustris* › Seite 136 **Schmaler Froschlöffel** *Alisma lanceolatum* › Seite 107
	40–80 cm		**Japanische Schwertlilie** ☼ ◑ *Iris laevigata* 'Rose Queen' Juni – August › Seite 128 im Sommer nachblühend; bis 20 cm Wassertiefe; Nährstoffbedarf mittel bis hoch	**Sumpfkalla** *Calla palustris* › Seite 113 **Blaue Gauklerblume** *Mimulus ringens* › Seite 135
	bis 40 cm		**Igelschlauch** ☼ ◑ *Baldellia ranunculoides* Juni – August › Seite 111 kleine, sternförmige Früchte; Sumpf- bis Seerosenzone; Nährstoffbedarf gering bis mittel	**Kleiner Rohrkolben** *Typha minima* › Seite 150 **Echtes Pfeilkraut** *Sagittaria sagittifolia* › Seite 147
			**Seerose 'Berthold'** ☼ ◑ *Nymphaea* 'Berthold' Juni – September › Seite 139 Ausbreitung langsam; Wassertiefe 30–50 cm; Nährstoffbedarf mittel; Lebensraum für Wassertiere	**Echtes Pfeilkraut** *Sagittaria sagittifolia* › Seite 147 **Seerose 'Sulphurea'** *Nymphaea* 'Sulphurea' › Seite 139
			**Wasserfeder** ◑ ● *Hottonia palustris* Mai – Juni › Seite 127 Flachwasserzone; weiches Wasser; Nährstoffbedarf mittel; Lebensraum für Wassertiere	**Wasserschlauch** *Utricularia australis* › Seite 151 **Sumpfkalla** *Calla palustris* › Seite 113

Farbe	Wuchshöhe	Pflanze	Name/Eigenschaften	Gute Partner
rot	bis 40 cm		**Seerose 'Froebeli'** *Nymphaea* 'Froebeli' Juni – September › Seite 138 Ausbreitung langsam; Wassertiefe 30–50 cm; Nährstoffbedarf mittel; Lebensraum für Wassertiere	**Nadelkraut** *Crassula helmsii* › Seite 117 **Seerose 'Berthold'** *Nymphaea* 'Berthold' › Seite 139
			**Seerose 'Perry's Baby Red'** *Nymphaea* 'Perry's Baby Red' Juni – September › Seite 138 Ausbreitung langsam; Wassertiefe 30–50 cm; Nährstoffbedarf mittel; Lebensraum für Wassertiere	**Igelschlauch** *Baldellia ranunculoides* › Seite 111 **Seerose 'Walter Pagels'** *Nymphaea* 'Walter Pagels' › Seite 139
			**Sumpf-Blutauge** *Potentilla palustris* Mai – Juni › Seite 144 bis 20 cm Wassertiefe, kalkarme, saure Substrate; Nährstoffbedarf gering bis mittel; Schwimmtriebe als Tierversteck	**Wasserschlauch** *Utricularia australis* › Seite 151 **Pfennigkraut** *Lysimachia nummularia* › Seite 133
violett	40–80 cm		**Japanische Schwertlilie** *Iris laevigata* Juni – August › Seite 128 im Sommer nachblühend; bis 20 cm Wassertiefe; Nährstoffbedarf mittel bis hoch	**Sumpf-Kalla** *Calla palustris* › Seite 113 **Blumenbinse** *Butomus umbellatus* › Seite 112
			**Blaue Gauklerblume** *Mimulus ringens* Juli – August › Seite 135 unterirdische Ausläufer; Sumpf- bis Flachwasserzone; Nährstoffbedarf mittel bis hoch	**Brennender Hahnenfuß** *Ranunculus flammula* › Seite 146 **Steif-Segge** *Carex elata* › Seite 114
	bis 40 cm		**Herzblättriges Hechtkraut** *Pontederia cordata* Juli – September › Seite 143 später Austrieb, aber lange Blühdauer; Wassertiefe 10–20 cm, Nährstoffbedarf hoch; Versteck für Tiere	**Bachbunge** *Veronica beccabunga* › Seite 151 **Sumpf-Calla** *Calla palustris* › Seite 113

Farbe	Wuchshöhe	Pflanze	Name/Eigenschaften	Gute Partner
grün / braun	über 80 cm		**Langes Zyperngras** *Cyperus longus* Juli – Oktober › Seite 118 wasserreinigend, wuchernd; Sumpf- bis Flachwasserzone; Nährstoffbedarf gering; Ausstiegshilfe	**Sumpf-Kalla** *Calla palustris* › Seite 113 **Tannenwedel** *Hippuris vulgaris* › Seite 127
			**Gestreifte Teichsimse** *Schoenoplectus lacustris* 'Albescens' Juli – Oktober › Seite 148 wasserreinigend, wuchernd; bis 80 cm Wassertiefe; Nährstoffbedarf mittel bis hoch; Ausstiegshilfe	**Froschbiss** *Hydrocharis morsus-ranae* › Seite 128 **Zungen-Hahnenfuß** *Ranunculus lingua* › Seite 146
			**Zebra-Simse** *Schoenoplectus tabernaemontani* Juli – Oktober › Seite 148 wasserreinigend, wuchernd; bis 80 cm Wassertiefe; Nährstoffbedarf mittel bis hoch; Ausstiegshilfe	**Nadelsimse** *Eleocharis acicularis* › Seite 119 **Sumpf-Dotterblume** *Caltha palustris* › Seite 113
			**Shuttleworth's Rohrkolben** *Typha shuttleworthii* Juli – Dezember › Seite 150 wasserreinigend, lockerer Wuchs, starke Ausbreitung; bis 40 cm Wassertiefe; Nährstoffbedarf mittel bis hoch	**Sumpf-Dotterblume** *Caltha palustris* › Seite 113 **Sumpf-Vergissmeinnicht** *Myosotis palustris* › Seite 136
	40–80 cm		**Steif-Segge** *Carex elata* April – Juni › Seite 114 wasserreinigend, stark wurzelnd; Sumpf- bis Flachwasserzone; Nährstoffbedarf mittel bis gering	**Sumpf-Vergissmeinnicht** *Myosotis palustris* › Seite 136 **Blut-Weiderich** *Lythrum salicaria* › Seite 134
			**Kalmus** *Acorus calamus* Juni – Juli › Seite 106 wasserreinigend, etwas wuchernd; Sumpf- bis Flachwasserzone; Nährstoffbedarf hoch	**Nadelsimse** *Eleocharis acicularis* › Seite 119 **Zungen-Hahnenfuß** *Ranunculus lingua* › Seite 146

Farbe	Wuchshöhe	Pflanze	Name/Eigenschaften	Gute Partner
grün / braun	bis 40 cm		**Wasserstern** ☼ ◐ *Callitriche palustris* ✿ Juni – Juli › Seite 113 Flachwasser- bis Seerosenzone; weiches Wasser, Nährstoffbedarf mittel; Versteck für Wassertiere	**Sumpf-Kalla** *Calla palustris* › Seite 113 **Shuttleworth's Rohrkolben** *Typha shuttleworthii* › Seite 150
			**Nadelkraut** ☼ ◐ *Crassula helmsii* ✿ Juni – Juli › Seite 117 Flachwasser- bis Seerosenzone; weiches Wasser, Nährstoffbedarf mittel; Versteck für Wassertiere	**Echtes Pfeilkraut** *Sagittaria sagittifolia* › Seite 147 **Herzblättriges Hechtkraut** *Pontederia lanceolata* › Seite 143
			**Nadelsimse** ☼ ◐ *Eleocharis acicularis* ✿ Blüte unscheinbar › Seite 119 Flachwasser- bis Seerosenzone; Nährstoffbedarf mittel bis gering; Versteck für Wassertiere	**Zwerg-Pfeilkraut** *Sagittaria graminea* › Seite 147 **Langes Zyperngras** *Cyperus longus* › Seite 118
			**Tannenwedel** ☼ ◐ *Hippuris vulgaris* ✿ Juli – August › Seite 127 starke Ausbreitung; Flachwasser- bis Seerosenzone; Nährstoffbedarf mittel; Versteck für Wassertiere	**Amerikanische Sumpf-Schwertlilie** *Iris versicolor* › Seite 128 **Gestreifte Teichsimse** *Schoenoplectus lacustris* 'Albescens' › Seite 148
			**Pfeil-Aronstab** ☼ ◐ *Peltandra virginica* ✿ April – Juni › Seite 141 Ersatzart für Pfeilkraut; langsam wachsend; bis 40 cm Wassertiefe; Nährstoffbedarf mittel bis hoch	**Igelschlauch** *Baldellia ranunculoides* › Seite 111 **Fieberklee** *Menyanthes trifoliata* › Seite 135
			**Pillenfarn** ☼ ◐ ● *Pilularia globulifera* ✿ blüht nicht › Seite 119 Flachwasserzone; weiches Wasser, Nährstoffbedarf mittel; Lebensraum für Tiere	**Strauß-Felberich** *Lysimachia thyrsiflora* › Seite 133 **Echtes Pfeilkraut** *Sagittaria sagittifolia* › Seite 147

Seerosenzone

Willkommen im Reich der Königin der Wasserpflanzen. Wir haben diese Zone bewusst nach ihr, der Seerose, benannt, denn sie ist der Inbegriff von Wasser im Garten. Zugegeben, die Bezeichnung Tiefenzone wäre gerechter, denn hier gedeihen neben der Seerose auch viele andere Gewächse. Verwenden Sie alle Schwimmblattpflanzen nur sparsam, damit nicht zu viel Wasserfläche unter üppigem Laub verschwindet.

Das Reich der Seerosen

Seerosen sind zweifellos der Blickfang in jedem Gartenteich, und es gibt eine Vielzahl von Sorten mit verschiedenen Blütenfarben, mit gefüllten und ungefüllten Blüten, manche sogar duftend.

Auf die Tiefe kommt es an

Bei der Auswahl der Sorten sollten Sie sich unbedingt an die empfohlene Wassertiefe halten. Besonders die stark wachsende 'Gladstoniana' schiebt in zu flachem Wasser ihre Blätter über die Wasseroberfläche, wodurch grüne Hügel entstehen, unter denen die Blüten unsichtbar bleiben. Ein zu tiefer Wasserstand ist bei dieser Sorte im Gartenteich kaum möglich, wohl aber bei vielen schwächer wachsenden Seerosen. Verbannen Sie Ihre Königin nicht zu weit in den Untergrund, sonst vermiesen Sie ihr die Freude am Blühen und strafen sich damit selbst!

Berücksichtigen Sie neben den Wünschen zur Tiefe auch den Flächenbedarf der einzelnen Seerosensorten. Im Zweifelsfall sollten Sie lieber auf Pflanzen verzichten, als deren Herrschaftsgebiete zu sehr zu beschneiden.

Die Ausbreitung der Kriechsprosse (Rhizome) am Teichgrund schreitet Jahr für Jahr fort, und es wirkt nicht gut, wenn verschiedene Sorten ineinanderwachsen. Wenn Sie als »Königsthron« große Seerosenkörbe wählen, erleichtert Ihnen das zwar die Kontrolle der Ausbreitung, die Wuchskraft wird aber nur wenig gebremst (› Seite 26 und 30).

Seerosen im Zaum halten

Sie sollten alle zwei Jahre die Seerosenkörbe anheben und ausbrechende Sprosse entfernen. Spätestens bei der dritten derartigen Aktion empfehlen wir eine komplette Entnahme und Teilung. Nur junge Partien mit vitalen Sprossspitzen pflanzen Sie wieder ein. Wenn Sie das Pflanzgefäß an die Leine legen, können Sie es besser aus dem Wasser nehmen. Binden Sie eine verrottungsbeständige Schnur am Gefäß an, und befestigen Sie das andere Ende an einer Stelle, von der aus Sie die Pflanze gut aus dem Wasser ziehen können. Gut eingewurzelte Exemplare verkraften es problemlos, beim Herausziehen in Schieflage zu geraten. Beim Einstellen des neu getopften Teilstückes sollten Sie vorsichtiger vorgehen – dann ist aber auch weniger Gewicht zu bewältigen.

Beschädigte Blätter

Dass Seerosen keine Strömung und kein Spritzwasser vertrügen, also nichts für Teiche mit Sprudler oder Fontäne seien, ist ein Ammenmärchen. Sicher wird ein Platz unter dem Wasserfall mit Blattschäden quittiert werden, doch ein leichtes dauerhaftes Übersprühen vertragen die Pflanzen gut.

Gefahr droht von anderer Seite. Wenn Sie auf Ihrem Teich grünes, oval geformtes »Konfetti« herumtreiben sehen und gleichzeitig die Seerosenblätter an Schweizer Käse erinnern, sind die Larven des Seerosenzünslers (› Seite 158) am Werk. Sie fressen ovale Stücke aus den Blättern, aus denen sie sich einen schützenden Köcher bauen, in dem sie sich verpuppen. Wenn Sie für ein reichhaltiges Tierleben in Ihrem Garten sorgen, sollte der Zünsler aber kein Problem darstellen.

Schwimmendes Begleitvolk

Eigentlich wirken Seerosen schon ganz allein für sich. Sie können sie aber noch mit der einen oder anderen Schwimmblattpflanze ergänzen. Froschbiss, Wasserähre und der leider oft nur kurzlebige Wasser-Hahnenfuß sind gute Partner und nehmen nicht überhand oder lassen sich durch Abfischen leicht bändigen. Vorsicht ist mit der Seekanne und vor allem der Gelben Teichrose geboten, denen nach einigen Jahren nur mit einem Räumungskommando beizubringen ist, dass sie den Teich wieder verlassen sollen.

Vielblättriges Unterwasserleben

Die freie Wasserfläche sollte eine ruhige Ausstrahlung haben und einen Gegenpol zur kontrastreichen Vegetation am Ufer bilden. Gehen Sie daher sparsam mit Schwimmblattpflanzen um, sparen Sie aber nicht mit Unterwasserpflanzen. Ein Mosaik aus unterschiedlichen Blattfarben und Formen von Laichkräutern, Tausendblatt und Hornkraut sieht nicht nur zauberhaft aus, sondern sorgt für gute Wasserqualität, verdrängt Algen und bietet vielen Wassertieren Unterschlupf und Lebensraum. Pflanzen Sie nur wenige Exemplare jeder Art, aber dafür viele verschiedene Arten. Die für die jeweilige Wasserqualität geeignetsten werden sich durchsetzen.

Noch ist die Bepflanzung im Teich ausgewogen. Der Revierkampf zwischen den beiden Seerosen-Sorten bahnt sich aber an.

Leben in der Muschel

Eine faszinierende Lebensgemeinschaft finden wir zwischen dem Bitterling (> Abb. oben) und der Teichmuschel (> Abb. links). Leider sind beide Tiere unauffällig gefärbt und deshalb im Teich nur schlecht zu erkennen. Der Bitterling *(Rhodeus sericeus)* ist ein einheimischer, bis 9 cm großer Schwarmfisch, der in ruhig fließenden oder stehenden, pflanzenreichen Gewässern lebt und sich von Wasserinsekten und Algen ernährt. Das Weibchen legt ab April bis Juni mit Hilfe einer langen Legeröhre seine Eier in den Kiemenraum einer Teich- oder Malermuschel. Das Männchen stößt über der Muschel eine Spermawolke aus, die diese mit dem Atemwasser einsaugt und damit die Eier befruchtet. In der Muschel können sich die schlüpfenden Fischlarven gut geschützt entwickeln. Sie bleiben hier, bis sie etwa 1 cm lang sind. Mit dem Atemwasser der Muschel gelangen sie dann ins Freie.

Leben im freien Wasser

In der Seerosenzone beträgt die Wassertiefe an manchen Stellen über einen Meter. Hierhin ziehen sich dann auch viele Wassertiere zurück, um den Winter frostfrei zu überstehen. Während an den flachen Teichzonen das Wasser vom Rand her zufriert, hat es in der Seerosenzone noch immer Plusgrade.

Hat sich das ökologische Gleichgewicht im Gartenteich eingestellt, können Sie wunderbar die verschiedensten Tiere im klaren Wasser beobachten. Sehr gut geht das, wenn Sie bei der Planung Ihres Teiches auch einen Steg oder eine Brücke vorgesehen haben. Zu sehen ist immer etwas, ob auf der Wasseroberfläche oder im Wasser. Was Sie sehen, ist allerdings abhängig von der Art des Teiches und der Bepflanzung, die Sie gewählt haben. Wenn sich z. B. Seerosen über die gesamte Wasserfläche ausbreiten, ist das zwar ein herrlicher Anblick, für Wasserläufer und Rückenschwimmer ist aber nicht mehr viel Freifläche vorhanden.

Fische oder Frösche?

Bei einem Teich, der mit Goldfischen oder Koi besetzt ist, werden Sie wohl auf zahlreiche kleine

Wassertiere verzichten müssen. Hier wird es auch nicht viel mit der Entwicklung von Fröschen, Kröten und Molchen, denn Insektenlarven und Laich schmecken den Fischen zu gut. Graskarpfen (› Seite 21) als rein vegetarisch lebende Alternative können andererseits Ihre Bepflanzung stark in Mitleidenschaft ziehen. Auch der Aspekt der explosionsartigen Vermehrung der Wasserpflanzen bei zu hohem Fischbesatz durch starken Nährstoffeintrag durch Fischkot sollten Sie nicht außer Acht lassen. Schnell wird aus einer sonnigen Wasserfläche ein zugewachsenes Gewässer, in dem die Artenvielfalt der Wassertiere sinkt und Sie kaum mehr Tiere in der Seerosenzone beobachten können.

Sonnenterrasse »Seerose«

Auf einem Seerosenblatt mitten im Teich lässt es sich ganz ungestört sonnen. Das hat sich auch dieser Wasserfrosch gedacht. Hin und wieder kommt sogar Nahrung angeflogen. Dann wird rasch zugeschnappt. Und wenn doch etwas stört, dann hilft ein Sprung ins Wasser. Unter den Seerosenblättern ist man dann gut getarnt und kann in Ruhe abwarten.

Wasser hat keine Grenzen

Innerhalb des Wassers gibt es keine starren Grenzen. Auf der Wasseroberfläche tummeln sich von der Sumpf- bis zur Seerosenzone an warmen Tagen Dutzende von Wasserläufern und Taumelkäfern, kommen Furchenschwimmer und Gelbrandkäfer zum Luft- holen an die Oberfläche, hängen Rückenschwimmer unter der Wasseroberfläche oder gleiten Spitzhornschnecken mit dem Fuß nach oben an der Wasseroberfläche entlang. Im Tiefwasser halten sich Hüpferlinge und Wasserflöhe auf, und über den schlammigen Bodengrund kriechen Posthornschnecke, Flache Tellerschnecke und Sumpfdeckelschnecke auf Nahrungssuche umher. Langweilig wird es beim Blick über und unter die Wasseroberfläche auf gar keinen Fall (Portraits ab Seite 154).

Der Rückenschwimmer hängt mit dem Bauch nach oben an der Unterseite der Wasseroberfläche. Bei Störung taucht er blitzschnell ab.

Schwimmende Begegnung mit Tieren

Falls es die Gegebenheiten zulassen und Sie sich einen Schwimmteich anlegen können, gibt es noch etwas Besonderes. Die Frösche gewöhnen sich an den Wellengang und gelegentlichen Tumult und lassen sich problemlos auf die Hand nehmen, wenn sie entspannt im Wasser hängen oder auf einem Seerosenblatt sitzen. Sie dürfen sich ihnen nur nicht von vorne nähern, sondern langsam die Hand von unten heranführen. In der Balzzeit jedoch sind sie oft ausgesprochen scheu. Es ist einfach viel unterhaltsamer, auf der Luftmatratze auf einem Schwimmteich mit diversen Wassertieren zu treiben, als in einem sterilen Pool. Und für die Kinder bietet sich mehr Abwechslung und Anschauung, was ihnen sicherlich zugutekommt.

Farbe	Wassertiefe	Pflanze	Name/Eigenschaften	Gute Partner
weiß	80-100 cm		**Seerose 'Gladstoniana'** ☼-◑ *Nymphaea* 'Gladstoniana' Juni – September › Seite 138 sehr großblumig, Ausbreitung sehr stark; Nährstoffbedarf mittel; Lebensraum für Wassertiere	**Hornblatt** *Ceratophyllum submersum* › Seite 116 **Zwerg-Pfeilkraut** *Sagittaria graminea* › Seite 147
			**Krebsschere** ☼-◑ *Stratiotes aloides* Juni – Juli › Seite 149 Ausbreitung stark; Nährstoffbedarf mittel; Lebensraum für Wassertiere	**Wasserschlauch** *Utricularia australis* › Seite 151 **Froschbiss** *Hydrocharis morsus-ranae* › Seite 128
	40-100 cm		**Zweizeilige Wasserähre** ☼-◑ *Aponogeton distachyos* Sept. – Okt./März – Mai › Seite 109 im Sommer eingezogen, Frucht gekocht essbar, Versamung gering; Nährstoffbedarf mittel bis hoch	**Wasserschlauch** *Utricularia australis* › Seite 151 **Spreizender Hahnenfuß** *Ranunculus circinatus* › Seite 146
			**Wasser-Hahnenfuß** ☼-◑ *Ranunculus aquatilis* Juni – Juli › Seite 147 leider oft kurzlebig; Nährstoffbedarf mittel; Lebensraum für Wassertiere	konkurrenzfrei halten!
			**Flutender Hahnenfuß** ☼-◑ *Ranunculus fluitans* Juni – Juli › Seite 146 ohne Schwimmblätter, oft kurzlebig; für fließendes, weiches Wasser; Nährstoffbedarf gering	konkurrenzfrei halten!
			**Wassernuss** ☼-◑ *Trapa natans* Juni – August › Seite 149 rote Herbstfärbung; sommerwarmes Wasser; Nährstoffbedarf hoch; Lebensraum für Wassertiere	**Quirl-Tausendblatt** *Myriophyllum verticillatum* › Seite 137 **Herzblättriges Hechtkrau** *Pontederia lanceolata* › Seite 143

Farbe	Wassertiefe	Pflanze	Name/Eigenschaften	Gute Partner
weiß	40-100 cm		**Froschbiss** ◑ ● *Hydrocharis morsus-ranae* ❀ Juni – Juli › Seite 128 starke Ausbreitung; Flachwasser- bis Seerosenzone; Nährstoffbedarf mittel bis hoch; Landeplatz für Insekten	**Lanzenblättriges Hechtkraut** *Pontederia lanceolata* › Seite 143 **Gestreifte Teichsimse** *Schoenoplectus lacustris* › Seite 148
	40-80 cm		**Seerose 'Gonnère'** ☼ ◑ *Nymphaea* 'Gonnère' ❀ Juni – September › Seite 139 Ausbreitung mittelstark; Nährstoffbedarf mittel; Lebensraum für Wassertiere	**Wasserschlauch** *Utricularia australis* › Seite 151 **Seerose 'James Brydon'** *Nymphaea* 'James Brydon' › Seite 138
			**Zwerg-Pfeilkraut** ☼ ◑ *Sagittaria graminea* ❀ Juni – August › Seite 147 Unterwasserblätter bandförmig; Flachwasser- bis Seerosenzone; eher weiches Wasser, Nährstoffbedarf mittel	**Tannenwedel** *Hippuris vulgaris* › Seite 127 **Seerose 'Escarboucle'** *Nymphaea* 'Escarboucle' › Seite 139
gelb	80-100 cm		**Gelbe Teichrose** ☼ ◑ ● *Nuphar lutea* ❀ Juni – August › Seite 137 stark wuchernd; mindestens 100 cm Wassertiefe; Nährstoffbedarf mittel; Lebensraum für Wassertiere	**Glänzendes Laichkraut** *Potamogeton lucens* › Seite 143 **Hornblatt** *Ceratophyllum submersum* › Seite 116
			**Seekanne** ☼ ◑ *Nymphoides peltata* ❀ Juni – Juli › Seite 140 wuchert stark durch schwimmende Ausläufer; Nährstoffbedarf mittel bis hoch; Lebensraum für Wassertiere	**Glänzendes Laichkraut** *Potamogeton lucens* › Seite 143 **Gestreifte Teichsimse** *Schoenoplectus lacustris* 'Albescens' › Seite 148
	40-100 cm		**Japanische Teichrose** ☼ ◑ ● *Nuphar japonica* ❀ Juni – August › Seite 137 Blätter stehen über Wasser; Nährstoffbedarf mittel; Lebensraum für Wassertiere	**Krauses Laichkraut** *Potamogeton crispus* › Seite 143 **Hornblatt** *Ceratophyllum submersum* › Seite 116

Farbe	Wassertiefe	Pflanze	Name/Eigenschaften	Gute Partner
gelb	40- 100 cm		**Wasserschlauch** ☼ ◑ *Utricularia australis* ❀ Juni – Juli › Seite 151 Fangbläschen erbeuten Kleintiere; Flachwasser- bis Seerosenzone; weiches Wasser, Nährstoffbedarf gering	**Froschbiss** *Hydrocharis morsus-ranae* › Seite 128 **Kleine Seerose** *Nymphaea* candida › Seite 138
	40-80 cm		**Seerose 'Joey Tomocik'** ☼ ◑ *Nymphaea* 'Joey Tomocik' ❀ Juni – September › Seite 139 Ausbreitung mittelstark; Nährstoffbedarf mittel; Lebensraum für Wassertiere	**Hornblatt** *Ceratophyllum submersum* › Seite 116 **Quirl-Tausendblatt** *Myriophyllum verticillatum* › Seite 137
rosa	80- 100 cm		**Seerose 'Sunny Pink'** ☼ ◑ *Nymphaea* 'Sunny Pink' ❀ Juni – September › Seite 139 starke Ausbreitung; Nährstoffbedarf mittel; Lebensraum für Wassertiere	**Wasserschlauch** *Utricularia australis* › Seite 151 **Krebsschere** *Stratiodes aloides* › Seite 149
	40- 100 cm		**Wasser-Knöterich** ☼ ◑ ● *Persicaria amphibia* ❀ Juni – August › Seite 142 stark wuchernd; Flachwasserzone bis 100 cm Wassertiefe; Nährstoffbedarf mittel; Lebensraum für Wassertiere	**Hornblatt** *Ceratophyllum submersum* › Seite 116 **Gelbe Teichrose** *Nuphar lutea* › Seite 137
	40-80 cm		**Seerose 'Rosennymphe'** ☼ ◑ *Nymphaea odorata* 'Rosennymphe' ❀ Juni – September › Seite 138 Blüte erst rosa, dann weiß; Nährstoffbedarf mittel; Lebensraum für Wassertiere	**Durchwachsenes Laichkraut** *Potamogeton perfoliatus* › Seite 143 **Seerose 'James Brydon'** *Nymphaea* 'James Brydon' › Seite 138
	40-50 cm		**Seerose 'Sioux'** ☼ ◑ *Nymphaea sioux* ❀ Juni – September › Seite 139 Blüte kupferrosa; Nährstoffbedarf mittel	**Armleuchteralgen** *Chara*-Arten › Seite 116 **Wasserschlauch** *Utricularia australis* › Seite 151

Farbe	Wassertiefe	Pflanze	Name/Eigenschaften	Gute Partner
rot	80-100 cm		**Seerose 'Escarboucle'** ☼ ◑ *Nymphaea* 'Escarboucle' Juni – September › Seite 139 Blüte lange geöffnet, Ausbreitung relativ stark; Nährstoffbedarf mittel; Lebensraum für Wassertiere	**Quirl-Tausendblatt** *Myriophyllum verticillatum* › Seite 137 **Zwerg-Pfeilkraut** *Sagittaria graminea* › Seite 147
	40-80 cm		**Seerose 'James Brydon'** ☼ ◑ *Nymphaea* 'James Brydon' Juni – September › Seite 138 blühfreudig, Ausbreitung mittelstark; Nährstoffbedarf mittel; Lebensraum für Wassertiere	**Armleuchteralgen** *Chara*-Arten › Seite 116 **Tannenwedel** *Hippuris vulgaris* › Seite 127
blau	40-100 cm		**Wasserhyazinthe** ☼ *Eichhornia azurea* Juli – August › Seite 119 nicht winterhart, erst Mitte Mai einsetzen; Flachwasser- bis Seerosenzone; Nährstoffbedarf hoch	**Zweizeilige Wasserähre** *Aponogeton distachyos* › Seite 109 **Seerose 'James Brydon'** *Nymphaea 'James Brydon'* › Seite 138
	40-80 cm		**Lanzenblättriges Hechtkraut** ☼ ◑ *Pontederia lanceolata* Juli – September › Seite 143 winterhart ab 50 cm Wassertiefe; Nährstoffbedarf hoch bis mittel; Versteck für Wassertiere	**Hornblatt** *Ceratophyllum submersum* › Seite 116 **Seerose 'Froebeli'** *Nymphaea* 'Froebeli' › Seite 138

In der Tiefenzone sollten die Seerosen nicht zu sehr überhandnehmen, so dass auch die Unterwasserflora noch wahrnehmbar ist.

Farbe	Wassertiefe	Pflanze	Name/Eigenschaften	Gute Partner
grün / braun	80-100 cm		**Tannenwedel** *Hippuris vulgaris* Juli – August › Seite 127 starke Ausbreitung; Flachwasser- bis Seerosenzone; Nährstoffbedarf mittel; Versteck für Wassertiere	**Ähriges Tausendblatt** *Myriophyllum spicatum* › Seite 137 **Krebsschere** *Stratiotes aloides* › Seite 149
	40-100 cm		**Quirl-Tausendblatt** ● *Myriophyllum verticillatum* Juni – September › Seite 137 Wassertiefe mind. 40 cm; mittelhartes Wasser; Nährstoffbedarf mittel bis hoch; Lebensraum für Wassertiere	**Krauses Laichkraut** *Potamogeton crispus* › Seite 143 **Seerose 'Sunny Pink'** *Nymphaea* 'Sunny Pink' › Seite 139
			**Glänzendes Laichkraut** *Potamogeton lucens* Juni – August › Seite 143 starke Ausbreitung durch Ausläufer; Nährstoffbedarf mittel bis hoch; Versteck für Wassertiere	**Quirl-Tausendblatt** *Myriophyllum verticillatum* › Seite 137 **Tannenwedel** *Hippuris vulgaris* › Seite 127
			**Hornblatt** *Ceratophyllum submersum* Juni – April › Seite 116 starkwüchsig, aber leicht abzufischen; Nährstoffbedarf mittel bis hoch; Versteck für Wassertiere	**Quirl-Tausendblatt** *Myriophyllum verticillatum* › Seite 137 **Japanische Teichrose** *Nuphar japonica* › Seite 137
			**Armleuchteralgen** *Chara*-Arten blühen nicht › Seite 116 Unterwasserrasen; Flachwasser- bis Seerosenzone; Nährstoffbedarf gering; Versteck für Wassertiere	**Ähriges Tausendblatt** *Myriophyllum spicatum* › Seite 137 **Igelschlauch** *Baldellia ranunculoides* › Seite 111
			**Krauses Laichkraut** *Potamogeton crispus* Juni – August › Seite 143 starke Ausbreitung durch Ausläufer; Wasser eher hart, Nährstoffbedarf mittel; Versteck für Wassertiere	**Krebsschere** *Stratiotes aloides* › Seite 149 **Lanzenblättriges Hechtkraut** *Pontedaria lanceolata* › Seite 143

Farbe	Wassertiefe	Pflanze	Name/Eigenschaften	Gute Partner
grün / braun	40-100 cm		**Durchwachsenes Laichkraut** ☼ ◑ *Potamogeton perfoliatus* Juni – August › Seite 144 starke Ausbreitung durch Ausläufer; Nährstoffbedarf gering bis mittel; Versteck für Wassertiere	**Wasserschlauch** *Utricularia australis* › Seite 151 **Lanzenblättriges Hechtkraut** *Pontedaria lanceolata* › Seite 143
			**Gestreifte Teichsimse** ☼ ◑ *Schoenoplectus lacustris* 'Albescens' Juli – Oktober › Seite 148 wasserreinigend, wuchernd; bis 80 cm Wassertiefe; Nährstoffbedarf mittel bis hoch; Ausstiegshilfe	**Spreizender Hahnenfuß** *Ranunculus circinalis* › Seite 146 **Froschbiss** *Hydrocharis morsus-ranae* › Seite 128

Seerosensammlung in Bennett's Water Gardens in Dorset, UK. Die Laubmassen einiger Sorten bedecken über 10 Quadratmeter Wasserfläche.

Pflanzenporträts

»Und wie sieht die Pflanze nun aus? Wie kann ich sie am besten kombinieren?« Diese und ähnliche Fragen werden sich Ihnen beim Studieren der vielen Tipps zur Pflanzenauswahl in diesem Buch regelmäßig gestellt haben. Die Antworten finden Sie in den Porträttexten. Wertvolle Tipps aus eigener Erfahrung ergänzen die Beschreibungen von Wuchs und Standort, von geeigneten Partnern sowie weiteren Sorten und Arten.

Sumpf-Garbe

Achillea ptarmica

Höhe: 60–90 cm
Blütezeit: Juni – August
› Gartenzone S. 52

WUCHS: durch Ausläufer gruppenbildende Staude; leicht versamend
WERT: heimische, lang blühende Feuchtwiesenpflanze; Schmetterlingsmagnet
STANDORT: Garten- und Feuchtzone; Boden frisch bis nass, nicht überstaut; bevorzugt leicht saure Substrate
VERWENDUNG: Solitär- bis Begleitstaude; für höherwüchsige, wiesenartige Pflanzungen für größere Flächen; für Naturgärten
GUTE PARTNER: horstige Seggen wie Morgenstern-Segge und Rispen-Segge *(Carex paniculata)*, Ehrenpreis *(Veronica longifolia)*, Schlangen-Knöterich
MEIN TIPP: Sie verhindern eine übermäßige Versamung, wenn Sie verblühte Blütenstände gleich abschneiden.
SORTE: 'Schneeball': gefüllt blühende, beliebte Bauerngartenstaude, etwas niedriger und später blühend, verträgt weniger Nässe und versamt nicht, › S. 52

Busch-Knöterich

Aconogonon speciosum 'Johanniswolke'

Höhe: 150–200 cm
Blütezeit: Juni – September
› Gartenzone S. 52

WUCHS: breithorstige Großstaude; konkurrenzstark, aber nicht wuchernd
WERT: weiße Blütenrispen, sehr lange Blütezeit; Unterschlupf für Tiere
STANDORT: Gartenzone; Boden frisch und nährstoffreich
VERWENDUNG: Solitärstaude, als Hintergrund oder im Randbereich von Teichen
Gute Partner: Dreimasterblume, Goldkolben, Morgenstern-Segge, Sumpf-Wolfsmilch, Weicher Frauenmantel
MEIN TIPP: Der Busch-Knöterich wird z. T. noch unter dem Namen *Polygonum polymorphum* oder *Aconogonon alpinum* angeboten. Nach den ersten Frösten im Herbst fallen die Triebe der Pflanze bald in sich zusammen.
WEITERE ART: *Aconogonon weyrichii:* 120–150 cm hohe, breitbuschige Staude mit weißen, fedrigen Blütenständen; Blütezeit August – September

Bunter Kalmus

Acorus calamus 'Variegatus'

Höhe: 60–80 cm
Blütezeit: Juni – Juli
› Sumpfzone S. 82, Flachwasserzone S. 92

WUCHS: durch waagerechte Kriechsprosse (Rhizome) zum Wuchern neigende Staude, Blätter und Triebe aufstrebend
WERT: sehr zierende grün-weiß gestreifte Blätter, der weiße Blütenkolben ist unscheinbar; riecht aromatisch; verbessert die Wasserqualität in der Flachwasserzone
STANDORT: Sumpf- bis Flachwasserzone; Boden nährstoffreich
VERWENDUNG: Gruppenpflanze; nur für große Teiche in der Röhrichtzone; am besten in architektonischen Anlagen
GUTE PARTNER: konkurrenzkräftige Arten wie Zebra-Simse *(Schoenoplectus tabernaemontani)* und Zungen-Hahnenfuß; niedrige Begleiter wie Nadel-Simse und Sumpf-Vergissmeinnicht
MEIN TIPP: Bei Nährstoffmangel mit Stickstoff düngen. Im Herbst zurückschneiden.
ART: Kalmus *(Acorus calamus):* grünes Laub, noch etwas starkwüchsiger

Kriechender Günsel

Ajuga reptans

Höhe: Laub 10 cm,
Blütenkerzen 30 cm
Blütezeit: April – Mai
› Gartenzone S. 57

WUCHS: lockere Bodendecke bildende Staude aus immergrünen Blattrosetten
WERT: gut geeignet zum Kaschieren offen liegender Folienränder; die blauen Blütenkerzen locken Insekten an
STANDORT: Garten- und Feuchtzone; Boden frisch bis feucht, mäßig nährstoffreich
VERWENDUNG: als Bodendecker, bei genügend Feuchtigkeit auch zwischen lockeren Sträuchern und Hochstauden
GUTE PARTNER: Blut-Weiderich, Echtes Mädesüß, Pfennigkraut, Sorten der Roten Nelkenwurz *(Geum coccineum)*, Wasserdost
MEIN TIPP: Bei längerer Trockenheit sind partielle Ausfälle möglich. Kombinieren Sie die Pflanze daher stets mit anderen Stauden.
SORTEN UND WEITERE ART: 'Alba': hellgrün belaubt, weiße Blüten; 'Atropurpurea': dunkel-purpurrote Blätter und Blütenstände; *Ajuga genevensis:* mit unterirdischen Ausläufern, trockenheitsverträglich

Weicher Frauenmantel

Alchemilla mollis

Höhe: 20–40 cm
Blütezeit: Juni – Juli
› Gartenzone S. 52 und 54

WUCHS: breithorstige Staude; versamt leicht
WERT: schleierartige, gelbgrüne Blütenstände mit langer Blühzeit, sehr robust
STANDORT: Gartenzone; Boden frisch bis feucht, mäßig nährstoffreich
VERWENDUNG: in kleineren Gruppen oder flächendeckend; Begleiter für höhere Stauden und Gehölze
GUTE PARTNER: Echtes Mädesüß, Pfeifengras *(Molinia arundinacea)*, Pracht-Storchschnabel, Taglilien, Wassserdost
MEIN TIPP: Um eine übermäßige Versamung zu verhindern, sollten Sie die Blütenstände im Juli zurückschneiden. Ein radikaler Rückschnitt nach der Blüte sorgt für neuen Austrieb und eine zweite Blüte.
WEITERE ARTEN: Alpen-Frauenmantel *(Alchemilla alpina):* 10–20 cm, spät blühend, frischgrün, für kalkarme Böden; Zwerg-Frauenmantel *(Alchemilla erythropoda):* 10–20 cm, grau-grüne Blätter, dunkle Blattstiele

Schmaler Froschlöffel

Alisma lanceolatum

Höhe: Laub 40 cm,
Blütenstände bis 90 cm
Blütezeit: Juni – August
› Sumpfzone S. 78,
Flachwasserzone S. 88

WUCHS: Rosettenstaude; kurzlebig, versamt sich aber reichlich; in tieferem Wasser mit Schwimmblättern
WERT: schlanke Blätter; aufrechte Blüten-stände mit Hunderten kleiner Blütchen
STANDORT: Sumpf- bis Flachwasserzone; hoher Nährstoffbedarf
VERWENDUNG: gute Füllpflanze zwischen lockerem Röhricht
GUTE PARTNER: Echtes Pfeilkraut, Shuttleworth's Rohrkolben, Tannenwedel
MEIN TIPP: Wenn die Blätter vergilben, sollten Sie mit Harnstoff oder Hornspänen düngen. Bei Nährstoffmangel wird die Pflanze eher vom Froschlöffel-Brandpilz befallen.
WEITERE ARTEN: Breiter Froschlöffel *(Alisma plantago-aquatica):* breitere Blätter; Rundblättriger Froschlöffel *(Alisma subcordatum):* amerikanische Art, fast kreisrunde Blätter. Beide Arten sind empfänglicher für den Froschlöffel-Brandpilz.

immergrün · verbessert Wasserqualität · günstig für Tiere · giftig · ! geschützt

Schnitt-Lauch

Allium schoenoprasum

Höhe: 20–40 cm
Blütezeit: Mai – Juni
› Gartenzone S. 56, Feuchtzone S. 69

WUCHS: ausdauernde Zwiebelpflanze mit horstigem Wuchs, versamt allmählich
WERT: rosaviolette, kugelige Blütenköpfe, grasartige, essbare Blätter; Insektenmagnet
STANDORT: Garten- und Feuchtzone; erträgt starke Trockenheit ebenso wie stauende Nässe; oberhalb der Wasserlinie verwenden; Boden mäßig nährstoffreich
VERWENDUNG: Streupflanze in niedriger Vegetation mit dem Charakter von Moorwiesen; zwischen locker gepflanzten, halb hohen Gräsern; sehr gut zum Überspielen der Kapillarsperre, da innerhalb und außerhalb verwendbar, auch am Bachlauf und im Steingarten
GUTE PARTNER: Breites Wollgras, Knabenkraut, Lungen-Enzian, Plattährengras
MEIN TIPP: Wenn Sie die Schnittlauch-Staude regelmäßig nach der Blüte bodennah zurückschneiden, treibt sie frischgrün durch und versamt nicht.

Duft-Lauch

Allium suaveolens

Höhe: 40–50 cm
Blütezeit: August – September
› Feuchtzone S. 68

WUCHS: Horststaude; die Versamung kann nach einigen Jahren lästig werden
WERT: heimischer Spätblüher mit blassrosa bis weißlichen Blütendolden, dünne, grasartige Blätter; bei Sonne süßlich duftend; lockt viele Insekten an
STANDORT: Garten- bis Feuchtzone; erträgt auch starke Trockenheit; oberhalb der Wasserlinie verwenden; Boden nährstoffarm
VERWENDUNG: Streupflanze in niedriger Vegetation mit Moorwiesen-Charakter
GUTE PARTNER: Kleinseggen wie *Carex davalliana* oder *Carex flava*, Knabenkraut, Sumpf-Gladiole, Wiesen-Schaumkraut
MEIN TIPP: Damit sich der Duft-Lauch nicht zu sehr versamt, sollten Sie den größten Teil der Fruchtstände nach der Blüte (Oktober) abschneiden.
WEITERE ART: Kanten-Lauch *(Allium angulosum)*: kräftig rosa, Blütezeit August, für niedrige Feuchtwiesen und Bachläufe

Lavendel-Heide

Andromeda polifolia

Höhe: 20–30 cm
Blütezeit: April – Mai
› Feuchtzone S. 64

WUCHS: lockerer Zwergstrauch mit unterirdischen Ausläufern; wuchert nicht
WERT: heimische Hochmoorpflanze, glockenförmige Blütchen, wintergrünes Laub
STANDORT: Feuchtzone; für torfige, saure Substrate; gedeiht gut zwischen Torfmoos; oberhalb der Wasserlinie verwenden
VERWENDUNG: Begleitpflanze in Trögen und Sumpfbeeten
GUTE PARTNER: Hochmoorpflanzen wie Moor-Orchidee *(Pogonia ophioglossoides)*, Moosbeere *(Vaccinium oxycoccos)*, Scheidiges Wollgras, Schlauchpflanzen-Arten
MEIN TIPP: Sparen Sie die Lavendel-Heide beim Abmähen der Feuchtzone aus. Bei zu starkem Wachstum ist ein Rückschnitt je-doch problemlos möglich.
SORTE UND WEITERE ART: 'Nikko': kompaktwüchsige Form; Moor-Lorbeerrose *(Kalmia polifolia)*: bis 50 cm hoch; kräftig rosa, Blütezeit Mai – Juni

Sonne · Halbschatten · Schatten · Blütenschmuck · Blattschmuck · Fruchtschmuck

Japanische Anemone

Anemone japonica
'Bressingham Glow'

Höhe: 50–70 cm
Blütezeit: August – September
› Gartenzone S. 55

WUCHS: große Staude; bildet durch Wurzelausläufer große, breite Gruppen, wuchert jedoch kaum
WERT: wertvoller, rosafarbener Spätblüher
STANDORT: Gartenzone; frischer, eher nährstoffreicher Boden
VERWENDUNG: große Gruppenstaude; passt gut zu »asiatischen« Themen
GUTE PARTNER: Dreiblattspiere, Japanische Etagen-Primel und Bunte Etagen-Primel *(Primula × bullesiana)*, Prachtspieren, Frühblüher wie Schneeglöckchen *(Galanthus nivalis)* und Winterling *(Eranthis hyemalis)*
MEIN TIPP: Pflanzen Sie die Anemone im Frühjahr. Bei Herbstpflanzung sind im Winter Ausfälle möglich.
WEITERE SORTEN: 'Honorine Jobert': weiß, 90–120 cm, sehr wüchsig; 'Pamina': dunkelrosa, gefüllt, 60–80 cm, schwachwüchsig; 'Serenade': helles Rosa, 100–130 cm, sehr wüchsig, kann auch trockener stehen

Wasserähre

Aponogeton distachyos

Höhe: Schwimmblattpflanze
Blütezeit: Sept. – Okt./ Ende März – Mai
› Seerosenzone S. 98

WUCHS: Knollenpflanze ohne Ausläufer; in warmen Lagen geringe Versamung
WERT: südafrikanische Pflanze, entwickelt in unserem Klima im Frühjahr und Herbst schmale Blätter und Blüten in schwimmenden Doppelähren mit weißen Hochblättern, heißt daher auch Zweizeilige Wasserähre
STANDORT: Seerosenzone; Wassertiefe 50–100 cm; mäßig nährstoffreiches Wasser
VERWENDUNG: schön in kleinen Teichen mit ostasiatischer Gestaltung; auch für kühle bis temperierte Wintergärten geeignet
GUTE PARTNER: Lanzenblättriges Hechtkraut, Nadelkraut, Seerosen für 50–100 cm Wassertiefe, Wasserschlauch
MEIN TIPP: Spitzhornschnecken fressen gern an Blättern und Blüten. Sammeln Sie sie – wenn es geht – am besten ab. Bei flachem Wasserstand ist ein Winterschutz nötig. Die Blütenstände und junge Früchte können als Gemüse wie Bohnen zubereitet werden.

Gewöhnliche Akelei

Aquilegia vulgaris

Höhe: Laub 50 cm, Blütenstände über 80 cm
Blütezeit: Mai – Juni
› Gartenzone S. 56

WUCHS: sich rasch entwickelnde Rosettenstaude; kurzlebig, versamt sich sehr stark
WERT: straff aufrechte, blauviolette Blütenstände; lockt zahlreiche Hummeln an
STANDORT: Gartenzone; verträgt Trockenheit gut; wächst auch unter Bäumen
VERWENDUNG: kleinblumige Füllstaude für wildnishafte Gärten
GUTE PARTNER: Echte Schlüsselblume, Riesen-Segge, Storchschnabel-Arten
MEIN TIPP: Sie können Akeleien direkt an ihren Standort aussäen. Achten Sie aber darauf, sehr dünn auszusäen – Samen eventuell mit Sand mischen. Kontrollieren Sie die natürliche Versamung durch rechtzeitiges Abschneiden der Fruchtstände.
SORTEN UND WEITERE ART: viele Sorten in unterschiedlichen Farben; gefüllt blühende Sorten sind nicht sehr dauerhaft; Langspornige Akelei *(Aquilegia caerulea)*: zweifarbige, lang gespornte Blüte, Boden eher frisch

immergrün | verbessert Wasserqualität | günstig für Tiere | giftig | ! geschützt

Rosa Seidenblume

Asclepias incarnata

Höhe: 80–120 cm
Blütezeit: Juli –August
› Gartenzone S. 54, Feuchtzone S. 67

WUCHS: horstige Staude, Sprosse aufrecht, trichterartig auseinanderfallend; geringe Versamung
WERT: schmal laubige, nordamerikanische Hochstaude mit rosa Blütendolden; in der Fernwirkung ähnlich dem heimischen Wasserdost, benötigt aber weniger Platz; die Fruchtbälge entlassen seidig behaarte Samen
STANDORT: Garten- und Feuchtzone; Boden frisch bis nass; mäßig nährstoffreich
VERWENDUNG: Gerüst- oder Solitärstaude
GUTE PARTNER: halb hohe Seggen wie Draht-Segge *(Carex diandra);* Japanische Schwertlie in Sorten, Sumpf-Dotterblume, Sumpf-Vergissmeinnicht
MEIN TIPP: Schneiden Sie die Rosa Seidenblume im zeitigen Frühjahr zurück; wenn Ihnen der Wintereindruck nicht gefällt dann schon im Spätherbst.
SORTE: 'Ice Ballett': weiße Blüten

Gebüsch-Aster

Aster divaricatus
(Synonym: *Eurybia divaricata*)

Höhe: 40–60 cm
Blütezeit: August – September
› Gartenzone S. 52

WUCHS: breithorstige Staude; bildet lockere Gruppen; geringe Versamung
WERT: nordamerikanische Art mit stabiler Winterstruktur (Unterschlupf für Tiere); einer der ganz wenigen trockenheitsverträglichen Spätblüher für schattige Lagen
STANDORT: Gartenzone; Boden trocken bis frisch; gedeiht auch im Wurzelfilz von Gehölzen (sogar neben Bambus)
VERWENDUNG: spätblühende Begleitstaude, besonders in naturnahen Anlagen
GUTE PARTNER: Bergenien, Pracht-Storchschnabel, Riesen-Segge; Frühblüher wie Blaustern *(Scilla siberica)* und Winterling *(Eranthis hyemalis)*
WEITERE ARTEN + SORTEN: Leberbalsam-Aster *(Aster ageratoides* 'Asran'): violettrosa, bis 80 cm, sehr dicht wachsend; Großblatt-Aster *(Aster macrophyllus* 'Albus'): weiß, bis 100 cm, eher locker im Wuchs; beide Arten sind schattentolerante Wucherer mit später Blüte

Frikarts Aster

Aster × frikartii 'Wunder von Stäfa'

Höhe: 70–80 cm
Blütezeit: September – Oktober
› Gartenzone S. 57

WUCHS: breithorstige Staude; bildet lockere Gruppen, versamt nicht
WERT: vitale Züchtung aus der meist kurzlebigen, heimischen Berg-Aster *(Aster amellus)* und *Aster thomsonii;* blüht überreich
STANDORT: Gartenzone; Boden trocken bis mäßig frisch; wächst auch am Gehölzrand
VERWENDUNG: Gruppenstaude, wirkt aber auch einzeln sehr schön
GUTE PARTNER: hohe Gräser wie Horst-Reitgras und Plattährengras; niedrige Bodendecker wie Frühlings-Segge *(Carex caryophyllea)* und Cambridge-Storchschnabel *(Geranium × cantabrigiense)*
MEIN TIPP: Bei zurückgehender Wuchskraft sollten Sie die Aster nach einigen Jahren um-pflanzen oder im Frühjahr schwach düngen.
WEITERE ART UND SORTE: Myrten-Aster *(Aster ericoides* 'Schneetanne'): weiß, 120 cm, übergeneigt; *Aster turbinellus:* violett, 80 cm, für trockenen, durchlässigen Boden

Sonne | Halbschatten | Schatten | Blütenschmuck | Blattschmuck | Fruchtschmuck

Japan. Prachtspiere
Astilbe japonica 'Red Sentinel'

Höhe: Laub 40 cm, Blütenstand 60 cm
Blütezeit: Juli – August
› Gartenzone S. 55

WUCHS: breithorstige Staude; versamt nicht
WERT: ostasiatische Bergwaldstaude, leuchtend rote Blütenstände, dekorative Blätter
STANDORT: Gartenzone; Boden frisch bis feucht, lehmig-humos, nährstoffreich
VERWENDUNG: Gruppenstaude; vor allem für Gestaltung im ostasiatischen Stil
GUTE PARTNER: Dreiblattspiere, Funkie, Japanische Anemone; hohe Primeln wie Japanische Etagen-Primel und Bunte EtagenPrimel *(Primula × bullesiana);* Frühblüher wie Schneeglöckchen *(Galanthus nivalis)* und Winterling *(Eranthis hyemalis)*
MEIN TIPP: Das Laub fällt im Winter in sich zusammen und sollte liegen bleiben. Wenn Sie im Winter lockeren Kompost auftragen, fördert dies die Langlebigkeit der Pflanze.
WEITERE ART UND SORTE: Lanzen-Prachtspiere *(Astilbe chinensis* var. *taquetii* 'Purpurlanze'): purpurrote, schlanke Blütenkerzen, 90–120 cm, etwas trockenheitstoleranter

Igelschlauch
Baldellia ranunculoides

Höhe: 10–20 cm
Blütezeit: Juni – August
› Sumpfzone S. 80, Flachwasserzone S. 90

WUCHS: Rosettenstaude; versamt sich, wird aber nicht lästig
WERT: seltene heimische Wasserpflanze mit wenig Platzbedarf; rosa Dauerblüher; kleine sternförmige Früchte; bildet im Tiefwasser bis 40 cm lange Unterwasserformen aus, die nicht blühen, aber wintergrün bleiben
STANDORT: Sumpf- bis Seerosenzone; wünscht klares Wasser
VERWENDUNG: eingestreut zwischen Röhricht und im freien Wasser; in Schwimmteichen, aber auch in kleinen Wassertrögen
GUTE PARTNER: lockere Röhrichtbildner wie Zwerg-Rohrkolben; kleine Seerosen; weniger wuchernde Unterwasserpflanzen wie Nadelkraut und Wasserschlauch
MEIN TIPP: Über die Wasserlinie hinaus-wachsende Exemplare erfrieren meist im Winter. Durch Versamung hält sich aber eine stabile Population, die allmählich auch tiefere Zonen erschließt.

Bergenie
Bergenia 'Morgenröte'

Höhe: 30–40 cm
Blütezeit: April – Mai/ Nachblüte im Herbst
› Gartenzone S. 56

WUCHS: durch kurze Ausläufer kompakte gruppenbildende Staude; wuchert nicht
WERT: rosarote Blütenrispen, große, immergrüne Blätter; gutes Versteck für Tiere
STANDORT: Gartenzone; sehr anspruchslos an den Boden; verträgt auch Trockenheit
VERWENDUNG: in Gruppen zwischen halb-hohen und hohen Stauden oder als Bodendecker; auch im Wurzelfilz von Gehölzen
GUTE PARTNER: Funkien, Gewöhnliche Akelei, Japanische Anemone, Riesen-Segge, Storchschnabel-Arten
MEIN TIPP: Bei strengen Kahlfrösten sollten Sie die immergrünen Blätter mit Reisig vor der Wintersonne schützen.
WEITERE SORTEN: 'Admiral': dunkelrosa, starkwüchsig, 25–45 cm; 'Baby Doll': zartrosa, zierlich im Wuchs; 'Herbstblüte': dunkelrosa, bis 45 cm, im Herbst gut nachblühend; 'Silberlicht': weiße Blüten mit rosa Schimmer, 20–30 cm, wüchsige Sorte

immergrün · verbessert Wasserqualität · günstig für Tiere · giftig · ! geschützt

Schlangen-Knöterich

Bistorta officinalis 'Superbum'

Höhe: Laub 50 cm, Blütenkerzen 90 cm
Blütezeit: Mai – Juni
› Gartenzone S. 55, Feuchtzone S. 68

WUCHS: durch kurze Ausläufer gruppenbildende Staude
WERT: heimische Feuchtwiesenpflanze mit aufrechten. rosafarbenen Blütenkerzen, die gern von Insekten besucht werden
STANDORT: feuchte Garten- und Feuchtzone; Nährstoffgehalt mäßig
VERWENDUNG: Gruppenstaude in wiesenartigen Pflanzungen
GUTE PARTNER: Rosa Seidenblume, Echtes Mädesüß, Sibirische Schwertlilie; Gräser wie Rohr-Pfeifengras *(Molinia arundinacea)*
MEIN TIPP: In der Feuchtzone bei schwa-chem Austrieb mit Hornspänen düngen. Im Herbst oder Frühjahr abmähen.
WEITERE ARTEN UND SORTEN: Schnecken-Knöterich *(Bistorta affine* 'Darjeeling Red'): Bodendecker, rosa Blütenkerzen; Kerzen-Knöterich *(Bistorta amplexicaulis):* rote Blütenkerzen, 100 cm, dichtwüchsig, hoher Platzbedarf; beide Arten blühen von August bis Oktober

Blumenbinse

Butomus umbellatus

Höhe: Laub 50 cm, Blütendolden 100 cm
Blütezeit: Juni – Juli
› Sumpfzone S. 80, Flachwasserzone S. 90

WUCHS: durch kriechende Rhizome lockere gruppenbildende Staude; wuchert nicht
WERT: seltene, heimische Flachwasserpflanze mit rosa Blütendolden auf aufrechten Stängeln, grasartige Blätter mit typisch gedrehter Spitze; an den senkrechten Blättern und Blütenstielen klettern gern Libellenlar-ven zum Schlüpfen empor
STANDORT: Sumpf- bis Flachwasserzone; bis 40 cm tief, nährstoffreiches Wasser
VERWENDUNG: Gruppenstaude; am Mündungsbereich von Bachläufen oder anderen Stellen mit schwacher Wasserbewegung
GUTE PARTNER: Bachbunge, Shuttleworth's Rohrkolben, Sumpf-Vergissmeinnicht
MEIN TIPP: Bei Nährstoffmangel kümmert die Pflanze und wird blühfaul. Von zu groß gewordenen Pflanzen können Sie leicht Rhizomstücke abtrennen und neu einsetzen.
SORTEN: 'Rosenrot': tiefrosa; 'Schneeweißchen': weißlich

Horst-Reitgras

Calamagrostis × acutiflora 'Karl Foerster'

Höhe: 80–120 cm
Blütezeit: Juli – Dezember
› Gartenzone S. 58

WUCHS: straff aufrechtes, horstiges Gras; nicht versamend
WERT: die braunen Fruchtstände bleiben strukturstabil bis ins Frühjahr; die Hybride *Calamagrostis × acutiflora* ist das einzige Reitgras, das nicht wuchert und steril ist
STANDORT: Gartenzone; trocken, eher nährstoffarm, Sandböden sind optimal
VERWENDUNG: Solitärstaude, gut als Hintergrund von Teichen
GUTE PARTNER: Astern für trockene Böden (*Aster × frikartii, Aster divaricatus*), Pracht-Storchschnabel, Weidenblättrige Sonnenblume, Wiesen-Gladiole *(Gladiolus illyricus)*
MEIN TIPP: Wenn Sie Horst-Reitgras auf sehr feuchte oder nährstoffreiche Böden pflanzen, dann fallen die Halme leicht auseinander. Ein Rückschnitt der Staude ist erst im Frühjahr nötig.
WEITERE SORTE: 'Overdam': etwas niedriger, grün-weiß gestreifte Blätter

Sonne | Halbschatten | Schatten | Blütenschmuck | Blattschmuck | Fruchtschmuck

Sumpf-Kalla
Calla palustris

Höhe: 10–20 cm
Blütezeit: Mai – Juni
› Sumpfzone S. 78

WUCHS: Staude mit kriechenden bzw. schwimmenden Sprossachsen
WERT: seltene heimische Staude; die roten Fruchtkolben, die im Sommer heranreifen, sind sehr giftig!
STANDORT: Sumpfzone, wächst von dort auch ins Flachwasser; bevorzugt Schatten und nährstoffreiches, weiches Wasser
VERWENDUNG: niedriger Begleiter von Röhricht, bildet keine dichte Bodendecke
GUTE PARTNER: lockere Röhrichtbildner wie Blumenbinse und Zwerg-Rohrkolben, horstige Groß-Seggen wie Steif-Segge und Zyperngras-Segge *(Carex pseudocyperus)*
MEIN TIPP: Im Winter sterben die Wurzeln größtenteils ab. Brechen Sie im Frühjahr neu austreibende Spitzenstücke der Kriechsprosse ab, und verteilen Sie diese an anderen Stellen des Teiches. Das Vergilben älterer Blätter ist normal. Vergilben auch jüngere Pflanzenteile, dann sollten Sie mit Stickstoff düngen.

Wasserstern
Callitriche palustris

Höhe: 5–15 cm
Blütezeit: Juni – Juli
› Flachwasserzone S. 93, Seerosenzone

WUCHS: unter Wasser polsterbildende Staude, im Flachwasser mit schwimmenden, sternförmigen Blattrosetten
WERT: immergrün, zierend durch Wuchs und Blätter, Blüte unscheinbar; günstig für die Wasserreinhaltung; Unterschlupf für verschiedene Wassertiere
STANDORT: Flachwasser- bis Seerosenzone; mäßig nährstoffreiches, weiches Wasser, in hartem Wasser nicht dauerhaft; gerne auch in Bachläufen oder etwas durchströmten Bereichen
VERWENDUNG: Schwimmblattpflanze in seichtem, Unterwasserpflanze in tieferem Wasser; kann dichte Bestände bilden
GUTE PARTNER: Fieberklee, Nadelkraut, Strauß-Felberich; mittelstark bis stark wachsende Seerosen
MEIN TIPP: Nur in eisfreien Bereichen (Seerosenzone) wintergrün. Es gibt zahlreiche Kleinarten, die sich sehr ähneln, aber etwas unterschiedliche Wasserqualitäten besiedeln.

Sumpf-Dotterblume
Caltha palustris

Höhe: 20–40 cm
Blütezeit: April – Mai
› Feuchtzone S. 67, Sumpfzone S. 79

WUCHS: Horststaude; mäßig versamend
WERT: leuchtend gelber, heimischer Frühlingsblüher; Insektenmagnet
STANDORT: Garten- bis Sumpfzone; Boden frisch bis feucht, mäßig nährstoffreich
VERWENDUNG: Frühjahrsblühende Begleitpflanze, auch gut an Bachläufen
GUTE PARTNER: lockere hohe Röhrichtbildner wie Shuttleworth's Rohrkolben, Horstgräser wie Steif-Segge, Hochstauden wie Blut-Weiderich und Echtes Mädesüß
MEIN TIPP: Sumpf-Dotterblumen sind ein Muss für jeden Teich. Die im Sommer etwas gestresst wirkenden Blätter lassen sich gut zwischen hohen Stauden mit spätem Austrieb verstecken.
SORTEN: 'Auenwald': starkwüchsig, auch für 10–30 cm tiefes Wasser; 'Multiplex': Blüte dicht gefüllt, nicht überstaut pflanzen; Weiße Sumpfdotterblume *(Caltha palustris* var. *alba)*: weiß, Standort wie 'Multiplex'.

immergrün · verbessert Wasserqualität · günstig für Tiere · giftig · ! geschützt

Wiesen-Schaumkraut

Cardamine pratensis

Höhe: Laub 10 cm, Blütenstände 30 cm
Blütezeit: April – Mai
› Feuchtzone S. 65

WUCHS: Horststaude; versamt mäßig, zieht im Sommer ein
WERT: heimischer Frühlingsblüher, Blüten weiß oder rosa; Insektenmagnet
STANDORT: feuchte Garten- und Feuchtzone; Boden nährstoffarm bis mäßig nährstoffreich, kalkarm
VERWENDUNG: Streupflanze zwischen niedrigen und spät austreibenden Gräsern und Blütenstauden, auch entlang von Bachläufen
GUTE PARTNER: Kleinseggen *(Carex flava, C. viridula, C. davalliana);* Moorpflanzen wie Duft-Lauch, Knabenkraut, Lungen-Enzian
MEIN TIPP: Da im Sommer die Fruchtstände unansehnlich aussehen, sollten Sie die Blüten nach dem Verblühen abschneiden.
SORTE UND WEITERE ART: ‘Plena’: halbgefüllt, weißlich bis hellviolett, sterile Sorte, treibt Ausläufer; Bitteres Schaumkraut *(Cardamine amara):* weiß, treibt Ausläufer, Frühblüher für Sumpfzone und Bachläufe

Steif-Segge

Carex elata

Höhe: 50–70 cm
Blüte-/Fruchtzeit: April – Juni
› Sumpfzone S. 83, Flachwasserzone S. 92

WUCHS: breithorstiges Gras; versamt
WERT: attraktive männliche Blütenstände, grünliche Fruchtährchen, sehr gleichmäßige, schmal belaubte Horste
STANDORT: Sumpf- bis Flachwasserzone; nährstoffarm bis mäßig nährstoffreich
VERWENDUNG: Solitärstaude oder in locker gepflanzten Gruppen
GUTE PARTNER: Blut-Weiderich, Sumpf-Dotterblume, Sumpfkalla, Sumpf-Schwertlilie
MEIN TIPP: Um Versamung zu vermeiden, binden Sie die Steif-Segge Mitte Juni zusammen und schneiden sie am Boden mit der Heckenschere ab. Sie treibt rasch wieder durch und ist bis in den Herbst hinein attraktiv.
SORTE UND WEITERE ARTEN: ‘Aurea’: goldgelbes Laub, für Sumpfzone im Schatten, Draht-Segge *(Carex diandra):* nur 40 cm hoch; Rispen-Segge *(Carex paniculata):* 80 cm, breithorstig, platzbedürftig

Gelb-Segge

Carex flava

Höhe: Laub 15 cm, Blütenstände 30 cm
Blüte-/Fruchtzeit: Mai – August
› Feuchtzone S. 73

WUCHS: horstiges Kleingras; versamt etwas, wuchert nicht
WERT: sternförmige, gelbgrüne Fruchtköpfchen, gelbgrüne Blatthorste, teilweise wintergrün
STANDORT: feuchte Gartenzone, Feucht- bis Sumpfzone; nährstoffarm
VERWENDUNG: kleine Gruppen oder eingestreut bis bodendeckend in Moorpflanzun-gen; gut in Sumpftrögen
GUTE PARTNER: Blütenstauden der Moorwiesen wie Knabenkraut, Sumpf-Gladiole, Sumpf-Stendelwurz, Schwalbenwurz-Enzian *(Gentiana asclepiadea)*
MEIN TIPP: Soll die Pflanze nicht viel Samen ansetzen, dann schneiden Sie im Juli einige der Fruchtstände ab. Im Frühjahr abmähen.
WEITERE ARTEN: Kleine Gelb-Segge *(Carex viridula):* sehr ähnlich der Gelb-Segge, aber nur halb so hoch; Davall-Segge *(Carex davalliana):* nur 15–20 cm, fadenartige Blätter

Sonne · Halbschatten · Schatten · Blütenschmuck · Blattschmuck · Fruchtschmuck

Morgenstern-Segge

Carex grayi

Höhe: 50–70 cm
Blüte-/Fruchtzeit: Juni – Oktober
› Gartenzone S. 59,
Feuchtzone S. 72

WUCHS: Horstgras; versamt wenig und wuchert nicht
WERT: amerikanische Art mit großen, stern-förmigen, gelbgrünen Fruchtköpfchen; hellgrüne Blatthorste, bis ins Frühjahr hinein noch attraktiv; guter Unterschlupf für Tiere
STANDORT: Garten- bis Sumpfzone; Boden frisch und feucht, mäßig nährstoffreich
VERWENDUNG: Solitärstaude oder in locker gepflanzten kleinen Gruppen; bei genügend Feuchtigkeit auch unter Gehölzen
GUTE PARTNER: niedrigere Stauden wie Gnadenkraut, Pfennigkraut, Sumpf-Vergissmeinnicht
MEIN TIPP: Die Morgenstern-Segge ist eines der besten halbhohen Gräser für die Teichrand- und Teichbepflanzung.
WEITERE ART: Zyperngras-Segge *(Carex pseudocyperus):* überhängende Ährchen, sehr nährstoffbedürftig, sonst Kümmerwuchs oder gar Rostpilzbefall

Bunte Oshima-Segge

Carex oshimensis 'Evergold'

Höhe: 20–30 cm
Blüte-/Fruchtzeit: Juni – August
› Gartenzone S. 59

WUCHS: Horstgras; versamt nicht
WERT: asiatisches Schmuckgras mit grün-gelb gestreiften, wintergrünen Blättern in gleichmäßig ausgebreiteten Horsten; gutes Versteck für Tiere
STANDORT: trockene bis frische Gartenzone
VERWENDUNG: in kleinen Gruppen bis bodendeckend; bei genügend Feuchte auch unter Gehölzen; besonders geeignet für architektonische Anlagen
GUTE PARTNER: höhere Schattenstauden wie Dreiblattspiere, Japanische Anemone, Japanische Prachtspiere, auch Farne
MEIN TIPP: Die Bunte Oshima-Segge ist, außer Unkrautkontrolle, pflegefrei!
WEITERE SORTEN UND ARTEN: Frühlings-Segge (*Carex caryophyllea* 'The Beatles'): bodendeckendes, schwach wachsendes Gras für sonnig-trockene Stellen; Bunte Kegel-Segge (*Carex conica* 'Snowline'): weiß gestreiftes Laub, immergrün

Riesen-Segge

Carex pendula

Höhe: Laub 60 cm, Blütenstände 120 cm
Blüte-/Fruchtzeit: Juni – August
› Gartenzone S. 58,
Feuchtzone S. 72

WUCHS: Horstgras; versamt reichlich
WERT: breite, immergrüne Blätter, sparrig ausgebreitete Fruchtstände mit hängenden Ährchen; gutes Versteck für Tiere
STANDORT: trockene bis frische Gartenzone, Feucht- bis Sumpfzone, auch Flachwasser
VERWENDUNG: sehr wirkungsvolle Solitärstaude
GUTE PARTNER: im trockenen Schatten der Gartenzone Gebüsch-Aster und Pracht-Storchschnabel; im feuchten Schatten Astilben und Japanische Anemone; in Feucht- bis Sumpfzone Japanische Etagen-Primel, Sumpf-Dotterblume, Sumpfkalla
MEIN TIPP: Bei Verwendung auf trockenen Böden außerhalb des Teiches bleibt die Riesen-Segge etwas kleiner, und es kommen praktisch keine Sämlinge auf.
WEITERE ART: Verlängerte Segge *(Carex elongata):* bis 80 cm, horstig, versamungsfreudig; für frische bis nasse Schattenlagen

immergrün · verbessert Wasserqualität · günstig für Tiere · giftig · ! geschützt

Hornblatt

Ceratophyllum submersum

Höhe: Unterwasserpflanze
Blütezeit: Juni – April
› Seerosenzone S. 102

WUCHS: unter Wasser frei schwimmende Sprosse; im Herbst sinken Überwinterungs-knospen auf den Teichboden, der Rest stirbt ab; raschwüchsig, aber kontrollierbar, da nicht wurzelnd
WERT: dekorativ belaubte Sprosse, unscheinbare Blüte; Sauerstoffspender; drängt übermäßig wuchernde Unterwasserpflanzen, sogar Wasserpest, zurück; Unterschlupf für viele Wassertiere
STANDORT: Seerosenzone; mäßig bis sehr nährstoffreiches Wasser
VERWENDUNG: in größeren Teichen, bis in eine Tiefe von über 1 m
GUTE PARTNER: gedeiht auch unter den Blättern von Seerosen, zwischen Hechtkraut und Teichsimse
MEIN TIPP: Sie können das Hornblatt bei Überhandnehmen einfach abfischen.
WEITERE ART: *Ceratophyllum demersum:* etwas weniger stark gegabelte Blätter

Armleuchteralgen

Chara-Arten

Höhe: unter Wasser 10–30 cm
Blütezeit: keine Blütenpflanze
› Seerosenzone S. 102

WUCHS: am Untergrund haftende Unterwasserrasen
WERT: dekorativer Wuchs; Sauerstoffspender; Versteck für viele Wassertiere
STANDORT: Flachwasser- bis Seerosenzone; nährstoffarmes bis mäßig nährstoffreiches, klares Wasser, eher hart; viele verschiedene Arten mit ganz spezifischen Ansprüchen an die Wasserqualität
VERWENDUNG: Bodendecker unter Wasser
GUTE PARTNER: zwischen lockeren Röhrichtbildnern wie Shuttleworth's Rohrkolben; im tiefen Wasser zwischen Wasseraloe, auch zwischen kleinlaubigen Seerosen
MEIN TIPP: Eingesetzte Armleuchteralgen finden oft nicht die ihnen zusagende Wasserqualität vor und sterben ab. Die passenden Arten siedeln sich meist von selbst an.
WEITERE ARTEN: *Nitella-Arten:* Armleuchteralgen mit etwas stärker gestreckten Sprossen, in weichem Wasser vorkommend

Plattährengras

Chasmanthium latifolium

Höhe: 80–100 cm
Blüte-/Fruchtzeit: Juni – Winter
› Gartenzone

WUCHS: horstiges, aufrecht bis übergeneigt wachsendes Gras; mäßig versamend
WERT: nordamerikanische Savannenpflanze; dekorativer Wuchs, hellgrüne Blätter, überhängende, flache Ährchen; gute Winterwirkung; bietet Versteck für Tiere
STANDORT: Gartenzone; frischer Boden; gut unter lockeren Gehölzen
VERWENDUNG: in kleinen Gruppen oder als Solitärstaude
GUTE PARTNER: Bergenien, Frauenmantel- und Storchschnabel-Arten; Frühblüher wie Blaustern *(Scilla siberica)* und Schneeglöckchen *(Galanthus nivalis)*
MEIN TIPP: Aufgrund seines späten Austriebs sollten Sie das Plattährengras mit Frühblühern kombinieren.
WEITERE ART: Flaschenbürstengras *(Hystrix patula):* 80–100 cm, straff aufrecht, Blütenstände wie lockere Flaschenbürsten, Verwendung wie Plattährengras

Sonne · Halbschatten · Schatten · Blütenschmuck · Blattschmuck · Fruchtschmuck

Rosa Schildblume

Chelone obliqua

Höhe: 60–80 cm
Blütezeit: August – September
› Gartenzone S. 55
Feuchtzone S. 68

WUCHS: durch Ausläufer gruppenbildende Staude mit aufrechten Blütentrieben
WERT: nordamerikanische Feuchtwiesenpflanze mit rosa Blütenständen; Unterschlupf für Tiere
STANDORT: Gartenzone, Feuchtzone; Boden frisch bis feucht, nährstoffreich
VERWENDUNG: als Gruppen in Feuchtwiesenpflanzungen
GUTE PARTNER: Morgenstern-Segge, Prachtscharte, Sumpf-Dotterblume, Sumpf-Vergissmeinnicht; früh blühende Zwiebelpflanzen wie Märzenbecher oder Schachbrettblume
MEIN TIPP: In der Feuchtzone kann Stickstoffmangel zu Vergilbungen und Kümmerwuchs führen. Düngen Sie mit Hornspänen.
WEITERE ARTEN: Kahle Schildblume *(Chelone glabra)*: weiß, über 1 m hohe Gruppen; Berg-Schildblume *(Chelone lyonii)*: rosa oder karminrot, 70–100 cm, Solitärstaude

Schneidried

Cladium mariscus

Höhe: Laub 80 cm, Fruchtstände 120 cm
Blüte-/Fruchtzeit: Sept. – Dezember
› Sumpfzone S. 82, Flachwasserzone

WUCHS: durch Ausläufer lockere Röhrichte bildendes Gras mit aufrechten Blütentrieben
WERT: seltene heimische Kalkmoor-Art mit sehr guter Winterwirkung; immergrünes Laub; Fruchtschmuck; an den Halmen klettern Libellen zum Schlüpfen empor
STANDORT: Sumpf- bis Flachwasserzone; nährstoffarm bis mäßig nährstoffreich, für hartes Wasser
VERWENDUNG: als Gruppen in Feuchtwiesenpflanzungen
GUTE PARTNER: Draht-Segge *(Carex diandra)*, Steif-Segge, Sumpf-Dotterblume, Sumpf-Farn *(Thelypteris palustris)*
MEIN TIPP: Da die Pflanze wuchert, sollten Sie sie besser in breiten, festen Behältern einsenken. Teilen Sie die Pflanzen dann etwa alle drei Jahre, und pflanzen Sie die Teilstücke neu ein. Die Ränder der harten Blätter sind sehr scharf, daher nicht in der Nähe von Wegen und Sitzplätzen verwenden!

Nadelkraut

Crassula helmsii

Höhe: über 20 cm hohe Unterwasserrasen
Blütezeit: Frühsommer
› Flachwasserzone S. 93, Seerosenzone

WUCHS: polsterartig ausgebreitete Staude, verwurzelt im Substrat
WERT: südafrikanische Pflanze, bildet dichte, immergrüne Polster unter Wasser; Blüten unscheinbar; Sauerstoffspender; gutes Versteck für Tiere
STANDORT: Flachwasser- bis Seerosenzone; nährstoffarmes bis mäßig nährstoffreiches, weiches Wasser; als Landform im Sumpf, dort aber nicht winterhart
VERWENDUNG: Bodendecker unter Wasser
GUTE PARTNER: lockere Röhrichtbildner wie Lanzenblättriges Hechtkraut *(Pontederia lanceolatum)* und Shuttleworth's Rohrkolben; Unterwasserpflanzen wie Wasserfeder und Wasserschlauch
MEIN TIPP: Gilt gebietsweise als invasive Art. Sprossteile dürfen nicht in die Natur gelangen!

immergrün · verbessert Wasserqualität · günstig für Tiere · giftig · ! geschützt

C

Langes Zyperngras

Cyperus longus

Höhe: Laub 80 cm, Blütenstände 130 cm
Blüte-/Fruchtzeit: Juli – Oktober
› Sumpfzone S. 82, Flachwasserzone S. 92

WUCHS: durch unterirdische Ausläufer Röhrichte bildendes Gras, aufrecht wachsend
WERT: seltene heimische Art mit lockeren Fruchtständen; dekorativer Wuchs; Beschattung; Versteck und »Ausstiegshilfe« für Tiere
STANDORT: Sumpf- und Flachwasserzone; mäßig nährstoffreich
VERWENDUNG: Röhrichtgruppen, bei kleinen Teichen in breiten Behältern
GUTE PARTNER: schattenverträgliche Bodendecker und Frühblüher wie Sumpf-Dotterblume und Sumpf-Vergissmeinnicht
MEIN TIPP: Das Lange Zyperngras sollte auf ein kleines Areal begrenzt werden, da sonst die attraktiven Blütenstände nicht mehr wahrnehmbar sind. In sehr flachem Wasser nicht immer winterhart.
WEITERE ART: Strandsimse *(Bolboschoenus maritimus)*: wegen des ähnlichen Austriebs oft mit *Cyperus* verwechselt, wuchert jedoch stärker und ist weniger dekorativ

Knabenkraut

Dactylorhiza-Hybriden

Höhe: 30–50 cm
Blütezeit: Mai – Anfang Juli
› Feuchtzone S. 69

!

WUCHS: unterirdische Knollen bildende Orchideen, aufrechte Blütenstände
WERT: Kreuzungen aus verschiedenen Knabenkraut-Arten mit kräftig rosa Blütenkolben und oft hübsch gemusterten Blättern; als Wildarten sind Knabenkräuter streng geschützt, Hybriden sind jedoch frei handelbar
STANDORT: frische Gartenzone, Feuchtzone, auch an Bachläufen; nährstoffarm
VERWENDUNG: Streupflanze zwischen niedrigen Gräsern
GUTE PARTNER: Breites Wollgras, Duft-Lauch, Kanten-Lauch *(Allium angulosum)*, Kleinseggen wie Davall-Segge *(Carex davalliana)*, Gelb-Segge und Kleine Gelb-Segge *(Carex viridula)*
MEIN TIPP: Es genügt, wenn Sie 2–3 Pflanzen kaufen. Zwischen niedrigen Begleitern versamen sich die Knabenkräuter gut. Sehr vital sind Hybriden der Arten *D. praetermissa, D. maculata* und *D. incarnata.*

Kammfarn

Dryopteris cristata

Höhe: 50–70 cm
Blütezeit: keine Blütenpflanze
› Feuchtzone S. 72

WUCHS: horstige, straff aufrechte Stauden
WERT: heimischer Farn für sonnige bis schattige Standorte; fein gefiederte Blätter; im Sommer gutes Versteck für Tiere
STANDORT: Feucht- bis Sumpfzone; mäßig nährstoffreicher, kalkarmer Boden
VERWENDUNG: Solitärstaude zwischen niedrigeren Begleitern, auch für kleinere Anlagen empfehlenswert
GUTE PARTNER: Draht-Segge, Sumpf-Dotterblume, Sumpf-Vergissmeinnicht; im Schatten Sumpfkalla; bei genügend Platz auch Gelbe Scheinkalla
WEITERE ARTEN: stark wuchernde, bodendeckende Farne für Feucht- bis Sumpfzone, die niedrige Begleiter verdrängen: Sumpffarn *(Thelypteris palustris)*: 40 cm, sehr fein gefiederte Blätter; Perlfarn *(Onoclea sensibilis)*: bis 60 cm, Blätter einfach gefiedert, aus Nordamerika und Asien

Sonne · Halbschatten · Schatten · Blütenschmuck · Blattschmuck · Fruchtschmuck

Wurmfarn
Dryopteris filix-mas

Höhe: 70–100 cm
Blütezeit: keine Blütenpflanze
› Gartenzone S. 59

WUCHS: horstige Farnpflanze mit locker trichterartig angeordneten Blättern; geringe Ausbreitung durch Sporen möglich
WERT: heimischer Farn mit gefiederten Blättern; guter Unterschlupf für Tiere
STANDORT: Gartenzone; frischer Boden, kalkverträglich
VERWENDUNG: Solitär zwischen niedrigeren Begleitern
GUTE PARTNER: Bergenien, Frauenmantel, Gebüsch-Aster, Pracht-Storchschnabel; bei genügend Feuchte Astilben, Dreiblattspiere, Funkien, Japanische Anemone
WEITERE ARTEN: horstige Farne für die frische, schattige Gartenzone: Wald-Frauenfarn *(Athyrium filix-femina):* heimisch, 80 cm, zwei- bis dreifach gefiedert, sehr filigran, frosthart; Rotschleierfarn *(Dryopteris erythrosora):* aus Ostasien, 50 cm, roter Blatt-austrieb, wünscht saure Substrate

Azur-Wasserhyazinthe
Eichhornia azurea

Höhe: 15–20 cm
Blütezeit: Juli – August
› Seerosenzone S. 101

WUCHS: frei schwimmende Rosettenstaude; Wurzelbärte hängen tief ins Wasser; viele Ausläufer mit Tochterrosetten
WERT: tropische Pflanze mit prächtigen, blauen Blütenständen; Blattrosetten, durch mit Luft gefüllte, kugelförmige Blattstiele schwimmfähig
STANDORT: freie Wasserfläche von Flachwasser- bis Seerosenzone; nährstoffreich
VERWENDUNG: »Sommerflor« auf architektonischen Gartenteichen, für Wassertröge
GUTE PARTNER: Seerosen, weitere tropische Wasserpflanzen
MEIN TIPP: Die Wasserhyazinthe verträgt keinerlei Frost. Eine Überwinterung im Haus scheitert meist an Lichtmangel. Besser, Sie kaufen sich im Mai neue Pflanzen.
WEITERE ART: *Eichhornia crassipes* darf als invasive Art EU-weit nicht verwendet werden!

Nadelsimse
Eleocharis acicularis

Höhe: 5–15 cm
Blütezeit: unscheinbare Blüten
› Flachwasserzone S. 93

WUCHS: Unterwasserpflanze, die dichte Rasen bildet
WERT: feine grasartige Blätter, ab 20 cm Wassertiefe meist wintergrün; Sauerstoffspender; Versteck für kleine Wassertiere
STANDORT: Flachwasser- bis Seerosenzone; mäßig nährstoffreich, nur in weichem Wasser vital
VERWENDUNG: Bodendecker unter Wasser
GUTE PARTNER: Seerosen; im Flachwasser lockere Röhrichtbildner wie Schneidried, Shuttleworth's Rohrkolben, Strauß-Felberich; freischwimmende Unterwasserpflanzen (Hornblatt-Arten, Wasserschlauch)
MEIN TIPP: Die Nadelsimse wächst in sehr kiesigem Substrat nur schlecht. Pflanzen Sie sie daher besser in Lehm. In sehr flachem Wasser sterben die Blätter im Winter ab.
WEITERE ART: Pillenfarn *(Pilularia globulifera):* Unterwasserrasen in weichem, relativ nährstoffarmem Wasser, fadenförmige Blätter, etwas hin und her gebogen, › S. 93

Sumpf-Stendelwurz
Epipactis palustris

Höhe: 30–50 cm
Blütezeit: Juni – Juli
› Feuchtzone S. 65

WUCHS: durch Rhizome gruppenbildende Staude, aufrechte Austriebe
WERT: heimische Orchidee mit weißlichen bis rosa Blüten; Insektenmagnet
STANDORT: Garten- bis Feuchtzone; Boden feucht, nährstoffarm, kalkhaltig
VERWENDUNG: Gruppenstaude in Moorpflanzungen, auch in der Umgebung von Bachläufen
GUTE PARTNER: Breites Wollgras, Duft-Lauch, Kleinseggen wie Davall-Segge *(Carex davalliana)* und Gelb-Segge, Schwalbenwurz-Enzian *(Gentiana asclepiadea),* Sibirische Schwertlilie
MEIN TIPP: Die Sumpf-Stendelwurz kann nach einiger Zeit etwas verdrängend werden, dann sollten Sie nach der Blüte einige Triebe ausreißen.
SORTE: 'Sabine': sehr wüchsige Hybride mit rötlichen Blüten, gedeiht in frischem Gartenboden und in der Feuchtzone

Glocken-Heide
Erica tetralix

Höhe: 20–30 cm
Blütezeit: August – Oktober
› Feuchtzone S. 69

WUCHS: Zwergstrauch, der breite, lockere Polster bildet
WERT: heimische Art wintermilder Regionen, rosafarbene Blütchen, nadelförmiges, immergrünes Laub; Insektenmagnet
STANDORT: Feuchtzone; saures, torfiges nährstoff- und kalkarmes Substrat
VERWENDUNG: eingestreut oder in kleinen Grüppchen in Moorpflanzungen, in Trögen
GUTE PARTNER: Lavendel-Heide, Moor-Orchidee *(Pogonia ophioglossoides),* Rote Schlauchpflanze, Scheidiges Wollgras
MEIN TIPP: In Trögen und bei starken Frösten vor Wintersonne schützen.
SORTEN UND WEITERE ARTEN: Sorten mit Blüten in verschiedenen Rosa-Tönen oder in Weiß; Grau-Heide *(Erica cinerea):* sommerblühend für ähnliche saure Standorte; Schnee-Heide *(Erica carnea):* wertvoller Winterblüher, kalkverträglich, frische bis zeitweise trockene Gartenzone

Schmales Wollgras
Eriophorum angustifolium

Höhe: Laub 30 cm, Fruchtstände bis 50 cm
Blüte-/Fruchtzeit: Mai – Juli
› Sumpfzone S. 83

WUCHS: stark Ausläufer treibendes Gras; wuchert
WERT: heimisches Moor-Gras, schmale, tiefgrüne Blätter mit roten Spitzen (daher auch Schmalblättriges Wollgras genannt), weiß-wollige Fruchtbällchen, zu mehreren pro Halm; stark wurzelnd und uferfestigend
STANDORT: Feuchtzone; Substrat neutral bis sauer, nährstoff- und kalkarm
VERWENDUNG: flächig bis bodendeckend; für größere Anlagen mit sehr wüchsigen bzw. deutlich höheren Partnern
GUTE PARTNER: *Epipactis* 'Sabine', Kammfarn, Königsfarn, Strauß-Felberich
MEIN TIPP: Aufgrund des starken Wachstums nur für größere Anlagen geeignet. Besonders in warmem Klima sehr blühfaul.
WEITERE ART: Sibirisches Wollgras *(Eriophorum russeolum):* dünne Blätter, bildet Ausläufer, wuchert aber nicht, für saures Substrat, kupferbraune Fruchtbälle

Sonne · Halbschatten · Schatten · Blütenschmuck · Blattschmuck · Fruchtschmuck

Breites Wollgras

Eriophorum latifolium

Höhe: Laub 15 cm, Fruchtstände bis 70 cm
Blüte-/Fruchtzeit: Mai – Juli
› Feuchtzone S. 64, Sumpfzone

WUCHS: Horstgras; wuchert nicht, versamt nur wenig
WERT: heimisches Moor-Gras; frischgrüne Blattrosetten; mehrere weißwollige Fruchtbällchen auf hohen Halmen
STANDORT: Feucht- und Sumpfzone mit kalkhaltigem bis neutralem Substrat; nährstoffarm
VERWENDUNG: eingestreut oder in kleinen Gruppen in Mooranlagen; auch an Bachläufen und in Trögen
GUTE PARTNER: Kleinseggen, Kopfbinsen, Lungen-Enzian, Moor-Orchideen, Sumpf-Gladiole
MEIN TIPP: Das Breite (besser: Breitblättrige) Wollgras ist die geeignetste Wollgras-Art für kleine Gärten. Der Standort sollte aber nass und nicht zu nährstoffreich sein. Setzen Sie immer mehrere Pflanzen ein. Nach der Fruchtreife fliegen die weiß behaarten Samen davon. Anschließend können Sie die Fruchthalme abschneiden.

Scheidiges Wollgras

Eriophorum vaginatum

Höhe: Laub 30 cm, Fruchtstände bis 50 cm
Blüte-/Fruchtzeit: April – Mai
› Feuchtzone S. 64, Sumpfzone

WUCHS: Horstgras; wuchert nicht, versamt nur wenig
WERT: heimisches Moor-Gras; immergrün; im Frühjahr einzeln an aufrechten Halmen stehende weißwollige Fruchtbälle
STANDORT: Feuchtzone; Substrat sauer, torfig, nährstoffarm
VERWENDUNG: Solitärpflanze für Mooranlagen und Moor-Tröge
GUTE PARTNER: fleischfressende Pflanzen, Glocken-Heide und ähnliche Zwergsträucher, Torfmoose
MEIN TIPP: Wenn die Horste an Vitalität und Blühfreudigkeit verlieren, sollten Sie sie ausgraben, einige Seitentriebe entfernen und den Horst wieder etwas tiefer einpflanzen.
WEITERE ART: Alpenhaargras *(Trichophorum alpinum):* 10–20 cm, dichtrasig, kleine Wattebäuschchen von Mai – Juli, für neutrale bis saure, nährstoffarme Mooranlagen, auch für Tröge

Wasserdost

Eupatorium cannabinum 'Plenum'

Höhe: 120–150 cm
Blütezeit: Juli – September
› Gartenzone S. 54, Feuchtzone S. 67

WUCHS: breithorstige Staude mit aufrechten, dicht belaubten Schäften; versamt nicht
WERT: heimische Hochstaude mit großen, Blütenständen; gern von Insekten besucht
STANDORT: Garten- bis Feuchtzone; Boden frisch bis sumpfig, mäßig nährstoffreich bis nährstoffreich
VERWENDUNG: Solitärpflanze für große An-lagen, braucht viel Platz
GUTE PARTNER: Blut-Weiderich, Frauenmantel, Gezähnter Goldkolben, Mädesüß, Nelkenwurz, Sibirische Schwertlilie, Sumpf-Garbe, Sumpf-Vergissmeinnicht
SORTE UND WEITERE ART: Die reine Art *Eupatorium cannabinum* versamt stark und kann zum Unkraut werden; Großer Wasserdost (*Eupatorium fistulosum* 'Atropurpureum'): Solitärstaude aus Nordamerika, bis 2 m, riesige rosa Blütenteller, Blütezeit August – Oktober, Gartenzone, Boden feucht

immergrün · verbessert Wasserqualität · günstig für Tiere · giftig · ! geschützt

Weißer Wasserdost

Eupatorium rugosum
(Synonym: *Ageratina altissima*)

Höhe: 80–120 cm
Blütezeit: August – Oktober
› Gartenzone,
Feuchtzone

WUCHS: breite Horste bildende Staude mit aufrechten Stängeln; mäßige Versamung
WERT: amerikanische Art mit großen, weißen Blütenbüscheln; Insektenmagnet
STANDORT: frische Garten- bis Feuchtzone, auch sumpfig, mäßig nährstoffreich bis nährstoffreich; verträgt auch etwas beschattete Standorte
VERWENDUNG: große Gruppenstaude für große Anlagen; gute Hintergrundpflanze; bei genügend Platz auch für wiesenhafte Pflanzungen; ideal für weiße Gärten
GUTE PARTNER: Sumpf-Garbe, Sumpf-Schwertlilien, Trollblume
MEIN TIPP: Abmähen direkt nach der Blüte verhindert die Versamung.
WEITERE SORTE UND ART: 'Chocolate': braunrote Blätter, die wie aufgespießt am Stängel sitzen; Durchwachsenblättriger Wasserdost *(Eupatorium perfoliatum)*: bis 120 cm

Sumpf-Wolfsmilch

Euphorbia palustris

Höhe: 80–100 cm
Blütezeit: Mai – Juni
› Gartenzone S. 53,
Feuchtzone S. 66,
Sumpfzone

WUCHS: Horststaude mit aufrechten bis übergeneigten Stängeln; versamt kaum
WERT: seltene heimische Art mit großen, leuchtend gelben Blütenbällen; im Sommer durch die schmalen Blätter weidenähnlich wirkend; orangefarbenes Herbstlaub
STANDORT: Feucht- und Sumpfzone, auch im zeitweilig trockenen Gartenboden vital
VERWENDUNG: Solitär- oder große Gruppenstaude; gute Hintergrundpflanze
GUTE PARTNER: in der Gartenzone Bergenien, Pracht-Storchschnabel, Taglilien; in der Feuchtwiesen- und Sumpfzone Brennender Hahnenfuß, Nadel-Minze, Sumpf-Vergissmeinnicht
MEIN TIPP: Ideal zum Überspielen von Teichrändern verwendbar. Beim Rückschnitt Handschuhe tragen, der austretende Milchsaft kann hautreizend sein.
SORTE: 'Walenburg's Glorie': rötliche Stängel, rötliches Herbstlaub

Schirm-Bambus

Fargesia murielae

Höhe: 200–300 cm
Blütezeit: blüht erst in hohem Alter
› Gartenzone S. 58

WUCHS: breithorstiger Bambus mit sehr dicht stehenden Halmen, feine Belaubung
WERT: asiatischer Bambus, auch im Winter frischgrüne Blätter; Versteck für Tiere
STANDORT: Gartenzone; Boden feucht und nährstoffreich; nur in feuchtem Klima in voller Sonne
VERWENDUNG: Solitärstrauch, gute Hinter-grundpflanze; ideal für »asiatische« Gestaltungsthemen
GUTE PARTNER: Bergenien, Dreiblattspiere, Pracht-Storchschnabel, Taglilien; bei genügend Feuchtigkeit Astilben
MEIN TIPP: Im Gegensatz zu den stark Ausläufer treibenden Bambuspflanzen der Gattungen *Phyllostachys* und *Sasaella* wuchert der China-Bambus nicht. Dennoch nehmen die Horste nach einigen Jahren oft über einen Quadratmeter Fläche ein.
SORTEN: 'Bimbo': nur bis 150 cm hoch; 'Simba': 200–250 cm hoch

Sibir. Spierstaude

Filipendula palmata 'Nana'

Höhe: 40–50 cm
Blütezeit: Juli – August
› Gartenzone S. 55

WUCHS: horstige Staude mit aufrechten Stängeln; wuchert nicht
WERT: Zwergform der nordostasiatischen Art mit tiefrosa Blütenbüscheln und dekorativem Laub
STANDORT: Garten- bis Feuchtzone; Boden frisch bis feucht, mäßig nährstoffreich
VERWENDUNG: in kleinen Gruppen am Teichrand, auch an Bachläufen
GUTE PARTNER: höhere Gräser wie Morgenstern-Segge und Steif-Segge; Horststauden wie Blut-Weiderich, Rosa Seidenblume, Wasserdost; Bodendecker wie Gelb-Segge, Kriechender Günsel, Pfennigkraut
MEIN TIPP: Ideal für Feuchtwiesen im Kleinst-Maßstab, auch an Miniaturteichen. Keine speziellen Pflegebedürfnisse.
WEITERE SORTEN: 'Kahome': bis 60 cm, etwas früher blühend; 'Rosenelfe': nur 30 cm, blüht ab Juni; 'Rubra': dunkelrosarot, 90 cm

Echtes Mädesüß

Filipendula ulmaria 'Plena'

Höhe: 90–130 cm
Blütezeit: Juni – August
› Gartenzone S. 52, Feuchtzone S. 64

WUCHS: horstige Staude mit aufrechten Stängeln; versamt nicht
WERT: weiße Blütenbüschel, Blüten gefüllt, dekorative Belaubung
STANDORT: Garten- bis Feuchtzone; Boden frisch bis feucht, mäßig bis nährstoffreich
VERWENDUNG: Solitärpflanze am Teichrand oder in kleinen Gruppen im Hintergrund von Teichanlagen
GUTE PARTNER: Blut-Weiderich, Frauenmantel, Sumpf-Dotterblume, Sumpf-Schwertlilien, Sumpf-Vergissmeinnicht
MEIN TIPP: An zu trockenen Standorten ist das Mädesüß empfänglich für den Befall mit Echtem Mehltau.
SORTEN UND WEITERE ART: Die reine Art *Filipendula ulmaria* ist ungefüllt und neigt zum starken Versamen! Purpur-Mädesüß (*Filipendula purpurea* 'Elegans'): 80–110 cm, hellrot, › S. 73; Rotes Mädesüß (*Filipendula rubra* 'Venusta'): 120–160 cm, rot

Schachbrettblume

Fritillaria meleagris

Höhe: 30–40 cm
Blütezeit: April – Mai
› Feuchtzone S. 69

WUCHS: Zwiebelpflanze mit aufrechten Stängeln; etwas versamend, nicht wuchernd; zieht im Frühsommer ein
WERT: seltene heimische Art; nickende Blüten in hell- und dunkelrosa Karomuster oder Reinweiß; aufrechte Fruchtkapseln
STANDORT: Garten- bis Feuchtzone; Boden frisch bis feucht, mäßig nährstoffreich, leicht sauer bis neutral
VERWENDUNG: eingestreut am Ufer, entlang von Bachläufen; bei genügend Feuchtigkeit auch unter spät austreibenden Gehölzen
GUTE PARTNER: niedrige Gräser wie Draht-Segge *(Carex diandra)* und Gelb-Segge; spät austreibende Stauden wie Blut-Weiderich und Rosa Seidenblume; konkurrenzschwache Wiesenpflanzen wie Europäische Trollblume und Wiesen-Schaumkraut
MEIN TIPP: Nicht an Plätzen verwenden, die sich stark erhitzen. Einsetzen der Zwiebeln im September/Oktober.

immergrün · verbessert Wasserqualität · günstig für Tiere · giftig · ! geschützt

Lungen-Enzian
Gentiana pneumonanthe

Höhe: 20–30 cm
Blütezeit: Juli – August
› Feuchtzone S. 71

WUCHS: horstige Staude; Versamung gering
WERT: heimischer Sommerblüher mit leuchtend blauen Blüten; die Raupen des seltenen Lungenenzian-Ameisenbläulings *(Maculinea alcon)* haben sich auf die Blüten spezialisiert
STANDORT: Feuchtzone; saure bis leicht kalkhaltige Substrate
VERWENDUNG: für Mooranlagen und Troggärten, leichte Durchströmung des Substrates ist günstig
GUTE PARTNER: Alpenhaargras *(Trichophorum alpinum)*, Breites Wollgras, Kleinseggen wie Davall-Segge *(Carex davalliana)* und Gelb-Segge
MEIN TIPP: Beim Pflanzen den Wurzelballen nicht beschädigen! Im Spätherbst oder Frühjahr zurückschneiden.
WEITERE ART: Schwalbenwurz-Enzian *(Gentiana asclepiadea)*: 50 cm, Blütezeit August – September; frische bis feuchte, kalkhaltige Substrate, schattenverträglich, › S. 71

Pracht-Storchschnabel
Geranium × magnificum

Höhe: 40–60 cm
Blütezeit: Juni – Juli
› Gartenzone S. 56

WUCHS: breithorstige Staude, wüchsig und gut bodendeckend; versamt nicht
WERT: prächtige Blüten, dunkelgrüne Belaubung; guter Unterschlupf für Tiere
STANDORT: Gartenzone; Boden trocken bis frisch, mäßig nährstoffreich
VERWENDUNG: in Gruppen oder als hoher Bodendecker; gut zu Prachtstauden und an formalen Teichen
GUTE PARTNER: Bergenien, Busch-Knöterich, Weidenblättrige Sonnenblume; auch zwischen Bambus und anderen Gehölzen
MEIN TIPP: Die Staude neigt zum Auseinanderfallen der Stängel, nach Rückschnitt regeneriert die Pflanze aber rasch wieder.
SORTEN UND WEITERE ART: ‘Rosemoor’: nur 40 cm, standfest; ‘Sirak’: gut 50 cm, große purpurrosa Blüten; Cambridge Storchschnabel (*Geranium × cantabrigiense*): ca. 20 cm, bodendeckend, in Sorten mit rosa-roter oder weißlicher bis hellrosa Blüte

Bach-Nelkenwurz
Geum rivale

Höhe: 30–40 cm
Blütezeit: Mai – Juni
› Feuchtzone S. 69

WUCHS: breithorstige Staude; wüchsig und etwas versamend
WERT: heimische Pflanze, braunrote Blütenglöckchen; Insekten anlockend
STANDORT: Gartenzone, Feuchtwiese; Boden frisch, mäßig nährstoffreich
VERWENDUNG: eingestreut entlang von Bachläufen, in kleinen Grüppchen in sehr naturnahen Pflanzkonzepten
GUTE PARTNER: Hochstauden wie Blut-Weiderich, Echtes Mädesüß, Wasserdost; höhere Gräser wie Pfeifengras *(Molinia arundinacea)*, Pfennigkraut
MEIN TIPP: Wenn in der Umgebung junge, wüchsige Sämlinge aufgekommen sind, dann entfernen Sie alte, weniger vitale Pflanzen.
WEITERE SORTE UND ART: ‘Leonhard’: etwas größere Blüten als die Art; Rote Nelkenwurz (*Geum coccineum* ‘Borisii’): niedrigwüchsig, orangerote Blüte, für frische, feuchte Böden in der Gartenzone

Sonne · Halbschatten · Schatten · Blütenschmuck · Blattschmuck · Fruchtschmuck

Dreiblattspiere

Gillenia trifoliata

Höhe: 60–80 cm
Blütezeit: Juni – Juli
› Gartenzone S. 52

WUCHS: breithorstige Staude, locker aufrechte bis übergeneigte Triebe; wuchert nicht
WERT: nordamerikanische Art, weiße Blütensternchen, leuchtend rote Herbstfärbung; langlebige und sehr robuste Pflanze
STANDORT: Gartenzone; nährstoffreicher Boden; bei frischem Boden auch unter Gehölzen
VERWENDUNG: Solitärstaude für die Umpflanzung von Teichen; sehr gute Hintergrundpflanze
GUTE PARTNER: Astilben, Funkien, Goldkolben, Japanische Anemone; frühblühende Zwiebelpflanzen wie Blaustern *(Scilla siberica)* oder Weißes Buschwindröschen *(Anemone nemorosa)*
MEIN TIPP: Außer Rückschnitt im Frühjahr keine weitere Pflege notwendig.
WEITERE ART: Christophskraut *(Actaea pachypoda)*: ähnlich in Größe und Form; weiße Beeren an leuchtend roten Stielen im Herbst

Wiesen-Gladiole

Gladiolus illyricus

Höhe: 30–50 cm
Blütezeit: Mai – Juni
› Gartenzone S. 56, Feuchtzone

WUCHS: Knollenpflanze mit sehr schlanken, aufrechten Austrieben
WERT: seltene heimische Feuchtwiesenpflanze; rosafarbene Blüte; benötigt kaum Platz; die Blüte lockt Insekten an
STANDORT: Garten- bis Feuchtzone; Boden trocken-frisch, nährstoffarm bis mäßig nährstoffreich, Kalk liebend
VERWENDUNG: Streupflanze für Mooranlagen
GUTE PARTNER: Duft-Lauch, Knabenkraut, Lungen-Enzian, Schwalbenwurz-Enzian *(Gentiana asclepiadea)*; niedrige Gräser
MEIN TIPP: Pflanzung als Knolle. Die oberirdischen Teile sterben nach der Blüte rasch ab. Erst nach der Fruchtreife entfernen, so dass die Gladiole aussamen kann.
WEITERE ART: Sumpf-Gladiole *(Gladiolus palustris)*: kaum echt im Handel, ähnlich *G. illyricus*, für Feuchtzone, › S. 139

Gnadenkraut

Gratiola officinalis

Höhe: 20–40 cm
Blütezeit: Juni – Juli
› Sumpfzone S. 78, Flachwasserzone

WUCHS: durch kurze Ausläufer dichte Polster bildende Staude, aufrechte Triebe; nicht wuchernd
WERT: seltene heimische Sumpfpflanze; die weißen Blüten werden gerne von Insekten besucht; Arzneipflanze
STANDORT: Sumpf- bis Flachwasserzone bei niedrigem Wasserstand, auch Feuchtwiese; mäßig bis nährstoffreich, weiches Wasser wird bevorzugt
VERWENDUNG: in kleinen Gruppen, bodendeckend zwischen hohen Stauden
GUTE PARTNER: Blaue Gauklerblume, Blut-Weiderich, Herzblättriges Hechtkraut, Sumpf-Dotterblume; lockere Röhrichtbildner wie Shuttleworth's Rohrkolben
MEIN TIPP: Das Gnadenkraut braucht kaum Pflege. Die im Herbst absterbenden Triebe können toleriert werden, Sie können sie aber auch abschneiden. In hartem Wasser ist das Gnadenkraut weniger vital.

immergrün **verbessert Wasserqualität** **günstig für Tiere** **giftig** **! geschützt**

Sonnenblume

Helianthus salicifolius

Höhe: 200–250 cm
Blütezeit: Oktober – November
› Gartenzone S. 53

WUCHS: horstige Großstaude, aufrechte Triebe, lockerer Wuchs; wuchert nicht
WERT: amerikanische Präriestaude; gelbe Blüten, weidenartig schmale Blätter, die namensgebend sind; Lebensraum für Tiere
STANDORT: Gartenzone; trockener Boden
VERWENDUNG: Solitärstaude; gute Hintergrundpflanze
GUTE PARTNER: Frikarts Aster, Narzissen, Pracht-Storchschnabel, Taglilien, Wildtulpen; halbhohe Gräser
MEIN TIPP: Auf zu feuchten Böden ist die Weidenblättrige Sonnenblume nicht standfest. Im Spätherbst absterbende Triebe abschneiden. Nach kühlen Sommern erfolgt oft keine Blütenbildung.
WEITERE ART: Frühe Weidenblättrige Sonnenblume *(Helianthus orgyalis):* 200-250 cm, blüht ab Ende August, etwas breitere Blätter als *H. salicifolius*

Taglilie

Hemerocallis 'Corky'

Höhe: Laub 40 cm, Blütenstände bis 80 cm
Blütezeit: Juni – Juli
› Gartenzone S. 53

WUCHS: breithorstige Staude, grasartige Blätter, aufrechte Blütentriebe; wuchert nicht
WERT: große Blüten auf dunklen Stielen; Laub früh austreibend; Insektenmagnet
STANDORT: Gartenzone; Boden mäßig trocken bis frisch, nährstoffreich
VERWENDUNG: gute Hintergrundpflanze; in kleinen Gruppen oder bei Miniaturteichen auch einzeln; kleinblumige Taglilien-Sorten passen auch zu naturnahen Pflanzungen, während großblumige eher für formale Anlagen geeignet sind
GUTE PARTNER: Dreimasterblume, Frauenmantel, Pracht-Storchschnabel; höher wachsende Gräser
MEIN TIPP: Die Blüten sind essbar und eignen sich gut zum Dekorieren von Speisen.
WEITERE SORTE UND ART: 'Stella de Oro': nur 40 cm, gelb, mittelgroße Blüte; *Hemerocallis lilioasphodelus:* 80 cm, sehr grazil, hellgelb, kleinblumig

Sumpf-Eibisch

Hibiscus moscheutos 'Chatelaine'

Höhe: 120–140 cm
Blütezeit: Juli – September
› Feuchtzone S. 70, Gartenzone

WUCHS: horstige Staude mit aufrechten Trieben; wuchert nicht
WERT: Züchtung des amerikanischen Sumpf-Eibisch mit riesigen, roten Blüten
STANDORT: feuchte Garten- bis Feuchtzone; Boden sehr nährstoffreich, liebt Sommerwärme
VERWENDUNG: Solitärpflanze; besonders für formale Anlagen
GUTE PARTNER: Dreimasterblume, Frauenmantel, Sumpf-Dotterblume, Sumpf-Schwertlilien
MEIN TIPP: Der Sumpf-Eibisch entwickelt sich nur an warmen, sehr nährstoffreichen und nicht zu nassen Standorten optimal und gelangt hier zu voller Blüte. Schneiden Sie die absterbenden Triebe im Herbst ab.
WEITERE SORTEN: Sortengemische in Weiß-, Rosa- und Rottönen: 'Galaxy': bis 130 cm; 'Southern Belle': bis 100 cm

Sonne · Halbschatten · Schatten · Blütenschmuck · Blattschmuck · Fruchtschmuck

Tannenwedel

Hippuris vulgaris

Höhe: 20–30 cm als Landform
Blütezeit: Juli – August
› Flachwasserzone S. 93,
Seerosenzone S. 102

WUCHS: Staude mit kriechenden Ausläufern und aufrechten Sprossen; mäßig wuchernd
WERT: heimische Wasserpflanze mit schachtelhalmartiger Wirkung; Unterwassertriebe spenden Sauerstoff und bieten Versteckmöglichkeiten für kleine Wassertiere
STANDORT: in der Flachwasserzone mit oberirdischen Trieben, in der Seerosenzone ab 80 cm Wassertiefe nur Unterwassertriebe; für mäßig nährstoffreiches Wasser
VERWENDUNG: in kleinen Gruppen, unter Wasser auch lockerrasig bis bodendeckend; für mittelgroße bis große Teiche, in kleinen Anlagen oft zu verdrängend
GUTE PARTNER: im Flachwasser Herzförmiges Hechtkraut, Pfeil-Aronstab, Pfeilkraut; in der Seerosenzone: Gestreifte Teichsimse, Krebsschere, Seerosen
MEIN TIPP: Einsperren in feste Kübel führt zu kümmerlichem Wachstum. In größeren Teichen also besser frei auspflanzen.

Funkie

Hosta plantaginea 'Honeybells'

Höhe: Laub 50 cm,
Blüten bis 80 cm
Blütezeit: Juli – September
› Gartenzone S. 53

WUCHS: breithorstige Staude mit lockeren, aufrechten Blütenständen
WERT: breitlaubige Blattschmuckstaude ostasiatischer Herkunft; weiße Blütenglöckchen mit angenehmem Duft; guter Unterschlupf für Tiere
STANDORT: Gartenzone im Schatten; frische, lehmige, nährstoffreiche Böden; die Sorten sind relativ sonnenverträglich
VERWENDUNG: Solitärstaude oder in kleinen Gruppen
GUTE PARTNER: Schattenstauden wie Astilben, Bergenien, Dreiblattspiere
MEIN TIPP: Leider sind Funkien bei Nacktschnecken sehr begehrt. Am wenigsten werden blau bereifte bzw. hartlaubige Sorten heimgesucht.
WEITERE SORTEN: 'Francee': bis 70 cm, weiße Blattränder; Krossa Regal': violette Blüte, 60–70 cm, blaulaubig; 'Red October': bis 60 cm, rötliche Blattstiele

Wasserfeder

Hottonia palustris

Höhe: Blütenstände bis 30 cm
Blütezeit: Mai – Juni
› Flachwasserzone S. 90

WUCHS: Unterwasserstaude mit locker polsterförmigem Wuchs, bildet in flachem Wasser Schwimmrosetten; Blüten in aufrechten Etagendolden; wuchert nicht
WERT: seltene heimische Art mit gefiederten Blättern, untergetauchte Blätter immergrün; Blüten zartrosa; wasserreinigend; Unterschlupf für Wassertiere
STANDORT: Flachwasserzone; gedeiht nur in weichem Wasser mit nicht zu geringem Nährstoffgehalt; heiße Lagen vermeiden
VERWENDUNG: in kleinen Gruppen zwischen lockerem Röhricht oder beschatteten Partien des Teiches
GUTE PARTNER: Pillenfarn *(Pilularia globulifera)*, Strauß-Felberich, Wasserschlauch
MEIN TIPP: Nicht mit starkwüchsigen Unterwasserpflanzen kombinieren.
WEITERE ART: Brunnenmoos *(Fontinalis antipyretica)*: Unterwasserpflanze, für kalkarmes Wasser, Sauerstoffspender

immergrün   verbessert Wasserqualität   günstig für Tiere   giftig   ! geschützt

Froschbiss

Hydrocharis morsus-ranae

Höhe: Schwimmblattpflanze
Blütezeit: Juni – Juli
› Flachwasserzone S. 88, Seerosenzone S. 99

WUCHS: Staude mit schwimmenden Rosetten, bildet Ausläufer mit Tochterrosetten
WERT: kleine, runde Schwimmblätter, weiße Blüten; wasserreinigend; guter Landeplatz für Insekten
STANDORT: Flachwasser- bis Seerosenzone; bevorzugt nährstoffreiches Wasser, sonst bilden sich helle bis gelbliche Blätter
VERWENDUNG: »schwimmender Bodendecker« zwischen lockerem Röhricht oder für beschattete Partien des Teiches
GUTE PARTNER: Blumenbinse, Echtes Pfeilkraut, Shuttleworth's Rohrkolben, Tannenwedel
MEIN TIPP: Der Froschbiss kann bei Überhandnehmen leicht durch Abfischen reduziert werden. Im Herbst sinken die Überwinterungsknospen auf den Teichgrund ab.
WEITERE ART: Froschkraut *(Luronium natans):* kleinwüchsige Schwimmblattpflanze, weiße Blüte, für weiches Wasser

Pracht-Schwertlilie

Iris ensata

Höhe: 60–90 cm
Blütezeit: Juni – Juli
› Feuchtzone S. 71

WUCHS: Horststaude, grasartige Blätter, aufrechte Blütenstände; wuchert nicht
WERT: stattliche Blatthorste; große, dekorative, farblich sehr variable Blüten
STANDORT: feuchte Gartenzone, Feuchtzone; Boden kalkarm und sehr nährstoffreich
VERWENDUNG: als Solitär oder in kleinen Gruppen; gut in architektonischen Anlagen und für ostasiatische Themen
GUTE PARTNER: Sommer-Knotenblume *(Leucojum aestivum),* Sumpf-Eibisch, Sumpf-Vergissmeinnicht
MEIN TIPP: Nach einigen Jahren fördert eine Verjüngung durch Teilung der Horste die Vitalität der Staude. Darf während der Blütezeit auch überstaut stehen.
SORTEN: 'Aquamarin': weiße Blütenblätter mit violetter Aderung; 'Pink Frost': hellrosa Blütenblätter; 'Yoake Mae': tiefviolette Blütenblätter, › S. 71

Japan. Schwertlilie

Iris laevigata

Höhe: 40–70 cm
Blütezeit: Juni – August
› Sumpfzone S. 81, Flachwasserzone S. 91

WUCHS: Horststaude, schmale Blätter, aufrechte Blütenstände; wuchert nicht
WERT: grasartige Blatthorste, purpurviolette Blüten; blüht immer wieder nach
STANDORT: Feucht- bis Flachwasserzone, bis 20 cm Wasserstand, relativ hoher Nährstoffbedarf
VERWENDUNG: als Solitär oder in kleinen Gruppen, gut in architektonischen Anlagen und für ostasiatische Themen
GUTE PARTNER: Herzblättriges Hechtkraut, Sumpf-Dotterblume, Wasserfeder
WEITERE SORTEN UND ART: 'Alba': weiß; 'Rose Queen': rosa, › S. 90; 'Monstrosa': weiß und blauviolett; 'Variegata': violettblau, Blätter weiß gestreift; Amerikanische Sumpf-Schwertlilie *(Iris versicolor):* zahlreiche kleine Blüten auf viel verzweigten Achsen, Feucht- und Sumpfzone; Forrest-Schwertlilie *(Iris forrestii):* Feuchtwiese, 50 cm, Blüte gelb

Sonne · Halbschatten · Schatten · Blütenschmuck · Blattschmuck · Fruchtschmuck

Sumpf-Schwertlilie

Iris pseudacorus

Höhe: 80–120 cm
Blütezeit: Mai – Juni
› Sumpfzone S. 79,
Flachwasserzone S. 89

!

WUCHS: breithorstige Staude; schmale, aufrechte Blätter und Blütenstände; nicht stark wuchernd, aber versamend
WERT: heimische Schwertlilie; große Fruchtkapseln; durch bakterizide Wurzelausscheidungen wasserreinigend; Insektenmagnet
STANDORT: frische Garten- bis Flachwasser-zone, bis 30 cm Wasserstand; hoher Nährstoffbedarf
VERWENDUNG: Solitärstaude für genügend große Anlagen; für wildnishafte Themen, auch in architektonischen Teichen
GUTE PARTNER: halbhohe Gräser wie Steif-Segge, Sumpf-Dotterblume, Sumpf-Vergissmeinnicht
MEIN TIPP: In der Garten- und Feuchtzone keimen in den Schwertlilien-Horsten gerne Knabenkräuter *(Dactylorhiza).*
SORTEN: 'Bastardi': hellgelb; 'Variegata': gelblich gestreifte Blätter, die im Sommer allerdings vergrünen

Sibirische Schwertlilie

Iris sibirica

Höhe: 60–90 cm
Blütezeit: Mai – Juni
› Gartenzone S. 57,
Feuchtzone S. 71

!

WUCHS: Horststaude; sehr schmale, aufrechte Blätter und Blütenstände; wuchert nicht, etwas versamend
WERT: seltene heimische Schwertlilie; Blätter im Herbst bronze- bis orangefarben getönt; schlanke Fruchtkapseln; Insektenmagnet
STANDORT: frische Gartenzone bis Feuchtzone; mäßiger Nährstoffbedarf
VERWENDUNG: Solitärstaude für Feuchtwiesenpflanzungen; die großblumigen Sorten sind eher für eine Prachtstaudenpflanzung außerhalb des Teiches geeignet
GUTE PARTNER: niedrige Gräser wie Gelb-Segge; Breites Wollgras, Europäische Trollblume, Orchideen der Gattungen *Dactylorhiza* und *Epipactis*
WEITERE SORTE UND ARTEN: 'Cäsar': tief blauviolett, großblütig; *Iris sanguinea:* 60 cm, violett, Gartenzone, nicht staunass; Borstige Schwertlilie *(Iris setosa):* blauviolett, 50–70 cm, für Feucht- bis Sumpfzone

Steppen-Schwertlilie

Iris spuria

Höhe: 70–90 cm
Blütezeit: Mai – Juni
› Gartenzone S. 57

!

WUCHS: Horststaude; sehr schmale, aufrechte Blätter, lockere Blütenstände; wuchert nicht
WERT: hellblaue oder weiße Blüten; frischgrüne Blätter; anspruchslos; Insektenmagnet
STANDORT: Gartenzone; Boden trocken bis frisch, salzverträglich, nicht staunass!, auch für Schottersubstrate geeignet
VERWENDUNG: Solitärstaude für die Umpflanzung von Teichen
GUTE PARTNER: Storchschnabel-Arten, *Tradescantia ohiensis;* Gräser wie Horst-Reitgras und Ruten-Hirse
MEIN TIPP: Im zeitigen Frühjahr bodennah zurückschneiden.
WEITERE SORTEN UND ART: 'Good Nature': hellgelb; 'Grand Illusion': violett mit gelb; 'Penny Junker': goldbronze; *Iris sintenisii:* bis 40 cm, blau, immergrüne Zwerg-Iris für Trockenstandorte in Sonne und Halbschatten

immergrün verbessert Wasserqualität günstig für Tiere giftig ! geschützt

Zwerg-Binse

Juncus ensifolius

Höhe: 20–30 cm
Blüte-/Fruchtzeit: Juni – September
› Sumpfzone S. 83

WUCHS: durch kurze Ausläufer dicht rasenartig wachsendes Gras; aufrechte Blätter; stark ausbreitend und versamend
WERT: amerikanische Art, frischgrünes Laub, schwarzbraune, kugelige Fruchtstände
STANDORT: Feucht- und Sumpfzone, wächst auch ins flache Wasser hinein; Boden mäßig nährstoffreich
VERWENDUNG: in lockeren Gruppen bis bodendeckend
GUTE PARTNER: kräftige Hochstauden wie Blut-Weiderich, Herzförmiges Hechtkraut, Sumpf-Schwertlilie; lockere Röhrichtbildner wie Shuttleworth's Rohrkolben
MEIN TIPP: Die Zwerg-Binse ist für sehr kleine Teiche trotz ihrer geringen Wuchshöhe eher nicht zu empfehlen.
WEITERE ART: Kleine Spiral-Binse (*Juncus decipiens* 'Spiralis'): stricknadeldünne, stark spiralig gewundene Triebe, nicht wuchernd und kaum versamend, für Tröge

Blaue Binse

Juncus inflexus

Höhe: 40–60 cm
Blüte-/Fruchtzeit: Juni – Oktober
› Feuchtzone S. 72

WUCHS: horstiges Gras; aufrechte Blätter und Sprosse; versamt stark
WERT: heimisches Sauergras;, dünne, stielrunde, blaugraue Triebe und Blätter, immergrün, bräunliche Fruchtstände (Spirren)
STANDORT: Feucht- und Sumpfzone; Boden mäßig nährstoffreich, kalkhaltig
VERWENDUNG: als Solitärstaude oder in Gruppen; nur für große, sehr naturhafte Anlagen zu empfehlen
GUTE PARTNER: konkurrenzstarke Arten wie Gelbe Gauklerblume, Sumpf-Schwertlilie, Tannenwedel
MEIN TIPP: Die Versamung lässt sich nur durch sommerlichen Rückschnitt, vor dem Öffnen der Fruchtkapseln, vermeiden.
WEITERE ARTEN: Flatter-Binse *(Juncus effusus)*: frischgrüne Triebe, bis 80 cm, versamt stark; Kugelsimse *(Holoschoenus romanus)*: bis über 100 cm, binsenähnlich, aber mehrere Köpfchen pro Trieb, wuchert kaum

Grönland-Sumpfporst

Ledum groenlandicum

Höhe: 50-80 cm
Blütezeit: April – Mai
› Feuchtzone S. 64

WUCHS: kompakter, niedriger Zwergstrauch; nicht wuchernd
WERT: ledrige, schmale, immergrüne Blätter, leuchtend weiße Blütenköpfchen
STANDORT: Feuchtzone; auf saurem, kalkfreiem, nährstoffarmem Substrat
VERWENDUNG: als Solitärstaude oder in kleinen Gruppen in sauren Moorpflanzungen, auch für Troggärten
GUTE PARTNER: Alpenhaargras *(Trichophorum alpinum)*, Cranberry, fleischfressende Pflanzen (Schlauchpflanzen), Lavendel-Heide, Scheidiges Wollgras, Sibirisches Wollgras
MEIN TIPP: Am richtigen Standort sehr pflegeleicht. Beim Mähen der umgebenden Pflanzen aussparen!
WEITERE ART: Echter Sumpf-Porst *(Ledum palustre)*: heimischer Kleinstrauch, kann über 100 cm Höhe erreichen, ähnliche Standortansprüche, aber etwas weniger nass

Sonne · Halbschatten · Schatten · Blütenschmuck · Blattschmuck · Fruchtschmuck

Märzenbecher

Leucojum vernum

Höhe: 10–20 cm
Blütezeit: März – April
› Feuchtzone S. 64

!

WUCHS: Zwiebelpflanze; zieht im Frühsommer ein; versamt nur bei günstigen Bedingungen stark
WERT: heimisch, geschützte Art; sehr frühe Blüte; wird gern von Insekten angeflogen
STANDORT: feuchte Gartenzone im Schatten oder Feuchtzone, sonnig bis schattig; Boden nährstoffreich
VERWENDUNG: in größeren Mengen eingestreut zwischen spät austreibenden Stauden und Gräsern; unter Laubgehölzen am Ufer
GUTE PARTNER: Hochstauden wie Astilben, Blut-Weiderich, Funkien, Mädesüß-Arten; im Winter einziehende Farne
MEIN TIPP: Als Zwiebeln im Herbst oder als Topfpflanzen im Frühjahr pflanzen. Die Zwiebeln sind sehr empfindlich gegenüber längerer Lagerung bzw. Austrocknung!
WEITERE ART: Sommer-Knotenblume *(Leucojum aestivum):* bis 40 cm, Blütezeit Ende April – Mai, für sonnigere Standorte, › S. 65

Prachtscharte

Liatris spicata

Höhe: 50–80 cm
Blütezeit: Juli – August
› Gartenzone S. 57, Feuchtzone S. 68

WUCHS: Knollen bildende Horststaude; schmale Blätter, aufrechte schlanke Blütenstände; nicht wuchernd, mäßige Versamung
WERT: Pflanze feuchter bis nasser Prärien Nordamerikas; attraktive violettrosa Blütenkerzen; die grasartigen Grundblätter färben sich im Herbst leuchtend weinrot; Insektenmagnet
STANDORT: trockene bis feuchte Gartenzone, Feuchtzone; Boden mäßig nährstoffreich
VERWENDUNG: in Gruppen oder eingestreut in wiesenartige Pflanzungen; Ergänzung zur Moorwiese als Sommerblüher
GUTE PARTNER: in der Gartenzone Pracht-stauden; in der Feuchtwiese Draht-Segge *(Carex diandra),* Gelb-Segge; Knabenkräuter, Schwalbenwurz-Enzian *(Gentiana asclepiadea),* Sumpf-Gladiole
SORTEN: meist als Sorte im Handel: 'Floristan Weiß': bis 90 cm, weiß, › S. 64; 'Kobold': bis 50 cm, violett; 'Picador': bis 90 cm

Gezähnter Goldkolben

Ligularia dentata

Höhe: 70–120 cm
Blütezeit: August – September
› Gartenzone S. 52

WUCHS: große Horststaude; dicht belaubt, aufrechte, verzweigte Blütenstände
WERT: asiatische Art; dekorative Blätter, leuchtend gelbe bzw. orangegelbe Blütensterne in flachen Rispen; Insektenmagnet
STANDORT: feuchte Gartenzone, lichter Schatten bis Sonne, Feuchtzone; Boden nährstoffreich
VERWENDUNG: einzeln zu ähnlich tropisch bis massig wirkenden Partnern
GUTE PARTNER: Frauenmantel, Funkien, Quirl-Haarstrang, Taglilien
MEIN TIPP: Die Pflanze wird leider oft stark von Nacktschnecken heimgesucht. Regelmäßig am frühen Morgen kontrollieren!
WEITERE ARTEN: Kerzen-Goldkolben *(Ligularia przewalskii):* bis 130 cm hohe goldgelbe Blütenkerzen, attraktiv spitz gelappte Blätter; Berg-Goldkolben *(Ligularia stenocephala* 'Weihenstephan'): bis 180 cm hohe Blütenkerzen, sehr breitwüchsig

immergrün · verbessert Wasserqualität · günstig für Tiere · giftig · ! geschützt

Kardinals-Lobelie

Lobelia cardinalis

Höhe: Laub 15 cm, Blütenkerzen 60–80 cm
Blütezeit: Juli – August
› Sumpfzone S. 80, Flachwasserzone

WUCHS: niedrige Blattrosetten bildende Staude; schlanke, aufrechte Blütenstände; nicht wuchernd, oft kurzlebig
WERT: nordamerikanische Art; leuchtend rote Blütenkerzen; Insektenmagnet
STANDORT: Sumpfzone, in flachem Wasser am besten winterhart, auch feuchte Gartenzone im lichten Schatten oder Feuchtzone; Boden nährstoffreich
VERWENDUNG: eingestreut oder in kleinen Gruppen an eher schattigen Stellen; passt gut zu tropisch wirkenden Partnern
GUTE PARTNER: Pfennigkraut, Sumpf-Dotterblume, Sumpfkalla
MEIN TIPP: Wählen Sie einen geschützten Pflanzplatz, und geben Sie der Lobelie einen leichten Winterschutz.
WEITERE ART: Rote Lobelie *(Lobelia splendens):* rote Blüte, braunrote Blätter, weniger winterhart, in Sorten oft als Sommerblume in Wechselpflanzungen

Blaue Lobelie

Lobelia sessilifolia

Höhe: 50–70 cm
Blütezeit: August – September (Oktober)
› Feuchtzone S. 71, Sumpfzone

WUCHS: Ausläufer bildende Staude; senkrecht austreibende Stängel; langlebig; nicht wuchernd und kaum versamend
WERT: asiatische Art; kleine, lanzettliche, frischgrüne Blätter, blauviolette Blüten; Insektenmagnet
STANDORT: Feucht- bis Sumpfzone; nährstoffarm bis mäßig nährstoffreich
VERWENDUNG: eingestreut oder in kleinen Gruppen zwischen niedrigen Gräsern oder nicht zu wüchsigen Begleitstauden
GUTE PARTNER: halbhohe Seggen wie Draht-Segge *(Carex diandra)* und Gelb-Segge, Prachtscharte, Sibirische Schwertlilie
MEIN TIPP: Ausdauerndste und zuverlässigste Lobelie, die sehr empfehlenswert ist!
WEITERE ARTEN: *Lobelia siphilitica:* blaue Blüte, 50–80 cm, horstig, kurzlebig, versamt sich auf vegetationsfreien, feuchten bis nassen Stellen; *Lobelia × gerardii:* violettblau oder purpur

Kuckucks-Lichtnelke

Lychnis flos-cuculi

Höhe: 40–60 cm
Blütezeit: Mai – Juni
› Gartenzone S. 55, Feuchtzone S. 68

WUCHS: kurzlebige Rosettenstaude mit sparrig aufrechten Blütenständen; sehr versamungsfreudig, keimt aber nur auf gut besonnten Stellen ohne Konkurrenz
WERT: heimische Art; dekorative rosa Blüten; Insektenmagnet
STANDORT: Gartenzone bei frischen bis feuchten Böden, Feuchtzone; Boden mäßig nährstoffreich
VERWENDUNG: Füllpflanze in wiesenartigen Pflanzungen, auch an Bachläufen
GUTE PARTNER: in der Feuchtzone niedrige und halbhohe Seggen wie Draht-Segge *(Carex diandra)* und Gelb-Segge, Knabenkräuter, Sibirische Schwertlilie; in der Gartenzone Dreimasterblume, Kriechender Günsel, Trollblume
WEITERE ART: Pracht-Nelke *(Dianthus superbus):* 30–50 cm, rosa Blüten, Blütezeit Juni – Anfang Juli, für feuchte Garten- bis Feuchtzone, eher nährstoffarm, › S. 69

Sonne · Halbschatten · Schatten · Blütenschmuck · Blattschmuck · Fruchtschmuck

Weiße Scheinkalla

Lysichiton camtschatcensis

Höhe: Blüte 30 cm, Blätter 60 cm und mehr
Blütezeit: April – Mai
› Feuchtzone, Sumpfzone S. 78

WUCHS: Horststaude mit großen Blattrosetten; nicht wuchernd, aber sehr platzbedürftig
WERT: asiatische Art mit weißen Hochblät-tern, die den Blütenkolben umhüllen; die großen Laubblätter erscheinen erst nach der Blüte; Intensivwurzler, der an Bachläufen das Wasser gut filtert
STANDORT: Feucht- bis Sumpfzone; Boden nährstoffreich
VERWENDUNG: einzeln, bei viel Platz auch in kleinen Gruppen am Teichrand oder Bachlauf, tropische Wirkung
GUTE PARTNER: Farne wie Kammfarn oder Königsfarn, Schattengräser wie *Carex elongata*, Sumpf-Kalla
MEIN TIPP: Sie benötigen für die Scheinkalla ein großes Substratvolumen, damit sich das Wurzelsystem gut entfalten kann.
WEITERE ART: Die Gelbe Scheinkalla *(Lysichiton americanus)* darf als invasive Art in der EU nicht mehr gepflanzt werden.

Pfennigkraut

Lysimachia nummularia

Höhe: 5 cm
Blütezeit: Mai – Juni
› Gartenzone S. 54, Feuchtzone S. 67

WUCHS: flach über den Boden kriechende Staude; starke Ausbreitung, aber kaum lästig
WERT: heimische, immergrüne Pflanze; guter Bodendecker; Versteck für Tiere
STANDORT: frische Gartenzone, Feucht- bis Sumpfzone; Boden mäßig nährstoffreich
VERWENDUNG: Bodendeckpflanze; auch als Überhangpflanze in Trögen; zu vielen Gestaltungsthemen passend
GUTE PARTNER: verzahnt mit Kriechendem Günsel und Sumpf-Vergissmeinnicht; viele Gruppen- und Hochstauden wie Blut-Weiderich, Echtes Mädesüß, Rosa Schildblume
MEIN TIPP: Pfennigkraut ist ideal zum Kaschieren unschöner Teichränder, die es mit seinen Kriechtrieben gut überwächst.
SORTE UND WEITERE ART: 'Aurea': hellgrün-gelbliche Blätter, nur im Schatten wirkungsvoll; Wald-Felberich *(Lysimachia nemorum)*: etwas kleinere, zugespitzte Blätter, schattenliebend

Strauß-Felberich

Lysimachia thyrsiflora

Höhe: 30–50 cm
Blütezeit: Mai – Juni
› Sumpfzone S. 79, Flachwasserzone

WUCHS: mit Rhizomen durch den Teichgrund wuchernde Staude mit aufrechten Stängeln; breitet sich stark aus
WERT: heimische Art; gelbe Blüten; mattgrüne Blätter; günstig zur Belüftung des Teichgrundes; Ausstiegshilfe für Insekten
STANDORT: Sumpf- bis Flachwasserzone; Boden mäßig nährstoffreich, bevorzugt weiches Wasser
VERWENDUNG: für niedrige, röhrichtartige Gruppen, eignet sich wegen der starken Ausbreitung nicht für ganz kleine Anlagen
GUTE PARTNER: im Flachwasser Nadelkraut, Pfeil-Aronstab und Wasserstern
MEIN TIPP: Der Strauß-Felberich wuchert zwar, Sie können ihn aber durch regelmäßiges Ausreißen der Sprosse »bändigen«.
WEITERE ART: Gemeiner Felberich *(Lysimachia vulgaris)*: im Sommer kräftig gelb blühende Hochstaude, leider durch Ausläufer sehr stark wuchernd, schattenertragend

immergrün · verbessert Wasserqualität · günstig für Tiere · giftig · ! geschützt

Blut-Weiderich

Lythrum salicaria

Höhe: 70–120 cm
Blütezeit: Juli – September
› Gartenzone, Feuchtzone S. 67, Sumpfzone S. 80, Flachwasserzone S. 90

WUCHS: streng horstige Staude mit aufrechten Sprossachsen; kann durch Versamung lästig werden
WERT: wichtiger heimischer Sommerblüher; rosa Blütenkerzen; wertvoll für viele Insekten
STANDORT: frische Gartenzone, Feucht- bis Sumpfzone; Boden mäßig nährstoffreich
VERWENDUNG: Solitärpflanze in wiesenhaften Anlagen; in der Gartenzone auch als Gruppen zusammen mit Prachtstauden
GUTE PARTNER: halbhohe Seggen (*Carex diandra, Carex elata*), Nadel-Minze, Sumpf-Dotterblume, Sumpf-Vergissmeinnicht
MEIN TIPP: Die Versamung lässt sich verhindern, wenn Sie die Blütentriebe vor dem Verblühen zurückschneiden.
WEITERE SORTEN UND ART: 'Blush': sehr große, hellrosa Blüten, 80 cm; 'Robert': nur 60 cm, empfindlich gegen Staunässe; Rosen-Weiderich (*Lythrum virgatum* 'Rose Queen'): lockerer, graziler Wuchs, 80–90 cm

Wasser-Minze

Mentha aquatica

Höhe: 40–70 cm
Blütezeit: Juni – Juli
› Sumpfzone S. 81, Flachwasserzone

WUCHS: Ausläufer treibende Staude mit aufrechten, aber wenig standfesten Trieben; wuchernd, aber meist nicht lästig werdend
WERT: heimische Art; rosaviolette Blütenbüschel; aromatischer Minze-Duft; ihre ätherischen Öle wirken bakterizid und fördern die Wasserreinigung, Versteck für Tiere
STANDORT: Feucht- bis Sumpfzone, wächst auch in die Flachwasserzone hinein; Boden nährstoffreich
VERWENDUNG: einzeln oder in Gruppen zwischen Röhricht, in dem sich die Stängel stützen können
GUTE PARTNER: Langes Zypergras, Shuttleworth's Rohrkolben, Sumpf-Dotterblume
MEIN TIPP: Zur Nutzung als Teepflanze sollten Sie die Kultur-Pfefferminze pflanzen.
WEITERE ART: Pfefferminze (*Mentha × piperita*): Kreuzung aus Wasserminze und Krauser Minze; im Handel sind viele Sorten mit unterschiedlichen Aromen

Nadel-Minze

Mentha cervina
(Synonym: *Preslia cervina*)

Höhe: 20–40 cm
Blütezeit: Juni – September
› Sumpfzone S. 81

WUCHS: durch kurze Ausläufer lockere Polster bildende Staude; wuchert kaum
WERT: westeuropäische Art mit rosavioletten Blütenbüscheln; aromatischer Pfefferminz-Duft; ihre ätherischen Öle beeinflussen die Wasserqualität positiv, Versteck für Tiere
STANDORT: Sumpf- bis Flachwasserzone; Boden mäßig nährstoffreich
VERWENDUNG: einzeln oder in Gruppen zwischen Röhricht, höheren Gräsern und Stauden
GUTE PARTNER: Blut-Weiderich, Shuttleworth's Rohrkolben, Sumpf-Schwertlilien, Steif-Segge
MEIN TIPP: In strengen Wintern sollte Sie die Pflanze mit Vlies oder Reisig abdecken.
WEITERE ARTEN: Polei-Minze (*Mentha pulegium*): kleinwüchsig, für Feucht- und Gartenzone; Korsische Minze (*Mentha requienii*): ganz flach wachsend, nur in sehr milden Lagen winterhart

Sonne · Halbschatten · Schatten · Blütenschmuck · Blattschmuck · Fruchtschmuck

Fieberklee

Menyanthes trifoliata

Höhe: 20–30 cm
Blütezeit: April – Mai
› Sumpfzone S. 78, Flachwasserzone

WUCHS: entwickelt lange, schwimmfähige Ausläufer, am Ende mit aufrechten, klee-blattartigen Blättern
WERT: heimische Art mit weißen Blütenständen; enthält giftige Bitterstoffe; wurde früher als fiebersenkende Arznei verwendet (Name!)
STANDORT: Sumpf- bis Flachwasserzone; Boden nährstoffarm bis mäßig nährstoffreich; weiches Wasser wird bevorzugt
VERWENDUNG: in Gruppen am Rand der freien Wasserfläche oder eingestreut in die Feuchtzone
GUTE PARTNER: in der Feuchtzone Kleingräser wie Draht-Segge *(Carex davalliana)* und Alpen-Haarsimse *(Trichophorum alpinum);* im Flachwasser Nadelkraut, Pfeil-Aronstab, Wasserfeder, Wasserschlauch
MEIN TIPP: Wenn Sie gelegentlich die langen Schwimmtriebe einkürzen, führt dies zu einem kompakteren, mehrtriebigen Wuchs.

Gelbe Gauklerblume

Mimulus luteus

Höhe: 40–60 cm
Blütezeit: Juni – September
› Feuchtzone S. 66

WUCHS: durch kurze Ausläufer gruppenbildende Staude; wuchert vor allem durch die reichliche Versamung
WERT: südamerikanische Art mit großen, leuchtend gelben Blütenglöckchen, die viele Insekten anlocken
STANDORT: frische bis feuchte Gartenzone, Feucht- bis Sumpfzone; mäßig nährstoffreich
VERWENDUNG: einzeln oder in Gruppen zu konkurrenzstarken Partnern; auch an größeren Bachläufen
GUTE PARTNER: Blaue Binse, Mädesüß, Sumpf-Vergissmeinnicht, Zwerg-Binse
MEIN TIPP: Unterschätzen Sie die starke Versamung nicht! Daher nur in naturnahen, verwilderten Gärten zu empfehlen!
WEITERE ARTEN: *Mimulus cardinalis:* lockere Polster, rote Blüten, nicht wuchernd, aber nur in milden Lagen winterhart; *Mimulus guttatus:* etwas niedriger als *Mimulus luteus*

Blaue Gauklerblume

Mimulus ringens

Höhe: 50–90 cm
Blütezeit: Juli – August
› Sumpfzone S. 81, Flachwasserzone S. 91

WUCHS: Staude mit kurzen Ausläufern und hohen, straff aufrechten Trieben; kaum wu-chernd oder versamend
WERT: nordamerikanische Art; kleine violettblaue Blütenglöckchen; viele Blütenbesucher, gute Ausstiegshilfe für kleine Tiere im Flachwasser und für Libellenlarven zum Schlüpfen
STANDORT: Sumpf- und Flachwasserzone; Boden nährstoffreich
VERWENDUNG: einzeln zwischen halb hohen Gräsern und Stauden oder in kleinen Gruppen; auch zwischen lockerem Röhricht
GUTE PARTNER: Blut-Weiderich, Shuttleworth's Rohrkolben, Sumpf-Dotterblume, Steif-Segge, Tannenwedel
MEIN TIPP: Zu groß werdende Gruppen können Sie durch Ausreißen einzelner Triebe leicht ausdünnen. Schneiden Sie die Staude im Herbst bodennah zurück.

immergrün | verbessert Wasserqualität | günstig für Tiere | giftig | ! geschützt

Chinaschilf

Miscanthus sinensis

Höhe: je nach Sorte 120–250 cm
Blüte-/Fruchtzeit: August – Dezember
› Gartenzone S. 58

WUCHS: hoch- und breitwüchsiges Horstgras; platzbedürftig, aber nicht wuchernd, an feuchten Stellen versamend
WERT: asiatisches Gras; übergeneigte Blätter mit weißem Mittelstreifen, große, fedrige Blüten- bzw. Fruchtrispen, silbrig-weiß bis rötlich; gutes Winterversteck für Tiere
STANDORT: Gartenzone; frisch bis feucht
VERWENDUNG: einzeln im Hintergrund oder neben Teichen; gut in formalen Gärten
GUTE PARTNER: Bergenien, Stauden-Sonnenblumen, Sumpf-Wolfsmilch, Taglilien, frühblühende Zwiebelpflanzen
MEIN TIPP: Fantastische Winterwirkung, deshalb erst im Frühjahr zurückschneiden. Nur wenn in der Feuchtzone viele Sämlinge erscheinen, schon im Dezember.
SORTEN: 'Aksel Olsen': bis 3 m, kaum blühend; 'Kleine Fontäne': bis 170 cm, silbrig; 'Kleine Silberspinne': bis 130 cm, silbrig; 'Malepartus': über 2 m, rötlich

Pfeifengras

Molinia caerulea

Höhe: Laub 30 cm, Blütenhalme bis 100 cm
Blüte-/Fruchtzeit: Aug. – Oktober
› Gartenzone S. 58, Feuchtzone

WUCHS: streng horstiges Gras, schmal trichterförmig aufstrebende, dünne Blütentriebe, Laubblätter nur an der Basis
WERT: heimische Pflanze; formschöner Wuchs, braungelbe Herbstfärbung
STANDORT: frische bis feuchte Gartenzone, Feuchtzone; Boden nährstoffarm
VERWENDUNG: eingestreut zwischen niedrige Stauden; sehr gut für Heidegärten, einzeln in Trögen; zwischen niedrigen Moorpflanzen zu sehr versamend!
GUTE PARTNER: *Carex oshimensis* 'Evergold', Zwerg-Frauenmantel *(Alchemilla erythropoda)*, Heidekraut- und Lauch-Arten
MEIN TIPP: Im Winter fallen Blätter und Halme um und sind dann leicht abzulesen.
SORTE UND WEITERE ART: 'Moorhexe': schlank, etwas niedriger, versamt weniger; Rohr-Pfeifengras *(Molinia arundinacea)*: bis 2 m, Solitärstaude für die feuchte, sonnige bis schattige Gartenzone

Vergissmeinnicht

Myosotis palustris

Höhe: 15–30 cm
Blütezeit: Mai – Juni/ Nachblüte im Sommer
› Feuchtzone S. 72, Sumpfzone S. 82, Flachwasserzone

WUCHS: lockere Polster bildende Staude; reichliche, aber kaum lästige Versamung
WERT: heimische Pflanze; zahlreiche, hell-blaue Blütchen; lockt Insekten an
STANDORT: feuchte Gartenzone, Feucht- bis Sumpfzone; nährstoffreich
VERWENDUNG: eingestreut oder in kleinen Gruppen zwischen Röhricht und Hochstauden; sehr gut an Bachläufen
GUTE PARTNER: Bach-Nelkenwurz, Blutweiderich, Pfennigkraut, Shuttleworth's Rohrkolben, Sumpf-Dotterblume
MEIN TIPP: Das Sumpf-Vergissmeinnicht ist eine wichtige Pflanze für die ersten Jahre am neuen Teich. Es wird später allerdings meist durch andere Pflanzen verdrängt.
WEITERE SORTE UND ART: 'Ice Pearl': weiße Blüten; Bodensee-Vergissmeinnicht *(Myosotis rehsteineri)*: nur 5 cm hohe Polster, für kiesige, durchströmte Ufer an sonnigen Bachläufen, leider meist nur kurzlebig

Sonne · Halbschatten · Schatten · Blütenschmuck · Blattschmuck · Fruchtschmuck

Quirl-Tausendblatt

Myriophyllum verticillatum

Höhe: Blüten 5 cm über dem Wasserspiegel
Blütezeit: Juni – September
› Seerosenzone S. 102

WUCHS: bildet dichte Bestände aus langen, verzweigten Trieben unter Wasser; an der Basis verwurzelnd
WERT: heimische Unterwasserpflanze; sehr fein zerteilte Blätter, zu je fünf im Quirl stehend; Sauerstoffspender; Lebensraum für Wassertiere
STANDORT: Seerosenzone, mindestens 40 cm Wassertiefe; mittelhartes, nährstoffreiches Wasser
VERWENDUNG: in Gruppen bei größeren Wasserflächen
GUTE PARTNER: große Seerosen; Gestreifte Teichsimse, Hornblatt, Krebsschere
MEIN TIPP: Beim Pflanzen mit der Triebbasis am Teichgrund im Substrat verankern!
WEITERE ARTEN: Ähriges Tausendblatt *(M. spicatum):* vier Blätter pro Quirl, erscheint in hartem Wasser meist von selbst; Wechselblütiges Tausendblatt *(M. alterniflorum):* für nährstoffarmes, weiches Wasser. Das südamerikanische *M. aquaticum* ist in der EU als invasive Art verboten.

Lotusblume

Nelumbo nucifera

Höhe: 5–80 cm über dem Wasserspiegel
Blütezeit: Juni – September
› Flachwasserzone, Seerosenzone

WUCHS: am Grund verwurzelte Staude mit Kriechsprossen (Rhizome) und schildförmigen Blättern
WERT: ostasiatische Staude mit großen, rundlichen Blüten; Wasserbeschattung; Versteck für Wassertiere
STANDORT: Flachwasser- bis Seerosenzone, 30 bis 50 cm Wasserstand; sehr nährstoffreich und warm
VERWENDUNG: am besten in beheizten Becken bzw. zu Themen mit tropischem Flair.
Bei sehr tiefem Wasserstand entwickeln sich Schwimmblätter.
GUTE PARTNER: Lanzenblättriges Hechtkraut *(Pontederia lanceolata),* Azur-Wasserhyazinthe, tropische Seerosen
MEIN TIPP: Bei entsprechender Abdeckung können viele Sorten im Freien überwintern. Im Frühjahr das Pflanzsubstrat düngen und für warmen Standort sorgen.
WEITERE ART: es gibt viele Sorten mit weißen bis rötlichen Blüten, teilweise auch gefüllt.
Die Amerikanische Lotusblume *(Nelumbo lutea)* hat gelbe Blüten und ist besser winterhart.

Gelbe Teichrose

Nuphar lutea

Höhe: Blüten 15 cm über dem Wasserspiegel
Blütezeit: Juni – August
› Seerosenzone S. 99

!

WUCHS: große Schwimmblätter entspringen armdicken Ausläufern, die im Teichgrund wuchern; sehr verdrängende, stark versamende und wuchernde Staude
WERT: heimische Schwimmblattpflanze; gekräuselte Unterwasserblätter, derbe, glänzende Schwimmblätter; wasserbeschattend; Lebensraum für viele Tiere
STANDORT: Seerosenzone, mindestens 100 cm Wassertiefe; mäßig nährstoffreich
VERWENDUNG: für normale Teiche viel zu groß und verdrängend; eine Pflanze braucht mindestens 10–15 m² Wasserfläche
GUTE PARTNER: Hornblatt, Teichsimse
WEITERE ARTEN: Amerikanische Teichrose *(Nuphar advena):* interessante Solitärpflanze, für kleine Teiche zu starkwüchsig; Japanische Teichrose *(Nuphar japonica):* Blätter stehen oft über dem Wasser; Kleine Teichrose *(Nuphar pumila):* kleinwüchsig, für nährstoffärmeres, weiches Wasser

immergrün | verbessert Wasserqualität | günstig für Tiere | giftig | ! geschützt

Seerose 'Froebeli'

Nymphaea 'Froebeli'

Höhe: Schwimmblattpflanze
Blütezeit: Juni – Oktober
› Flachwasserzone S. 91

WUCHS: Staude mit am Teichgrund kriechenden Rhizomen, die Schwimmblätter aussenden
WERT: sehr reich blühend; Blüten karminrot; wasserbeschattend; Lebensraum für viele Wassertiere
STANDORT: Flachwasserzone, für 30–50 cm Wassertiefe; mäßig nährstoffreiches Wasser
VERWENDUNG: Schwimmblattpflanze für kleinere Anlagen, Platzbedarf für das Laub mindestens 1 m2
GUTE PARTNER: schwächer wachsende Unterwasserpflanzen (Nadelkraut, Wasserschlauch); bei genügend Abstand Lanzenblättriges Hechtkraut *(Pontederia lanceolata)* und Igelschlauch
WEITERE SORTEN FÜR GLEICHEN WASSERSTAND: 'Maurice Laydeker': im Aufblühen rosa, dann rot; 'Perry's Baby Red': dunkelrote, kugelförmige Blüte, › S. 91

Seerose 'Gladstoniana'

Nymphaea 'Gladstoniana'

Höhe: Schwimmblattpflanze
Blütezeit: Juni – September
› Seerosenzone S. 98

WUCHS: durch starkwüchsige Rhizome große Schwimmblattbestände bildende Staude
WERT: sehr blühfreudig; reinweiße Blüten; Schattenspender; Unterschlupf für Wassertiere, auf den Blättern sonnen sich Frösche
STANDORT: Seerosenzone, für 80–140 cm Wassertiefe; mäßig nährstoffreiches Wasser
VERWENDUNG: Schwimmblattpflanze, nur für sehr große Teiche zu empfehlen; Platzbedarf für das Laub mindestens 5 m2
GUTE PARTNER: wüchsige Unterwasserpflanzen wie Hornblatt, Krebsschere, Laichkräuter wie *Potamogeton lucens*
MEIN TIPP: Bei zu flachem Wasserstand erheben sich die Blätter über die Wasserfläche und verdecken die Blüten.
ARTEN: Weiße Seerose *(Nymphaea alba):* heimische weiße Seerose, sehr platzbedürftig, für die Verwendung im Garten zu blühfaul; Kleine Seerose *(Nymphaea candida):* seltene, etwas kleinere heimische Art

Seerose 'James Brydon'

Nymphaea 'James Brydon'

Höhe: Schwimmblattpflanze
Blütezeit: Juni – September
› Seerosenzone S. 101

WUCHS: Staude mit am Teichgrund kriechenden Rhizomen, die Schwimmblätter aussenden; mittelstark wachsend
WERT: viele weinrote Blüten; schattenspenender Lebensraum für Tiere
STANDORT: Seerosenzone, für 40–80 cm Wassertiefe, mäßig nährstoffreiches Wasser
VERWENDUNG: für mittlere bis große Teiche geeignet; Platzbedarf für das Laub mindestens 2–3 m2
GUTE PARTNER: Unterwasserpflanzen wie Lanzenblättriges Hechtkraut *(Pontederia lanceolata)*, Nadelkraut oder Tannenwedel
WEITERE SORTEN FÜR GLEICHEN WASSERSTAND: 'Burgundy Princess': dunkelrot, ausgebreitete Blüte, reich blühend; 'Nigel': hellrosa, gefüllt, duftend; *Nymphaea odorata* 'Rose Arey': rosa, sternförmige Blüte, duftend, gute Schnittblume; *Nymphaea odorata* 'Rosennymphe': rosa, sternförmige Blüte, › S. 100

Sonne · Halbschatten · Schatten · Blütenschmuck · Blattschmuck · Fruchtschmuck

Seerose 'Joey Tomocik'

Nymphaea 'Joey Tomocik'

Höhe: Schwimmblattpflanze
Blütezeit: Juni – Oktober
› Seerosenzone S. 100

WUCHS: Staude mit am Teichgrund kriechenden Rhizomen, die Schwimmblätter aussenden
WERT: reich blühend; kräftig gelbe Blüten, die etwas über dem Wasser stehen; Schattenspender; Lebensraum für Tiere
STANDORT: Seerosenzone, 40–70 cm Wassertiefe; mäßig nährstoffreiches Wasser
VERWENDUNG: für mittelgroße bis große Anlagen; Platzbedarf für die Blätter mindestens 2–3 m^2
GUTE PARTNER: Wasserähre, Wasserschlauch, Zwerg-Pfeilkraut; bei genügend Abstand Lanzenblättriges Hechtkraut *(Pontederia lanceolata)*
WEITERE SORTEN FÜR GLEICHEN WASSERSTAND: 'Gonnère': weiß, dicht gefüllt; 'Marliacea Chromatella': gelb, schalenförmige Blüte, wärmebedürftig; 'Sioux': kupferrosa, sternförmige Blüte, rötlich marmorierte Blätter, › S. 100

Seerose 'Sunny Pink'

Nymphaea 'Sunny Pink'

Höhe: Schwimmblattpflanze
Blütezeit: Juni – September
› Seerosenzone S. 100

WUCHS: durch starkwüchsige Rhizome große Schwimmblattbestände bildende Staude
WERT: sehr blühfreudig, Blüte rosa bis kupferfarben, sehr groß, sternförmig, über dem Laub stehend; Schattenspender; Lebensraum für Tiere
STANDORT: Seerosenzone, 70–100 cm Wassertiefe; mäßig nährstoffreiches Wasser
VERWENDUNG: Schwimmblattpflanze für große Teiche
GUTE PARTNER: wüchsige Unterwasserpflanzen wie Hornblatt, Krebsschere und Laichkräuter
WEITERE SORTEN FÜR GLEICHEN WASSERSTAND: 'Darwin': rosa, dicht gefüllt, tassenförmige Blüte; 'Escarboucle': rot, sternförmige Blüte, lange geöffnet, blühfreudig, nicht wuchernd, › S. 100; 'Fritz Junge': rosa, riesengroß, sternförmig; 'Gold Medal': hellgelb, auch etwas schattentolerant, sehr reich blühend

Seerose 'Walter Pagels'

Nymphaea 'Walter Pagels'

Höhe: Schwimmblattpflanze
Blütezeit: Juni – Oktober
› Flachwasserzone S. 88

WUCHS: Staude mit am Teichgrund kriechenden Rhizomen, die Schwimmblätter aussenden
WERT: reich blühend, cremeweiße Blüten, glänzende Blätter; Schattenspender; Lebensraum für Tiere
STANDORT: Flachwasserzone, 20–50 cm Wassertiefe; mäßig nährstoffreiches Wasser
VERWENDUNG: Schwimmblattpflanze für kleinere Anlagen, Miniaturteiche und größere Bottiche; mindestens 1 m2 Platzbedarf für die Blätter
GUTE PARTNER: Igelschlauch; bei weichem Wasser Pillenfarn *(Pilularia globulifera)* oder Wasserfeder; bei genügend Abstand Sumpf-Schwertlilie und Pfeilaronstab
WEITERE SORTEN FÜR GLEICHEN WASSERSTAND: 'Berthold': zartrosa, kelchförmige Blüte, › S. 90; 'Sulphurea': hellgelb, sternförmige Blüte, wärmeliebend, › S. 89

immergrün · verbessert Wasserqualität · günstig für Tiere · giftig · ! geschützt

Zwerg-Seerose
Nymphaea tetragona

Höhe: Schwimmblattpflanze
Blütezeit: Juni – September
› Flachwasserzone S. 88

WUCHS: horstige Staude mit Schwimmblättern; versamt sich
WERT: kleinste Seerose; kleine weiße Blüten, etwas längliche Blätter
STANDORT: Flachwasserzone, für 10–30 cm Wassertiefe; mäßig nährstoffreiches, eher kühles Wasser
VERWENDUNG: für kleinste Anlagen, Mini-Teiche, Bottiche und Tröge; sehr gut auch benachbart zu Moorpflanzungen
GUTE PARTNER: Igelschlauch, Kleiner Rohrkolben, Wasserschlauch
MEIN TIPP: Bei Verwendung in Kübeln und Trögen besser im Halbschatten aufstellen und frostfrei überwintern.
WEITERE SORTEN MIT GLEICHEM WASSERSTAND: 'Helvola': zartgelbe, gefüllte Blüte, marmoriertes Laub, › S. 89; 'Pygmaea Rubra': rote, sternförmige Blüte; beide Sorten vor Mittagshitze schützen und frostfrei überwintern!

Seekanne
Nymphoides peltata

Höhe: Schwimmblattpflanze
Blütezeit: Juni – Juli
› Seerosenzone S. 99

WUCHS: Staude mit in Rosetten angeordneten Schwimmblättern an im Grunde verwurzelten, schwimmenden Ausläufern; bildet im Herbst Überwinterungsknospen, die zum Teichboden absinken und im Frühjahr neu austreiben
WERT: heimische, geschützte Pflanze; kleine seerosenartige Blätter, goldgelbe Blüten; guter Lebensraum für Tiere
STANDORT: Seerosenzone, für 40–100 cm Wassertiefe; nährstoffreiches Wasser
VERWENDUNG: nur für sehr große Teiche
GUTE PARTNER: Hornblatt, Lanzenblättriges Hechtkraut *(Pontederia lanceolata)*, Quirl-Tausendblatt, Teichsimse *(Schoenoplectus lacustris)*
MEIN TIPP: Auch eine Pflanzung in Körbe hindert die Seekanne nicht daran, die gesamte Wasserfläche zu überziehen. Daher nur in sehr großen Teichen einsetzen.

Wasser-Goldkeule
Orontium aquaticum

Höhe: 10–20 cm
Blütezeit: Mai – Juni
› Sumpfzone S. 79, Flachwasserzone S. 89

WUCHS: Blattrosetten bildende Staude; in Flachwasser- und Sumpfzone schräg auf-recht bis übergeneigtes Laub, in tiefem Wasser Schwimmblätter; wächst sehr langsam
WERT: amerikanische Art; gestielte, längliche, blaugrüne Blätter, goldgelbe, schlanke Blütenkeulen, schwarze, giftige Beeren; verbessert die Wasserqualität
STANDORT: Sumpf- und Flachwasserzone, bis 40 cm Wassertiefe; sehr nährstoffreiches Substrat bzw. Wasser
VERWENDUNG: in Gruppen; auch an kleineren Teichen verwendbar
GUTE PARTNER: Herzblättriges Hechtkraut, Nadelkraut, Pfeil-Aronstab, Sumpf-Vergissmeinnicht
MEIN TIPP: Die Pflanze braucht tiefgründig durchwurzelbares Substrat. Achten Sie bei Pflanzung in Kübel auf großes Volumen und lehmiges, aber nicht zu dichtes Substrat!

Sonne · Halbschatten · Schatten · Blütenschmuck · Blattschmuck · Fruchtschmuck

Königsfarn

Osmunda regalis

Höhe: 100–130 cm
Blütezeit: keine Blütenpflanze
› Feuchtzone S. 72

WUCHS: breithorstiger, stattlicher Farn mit aufrechten Blättern
WERT: seltene heimische Art; Austrieb in malerischen Spiralen; dekorative, grob gefiederte Blattwedel; an älteren Pflanzen bilden sich braune, sporentragende Blätter (Sporophylle); bietet Unterschlupf für Tiere
STANDORT: schattig in der feuchten Gartenzone, sonnenverträglich in der Feucht- bis Sumpfzone; leicht saures bis neutrales Substrat, tiefgründig, nährstoffreich
VERWENDUNG: als Solitärstaude, gut zu tropisch anmutenden Gestaltungsweisen, für größere Anlagen
GUTE PARTNER: Kardinals-Lobelie, Pfennigkraut, Scheinkalla, Sumpf-Kalla
WEITERE ART: Zimt-Königsfarn *(Osmunda cinnamomea)*: amerikanischer Farn für ähnliche Standorte, 80–120 cm, feiner gefiederte, schlankere Blattwedel

Ruten-Hirse

Panicum virgatum 'Hänse Herms'

Höhe: 60–80 cm
Blüte-/Fruchtzeit: August – November
› Gartenzone S. 59

WUCHS: Horstgras mit streng aufrechten Halmen; wuchert nicht
WERT: nordamerikanische Präriepflanze mit lockeren Blütenrispen und leuchtend roter Herbstfärbung
STANDORT: Gartenzone, Boden trocken bis frisch, mäßig nährstoffreich
VERWENDUNG: als Solitär oder in kleinen Grüppchen; gute Hintergrundpflanze; auch in architektonischen Anlagen passend
GUTE PARTNER: Bergenien, Dreimasterblume *(Tradescantia ohiensis)*, Gebüsch-Aster, Prachtscharte, Pracht-Storchschnabel, niedrige Taglilien-Sorten; frühblühende Zwiebel- und Knollenpflanzen
MEIN TIPP: Guter Winter-Zierwert, deshalb erst im Frühjahr zurückschneiden.
WEITERE SORTEN: 'Heavy Metal': 100 cm, Blätter intensiv blaugrün; 'Heiliger Hain': 100 cm, sehr straff aufrecht, bläulichgrünes Laub; 'Warrior': 150 cm, grünlaubig

Pfeil-Aronstab

Peltandra virginica

Höhe: 20–40 cm
Blütezeit: April – Juni
› Sumpfzone S. 83, Flachwasserzone S. 93

WUCHS: horstige Staude mit aufrechten bis übergeneigten grundständigen Blättern; wuchert nicht; wächst sehr langsam
WERT: amerikanische Art; dekorative Blätter
STANDORT: Sumpf- bis Flachwasserzone, bis 40 cm Wassertiefe; mäßig nährstoffreiches Substrat bzw. Wasser
VERWENDUNG: einzeln oder in kleinen Gruppen; sehr gut in kleineren Teichen
GUTE PARTNER: Herzförmiges Hechtkraut, Nadel-Minze, Sumpf-Vergissmeinnicht, Wasser-Goldkeule
MEIN TIPP: Ortsfeste Ersatzpflanze für das im Teich »umherwandernde« Pfeilkraut. Benötigt tiefgründig durchwurzelbares Substrat.
WEITERE ART: Stinkkohl *(Symplocarpus foetidus)*: seltene amerikanische Sumpfstaude, Rosetten aus herzförmigen Blättern; im Winter an alten Pflanzen von einem tiefroten Hochblatt umhüllte Blütenkolben

immergrün | verbessert Wasserqualität | günstig für Tiere | giftig | ! geschützt

Wasser-Knöterich

Persicaria amphibia

Höhe: Schwimmblattpflanze
Blütezeit: Juni – August
› Seerosenzone S. 100

WUCHS: Staude mit an der Basis verwurzelten Schwimmtrieben; stark wuchernd
WERT: heimische Art; längliche Schwimmblätter, zartrosa, bis 15 cm über dem Wasser stehende Blütenkerzen; verbessert Wasserqualität; Lebensraum für viele Wassertiere
STANDORT: Flachwasser- bis Seerosenzone, bis 100 cm Wassertiefe; mäßig nährstoffreiches Wasser
VERWENDUNG: Schwimmblattpflanze für sehr große, naturnahe Teiche: empfohlen für separate Regenerationsbecken von Schwimmteichen
GUTE PARTNER: wüchsige Unterwasserpflanzen wie Gestreifte Teichsimse, Hornblatt, Krauses Laichblatt, Quirl-Tausendblatt; im Flachwasser Langes Zyperngras und Schneidried
MEIN TIPP: Nur in sehr große Teiche einbringen. Regelmäßig Triebe abernten, um dem Wasser Nährstoffe zu entziehen.

Quirl-Haarstrang

Peucedanum verticillare

Höhe: Laub bis 1 m, Blütenstände über 2 m
Blütezeit: Juni – August
› Gartenzone S. 52

WUCHS: Horststaude; straff aufrechte, schlanke Blütenstände; kurzlebig, aber an offenen Stellen versamend
WERT: südosteuropäischer Doldenblütler; gelb-grüne Blütenschirme, große Basalblätter; Unterschlupf für Tiere
STANDORT: Gartenzone; Boden frisch oder mäßig trocken, nährstoffreich
VERWENDUNG: als Solitärstaude oder in lockere Tuffs; für architektonische Anlagen
GUTE PARTNER: halbhohe Gräser wie Plattährengras und Ruten-Hirse; Gebüsch-Aster, Taglilien
MEIN TIPP: Ungefährliche Ersatzpflanze für den berührungsgiftigen Riesen-Bärenklau *(Heracleum mantegazzianum)*. Kann auf frischen bis feuchten Böden durch Versamung lästig werden.
WEITERE ART: Große Engelwurz *(Angelica gigas)*: 2 m hoch, rundliche Dolden mit rötlichen Blüten, feuchte Gartenzone

Hirschzungenfarn

Phyllitis scolopendrium
(Synonym: *Asplenium scolopendrium*)

Höhe: 30–40 cm
Blütezeit: keine Blütenpflanze
› Gartenzone S. 59

!

WUCHS: horstförmiger Farn, trichterartig angeordnete Blätter; geringe Ausbreitung durch Sporen
WERT: heimische Pflanze; ledrige, schmale, immergrüne Blätter, am Rand gewellt
STANDORT: Gartenzone; frischer Boden, kalkliebend; die Sporen keimen gern in Steinfugen
VERWENDUNG: in kleinen Gruppen bzw. locker eingestreut zwischen niedrige Stauden; sehr wirkungsvoll in schattigen Steingärten, an Bachläufen und Wasserfällen
GUTE PARTNER: niedrige Frauenmantel-Arten, Pfennigkraut, schattenliebende Primeln *(Primula elatior, Primula japonica)*
MEIN TIPP: Durch Winterfröste geschädigte Blätter können Sie im Frühjahr entfernen.
WEITERE ART: Tüpfelfarn *(Polypodium vulgare)*: 20 cm, buchtig gefiederte Blätter, langsam kriechende Ausläufer, auch für trockenere Steinanlagen in Wassernähe

Sonne · Halbschatten · Schatten · Blütenschmuck · Blattschmuck · Fruchtschmuck

Gelbhalmiger Bambus

Phyllostachys vivax 'Aureocaulis'

Höhe: 4–7 m
Blütezeit: blüht bei uns nicht
› Gartenzone S. 58

WUCHS: Ausläufer treibender Bambus; aufrechte bis leicht übergeneigte Halme; bildet lockere Haine
WERT: asiatischer Bambus; gelbe, sehr dicke Halme, auch im Winter frischgrüne Blätter
STANDORT: Gartenzone, trocken bis frisch; mäßig nährstoffreich
VERWENDUNG: Hintergrundkulisse oder Solitär in abgegrenzten Beeten; ideal für asiatische Gestaltungsthemen
GUTE PARTNER: Bergenien, Frauenmantel, Pracht-Storchschnabel, Taglilien
MEIN TIPP: Die Spitzen der unterirdischen Ausläufer können Folien durchdringen, daher in Teichnähe den gewünschten Standraum mit einer Bambussperre eingrenzen!
WEITERE ART UND SORTE: *P. aureosulcata:* sehr wüchsig, grüne Halme und gelbe, eingewölbte Linie (Sulcus) über den Knoten der Halme; *P. aureosulcata* 'Spectabilis': gelbe Halme und grüner Sulcus, sehr effektvoll

Herzblättr. Hechtkraut

Pontederia cordata

Höhe: 30–50 cm
Blütezeit: Juli – September
› Flachwasserzone S. 91

WUCHS: kompakte Gruppen bildende Staude; aufrechte bis schräg gestellte Sprosse; nicht wuchernd, kaum versamend
WERT: amerikanische Sumpfpflanze; schmal herzförmige Blätter, violettblaue Blütenkerzen, lange Blühdauer; Versteck für Tiere
STANDORT: Flachwasserzone, für 10–40 cm Wassertiefe; nährstoffreiches Wasser
VERWENDUNG: in kleinen Teichen einzeln, sonst in kleinen Gruppen; gut zu mediterranen oder tropischen Gestaltungen
GUTE PARTNER: Gnadenkraut, Sumpf-Dotterblume, Sumpf-Schwertlilie
MEIN TIPP: Hechtkräuter treiben spät im Frühjahr durch. Sie sollten sie deshalb mit früh austreibenden Partnern kombinieren.
SORTE UND WEITERE ART: 'Alba': weiße Blütenkerzen; Lanzenblättriges Hechtkraut *(Pontederia lanceolata):* winterhart ab 50 cm Wassertiefe, ragt bis 90 cm über die Wasserfläche, › S. 101

Glänzend. Laichkraut

Potamogeton lucens

Höhe: Unterwassserpflanze
Blütezeit: Juni – August
› Seerosenzone S. 102

WUCHS: stark rhizombildende Staude; entwickelt kräftige Unterwasserrasen
WERT: interessante Belaubung mit durchscheinenden Blattadern; algenverdrängend; Sauerstoffspender; Versteck für viele Tiere
STANDORT: Seerosenzone, für 50 cm bis weit unter 100 cm Wassertiefe; eher nährstoffreiches Wasser
VERWENDUNG: Unterwasser-Bodendecker für mittlere bis große Teiche
GUTE PARTNER: Hornblatt, Krebsschere, Tannenwedel
MEIN TIPP: Bei der Pflanzung wurzellose Teilstücke mit der Triebbasis im Teichgrund verankern. Der deutsche Name Laichkraut bezieht sich vermutlich auf die Funktion der Pflanzen als Versteck für Fischeier (»Laich«).
WEITERE ART: Krauses Laichkraut *(Potamogeton crispus):* schmale Blätter mit gewellten Rändern und rötlich durchscheinenden Adern, › S. 102

immergrün | verbessert Wasserqualität | günstig für Tiere | giftig | ! geschützt

Laichkraut

Potamogeton perfoliatus

Höhe: Unterwasserpflanze
Blütezeit: Juni – August
› Seerosenzone S. 103

WUCHS: stark rhizombildende Staude, entwickelt kräftige Unterwasserrasen
WERT: interessante Belaubung mit durchscheinenden Blattadern; algenverdrängend, Sauerstoffspender; Versteck für viele Tiere
STANDORT: Seerosenzone, für 40–100 cm Wassertiefe; Wasser weniger nährstoffreich
VERWENDUNG: Unterwasser-Bodendecker für mittlere bis große Teiche
GUTE PARTNER: Ähriges Tausendblatt *(Myriophyllum spicatum)*, Tannenwedel
MEIN TIPP: Bei der Pflanzung wurzelloser Teilstücke sollten Sie das Durchwachsene Laichkraut mit der Triebbasis gut im Teichgrund verankern.
WEITERE ARTEN: Dichtes Laichkraut *(Groenlandia densa)*: dichtstehende Blätter, mäßig nährstoffarmes Wasser, selten; Buntes Laichkraut *(Potamogeton coloratus)*: dekorativ gemustert, sehr nährstoffarmes Wasser

Sumpf-Blutauge

Potentilla palustris

Höhe: 20–40 cm
Blütezeit: Mai – Juni
› Sumpfzone S. 80, Flachwasserzone S. 91

WUCHS: schwimmende Ausläufer bildende Staude; mäßig wuchernd, etwas versamend
WERT: heimische Art; gefingerte Blätter, kleine dunkelrote Blütchen; schwimmfähige Triebe; gutes Versteck für Wassertiere
STANDORT: Sumpf- und Flachwasserzone, für 10–20 cm Wassertiefe; auch Feuchtwiese; eher saure Substrate bzw. weiches Wasser; wenig nährstoffbedürftig
VERWENDUNG: in Gruppen zu Moorpflanzungen; nicht für sehr kleine Teiche
GUTE PARTNER: Draht-Segge *(Carex diandra)*, Fieberklee, Scheidiges Wollgras, Strauß-Felberich, Wasserfeder
MEIN TIPP: Verträgt gut regelmäßigen Rückschnitt der langen Schwimmtriebe.
WEITERE ART: Blutwurz *(Potentilla erecta)*: 20 cm, kompakt wüchsig, kriechende bis aufsteigende Sprosse, kleine, gelbe Blüten, Blütezeit Mai – August, Feuchtwiese, zwischen Moorpflanzen

Tibet-Primel

Primula florindae

Höhe: Laub 30 cm, Blütenstände bis 80 cm
Blütezeit: Ende Juni – Juli (August)
› Feuchtzone S. 66

WUCHS: kompakte Blattrosetten formende Staude, aufrechte schlanke Blütenstände; nicht wuchernd, etwas versamend; kurzlebig
WERT: ostasiatische Art; frischgrüne, rundliche, gestielte Blätter, vielblütige Dolden mit gelben Glöckchen
STANDORT: feuchte Gartenzone, Feucht- bis Sumpfzone; nährstoffbedürftig; bevorzugt leicht saures Substrat
VERWENDUNG: einzeln oder in kleinen Trupps eingestreut zwischen niedrigen Bodendeckern; sehr schön an Bachläufen; zu tropisch wirkenden Pflanzungen
GUTE PARTNER: Pfennigkraut, Sumpf-Dotterblume, Sumpf-Vergissmeinnicht
MEIN TIPP: Eine Versamung ist auf Dauer nur möglich, wenn die Vegetation den Boden nicht völlig bedeckt.
WEITERE ART: Sikkim-Primel *(Primula sikkimensis)*: sehr ähnlich, etwas hellere Blüten

Sonne · Halbschatten · Schatten · Blütenschmuck · Blattschmuck · Fruchtschmuck

Japan. Etagen-Primel

Primula japonica

Höhe: Laub 30 cm, Blütenstände bis 60 cm
Blütezeit: Anfang Juni – Juli
› Feuchtzone S. 70

WUCHS: Staude mit Blattrosetten, aufrechte Blütenstände; wuchert nicht, versamt etwas
WERT: frischgrüne, sitzende Blätter, mehrstöckig übereinanderstehende Dolden (Etagendolden) mit tiefroten Glöckchen
STANDORT: feuchte Garten- bis Sumpfzone; nährstoffbedürftig; bevorzugt leicht saures Substrat
VERWENDUNG: eingestreut oder in kleinen Gruppen; sehr schön an Bachläufen
GUTE PARTNER: niedrige Astilben-Arten, Funkien, Märzenbecher, Pfennigkraut, Schwalbenwurz-Enzian *(Gentiana asclepiadea)*, Sumpfkalla
WEITERE ARTEN: Chinesische Etagen-Primel *(Primula poissonii)*: bis 50 cm, tiefrot, auch für weniger nährstoffreiche Standorte geeignet; Bunte Etagen-Primel (*Primula × bullesiana*): Hybriden, bis 70 cm, Blüten in meist »warmen« Farben wie Gelb, Orange und Terrakottafarben

Rosen-Primel

Primula rosea

Höhe: Laub 10 cm, Blütenstände 20 cm
Blütezeit: April – Mai
› Feuchtzone S. 70

WUCHS: kompakte Blattrosetten formende Staude; wuchert nicht, versamt etwas
WERT: asiatische Art; rosarote Blüten in Dolden, frischgrüne, ungestielte Blätter
STANDORT: Feucht- bis Sumpfzone; Boden mäßig nährstoffreich
VERWENDUNG: locker verstreut zwischen steinigen Bereichen; ideal für Bachläufe
GUTE PARTNER: *Dactylorhiza*-Hybriden, niedrige Seggen wie Gelb-Segge, Sibirische Schwertlilie, Trollblumen
WEITERE ARTEN: Mehl-Primel *(Primula farinosa)*: 5 cm hohe Blattrosetten, unterseits mehlig weiß, rosa, 15 cm hohe Blütendolden, Kalk liebend, heimische Rarität für Moorpflanzungen; Bulgarische Mehl-Primel *(Primula frondosa)*: ähnlich *P. farinosa*, niedriger und langlebiger, kalkarme Substrate; Kugel-Primel *(Primula denticulata)*: 30 cm hohe, gestielte kugelförmige rosa Blütendolden, feuchte Gartenzone

Echte Schlüsselblume

Primula veris

Höhe: Laub 15 cm, Blütenstände 25 cm
Blütezeit: April – Mai
› Gartenzone S. 54

WUCHS: Staude mit kompakten Blattrosetten, aufrechte Blütenstände, wuchert nicht, versamend
WERT: heimische Art; gelbe Blüten in Dolden, frischgrüne Blätter; Insektenmagnet
STANDORT: Gartenzone; Boden trocken bis frisch, mäßig nährstoffreich, kalkliebend
VERWENDUNG: eingestreut neben kleinen, naturnahen Teichen; auch im Wurzelfilz lockerer Gehölzbestände
PARTNER: Gewöhnliche Akelei, Steppen-Schwertlilie, Wiesen-Gladiole; niedrige bzw. spät austreibende Gräser wie Frühlings-Segge *(Carex caryophyllea)* und Ruten-Hirse
WEITERE ARTEN: Hohe Schlüsselblume *(Primula elatior)*: breitere Blüten, etwas höher, für feuchte Teichränder, Feuchtzone, an Bachläufen und in Trögen, › S. 54; Stängellose Primel *(Primula vulgaris)*: gestielte, gelbe Einzelblüten in 10 cm hohen Blattrosetten, Verwendung wie Echte Schlüsselblume

immergrün · verbessert Wasserqualität · günstig für Tiere · giftig · ! geschützt

Wasser-Hahnenfuß agg*

Ranunculus aquatilis

Höhe: Schwimmblattpflanze
Blütezeit: Juni – August
› Seerosenzone S. 98

WUCHS: Staude mit an der Basis verwurzelten Schwimmtrieben; zunächst schnellwüchsig, verschwindet aber meist nach einigen Jahren wieder
WERT: heimische Art; fadenförmig zerteilte Unterwasserblätter, rundliche Schwimmblätter, weiße schalenförmige Blüten; Sauerstoffspender; Lebensraum für Tiere
STANDORT: Seerosenzone, bis 100 cm Wassertiefe; mäßig nährstoffreiches Wasser mittlerer Härte
VERWENDUNG: dekorative Unterwasser- und Schwimmblattpflanze; auch für kleinere Teiche geeignet
GUTE PARTNER: konkurrenzfrei halten, sonst kurzlebig
WEITERE ARTEN: Flutender Hahnenfuß *(Ranunculus fluitans):* ohne Schwimmblätter, für fließendes Wasser, › S. 98; Spreizender Hahnenfuß *(Ranunculus circinatus):* Unterwasserpflanze mit kleineren Blättern

* Der Zusatz „agg" (Aggregat) bedeutet, dass verschiedene, sehr ähnliche Arten gemeint sein können

Brennend. Hahnenfuß

Ranunculus flammula

Höhe: 20–40 cm
Blütezeit: Juni – August
› Sumpfzone S. 79

WUCHS: Staude mit niederliegenden bis aufsteigenden Trieben, die bei Kontakt mit Wasser Wurzeln und dadurch größere Bestände bilden; mäßig wuchernd
WERT: heimische Art; bildet Wolken aus kleinen gelben Blüten, Schattenspender; Insektenmagnet
STANDORT: Sumpf- bis Flachwasserzone, bis 20 cm Wassertiefe; mäßig nährstoffreiches bis nährstoffarmes, eher weiches Wasser
VERWENDUNG: in mittelgroßen bis großen Teichen als lockerer Bodendecker zwischen Hochstauden und Gräsern
GUTE PARTNER: Blut-Weiderich, Pfeil-Aronstab, Shuttleworth's Rohrkolben; hohe Horst-Seggen wie Steif-Segge und Morgenstern-Segge
WEITERE ART: Ufer-Hahnenfuß *(Ranunculus reptans):* Kleinausgabe des Brennenden Hahnenfußes, sehr seltene heimische Art für sonnige, nasse Kiesufer, kalkliebend

Zungen-Hahnenfuß

Ranunculus lingua

Höhe: 80–120 cm
Blütezeit: Juni – Juli
› Flachwasserzone S. 89

WUCHS: Staude; bildet unterirdische Ausläufer, aufrechte Stängel; stark wuchernd!
WERT: heimischer Röhrichtbildner; gold-gelbe Blüten; günstig zur Substratbelüftung; Insektenmagnet
STANDORT: Flachwasserzone; mäßig bis nährstoffreiches, eher weiches Wasser
VERWENDUNG: nur in sehr großen Teichen in die Röhrichtzone eingemischt
GUTE PARTNER: hohe Rohrkolben *(Typha laxmannii),* breite Horst-Seggen *(Carex paniculata),* im Unterwuchs Pfennigkraut und Sumpf-Vergissmeinnicht
MEIN TIPP: Sie können das Wuchern durch Einsperren in größere Pflanzgefäße verhindern, dann sollten Sie allerdings düngen. Körbe sind ungeeignet, da die Ausläufer durch die Maschen ausbrechen.
SORTE: 'Grandiflorus': Auslese mit größeren Blüten und etwas niedrigerem Wuchs (bis 90 cm), aber auch wuchernd

Zwerg-Pfeilkraut

Sagittaria graminea

Höhe: 10–30 cm über dem Wasser
Blütezeit: Juni – August
› Flachwasserzone S. 88, Seerosenzone S. 99

WUCHS: Staude; bildet unterirdische Ausläufer, Blätter unter und über Wasser; wuchert mäßig
WERT: amerikanische Unterwasserpflanze; dekorative Unterwasserblätter, im Flachwasser schmales, aufrechtes Laub, kleine weiße Blüten; Sauerstoffspender; Lebensraum für Wassertiere
STANDORT: Flachwasser- bis Seerosenzone; mäßig nährstoffreiches, eher weiches Wasser
VERWENDUNG: in mittleren bis großen Teichen als Unterwasserrasen bzw. zwischen lockerem Röhricht
GUTE PARTNER: Lanzenblättriges Hechtkraut *(Pontederia lanceolata),* Nadelkraut, Shuttleworth's Rohrkolben; größere Seerosen-Sorten
MEIN TIPP: Das Zwerg-Pfeilkraut, auch Grasblättriges Pfeilkraut genannt, hat sich in Regenerationsbecken von Schwimmteichen gut bewährt.

Echtes Pfeilkraut

Sagittaria sagittifolia

Höhe: 30–50 cm über dem Wasser
Blütezeit: Juni – August
› Flachwasserzone S. 88

WUCHS: Staude, unterirdische Ausläufer; bildet zum Überwintern eiförmige Knollen; mäßig wuchernd
WERT: heimische Art; attraktive, pfeilförmige Blätter, aufrechte Trauben mit weißen Blüten, Staubfäden violett; Lebensraum für Wassertiere
STANDORT: Flachwasserzone, von dort auch in tiefere Zonen vordringend; nährstoffreiches Wasser
VERWENDUNG: in mittleren bis großen Teichen zwischen lockerem Röhricht
GUTE PARTNER: Nadel-Minze, Shuttleworth's Rohrkolben, Wasserschlauch
MEIN TIPP: Die essbaren Überwinterungsknollen werden gelegentlich auch von einfallenden Enten aus dem Teichgrund gewühlt.
WEITERE ART: Breitblättriges Pfeilkraut *(Sagittaria latifolia):* amerikanische Art, Blüten mit gelben Staubfäden, wuchert stärker

Schwimmfarn

Salvinia natans

Höhe: 2 cm über der Wasserlinie
Blütezeit: keine Blütenpflanze
› Seerosenzone

WUCHS: Farnpflanze mit kleinen, flach auf dem Wasser schwimmenden Trieben
WERT: in Mitteleuropa sehr seltene Art; ovale Blättchen mit dichter wasserabweisender Behaarung; sehr wüchsig, aber leicht abzufischen
STANDORT: Seerosenzone; nährstoffreiches Wasser
VERWENDUNG: bildet schwimmende Teppiche zwischen Seerosen und im Röhricht; schön in Wasserbottichen und Trögen
GUTE PARTNER: Lanzenblättriges Hechtkraut *(Pontederia lanceolata),* Papageienfeder, Wasserhyazinthe, Wassersalat
MEIN TIPP: Der Schwimmfarn ist nur bedingt winterhart, am ehesten können einige Stücke zwischen Röhricht die kalte Zeit überstehen, sonst jährlich neu einsetzen.

immergrün · verbessert Wasserqualität · günstig für Tiere · giftig · ! geschützt

Rote Schlauchpflanze

Sarracenia purpurea

Höhe: Blätter 10 cm, Blüten 30 cm
Blütezeit: Mai – Juni
› Feuchtzone S. 70, Sumpfzone S. 80

WUCHS: horstige Staude; Blattrosetten, aufrechte Blütenstängel; nicht wuchernd
WERT: nordamerikanische, fleischfressende Pflanzenart; wintergrüne, kannenförmige Fangblätter, kugelige, dunkelrote Blüten
STANDORT: Feuchtzone; Boden nährstoffarm, sauer
VERWENDUNG: im sauren Moor, in Moortrögen
GUTE PARTNER: weitere fleischfressende Pflanzen, Moor-Orchidee (*Pogonia ophioglossoides*), Scheidiges Wollgras, Glocken-Heide und Cranberry
MEIN TIPP: Alte Blätter erst entfernen, wenn sie völlig abgestorben sind.
WEITERE ARTEN: Gelbe Schlauchpflanze *(Sarracenia flava):* bis 60 cm hohe, gelbliche Kannen; Kobralilie *(Darlingtonia californica):* 30 cm hoch, gruppenbildend, Blätter ähneln Schlangenköpfen – beide Arten benötigen Winterschutz

Gestreifte Teichsimse

Schoenoplectus lacustris 'Albescens'

Höhe: 120–140 cm
Blüte-/Fruchtzeit: Juli – Oktober
› Flachwasserzone S. 92, Seerosenzone S. 103

WUCHS: wucherndes Gras; aufrechte, stielrunde Halme, sehr dicht stehend und starken Ausläufern entspringend
WERT: cremeweiß gestreifte Sorte der heimischen Röhrichtpflanze; bräunliche Fruchtstände; entzieht dem Wasser Schadstoffe; an den Halmen klettern Libellenlarven empor
STANDORT: Flachwasser- und Seerosenzone, bis 80 cm Wassertiefe; mäßig nähr-stoffreiches Wasser
VERWENDUNG: dichtes Röhricht an großen Teichen, im Kübel als Solitär
GUTE PARTNER: wüchsige Unterwasserpflanzen (z. B. Hornblatt), Seerosen
MEIN TIPP: Zunächst auf 20–40 cm absenken, nicht sofort auf Endtiefe pflanzen.
WEITERE ART UND SORTE: Salz-Simse *(Schoenoplectus tabernaemontani):* 100–120 cm, wuchert nicht so stark; Zebra-Simse (*Schoenoplectus tabernaemontani* 'Zebrinus'): weiße Querstreifen am Halm, › S. 92

Große Kopfbinse

Schoenus nigricans

Höhe: 30–40 cm (im Alter höher)
Blüte-/Fruchtzeit: Mai – Dezember
› Feuchtzone S. 73

WUCHS: Horstgras; sehr dünne, übergeneigte Halme und Blätter; nicht wuchernd und kaum versamend
WERT: gleichmäßiger Wuchs, schwarzbraune Fruchtköpfchen an den Triebenden
STANDORT: Feucht- und Sumpfzone; kalkhaltiges, sehr nährstoffarmes Wasser
VERWENDUNG: sparsam eingestreut in Moorpflanzungen; sehr gut zwischen Steinen an Bachläufen; in Trögen
GUTE PARTNER: Breites Wollgras, Kleinseggen wie Davall-Segge *(Carex davalliana),* Mehl-Primel *(Primula frondosa),* Orchideen (*Dactylorhiza*-Hybriden, *Epipactis palustris*), Sumpf-Gladiole
MEIN TIPP: Rückschnitt schon im Winter, um nicht die sehr früh erscheinenden Neutriebe mit den Köpfchen zu beschädigen.
WEITERE ART: Kleine Kopfbinse *(Schoenus ferrugineus):* rotbraune, kleinere Köpfchen, ca. 30 cm hoch, ähnliche Verwendung

Sonne · Halbschatten · Schatten · Blütenschmuck · Blattschmuck · Fruchtschmuck

Krebsschere

Stratiotes aloides

Höhe: Schwimmrosetten, 10 cm über Wasser
Blütezeit: Juni – Juli
› Seerosenzone S. 98

!

WUCHS: Staude mit durch Ausläufer verbundenen Blattrosetten, die am Teichgrund wurzeln; untergetaucht, im Sommer schwimmend; starke Ausbreitung, aber Bestände sind leicht zu kontrollieren
WERT: bromelienartige Blattrosetten, untergetaucht rötlich durchscheinend, als Schwimmpflanze sattgrün; weiße Blüten; algenverdrängen; Lebensraum für Tiere
STANDORT: Seerosenzone, mindestens 80 cm tief; mäßig nährstoffreich
VERWENDUNG: in mittelgroßen bis großen Teichen; in tiefen architektonischen Becken
GUTE PARTNER: große Seerosen auf sehr weitem Abstand, Unterwasserpflanzen wie Hornblatt oder Wasserschlauch
MEIN TIPP: In klarem, hartem Wasser bleibt die Krebsschere ganzjährig untergetaucht, was ihrer Schönheit aber keinen Abbruch tut. Die Blattrosetten müssen frostfrei überwintern können, deshalb tiefes Wasser!

Dreimasterblume

Tradescantia Andersoniana-Gruppe

Höhe: 40–50 cm
Blütezeit: Juni – August
› Gartenzone S. 57

WUCHS: Horststaude; aufrechte bis schräg gerichtete Blütentriebe; wuchert nicht, etwas versamend
WERT: Hybriden aus amerikanischen Arten; kleine verschiedenfarbige Blüten; länglich-zugespitzte Blätter; lockt Insekten an
STANDORT: Gartenzone; frische, nährstoffreiche Böden
VERWENDUNG: in kleinen Gruppen in Teichnähe; passt auch in naturnahe Pflanzkombinationen
GUTE PARTNER: Frauenmantel, Hohe Schlüsselblume *(Primula elatior)*, Taglilien, Trollblumen
MEIN TIPP: Im Juli tritt oft eine Blühpause ein. Nach Rückschnitt treiben die Stauden schnell wieder durch und blühen erneut.
WEITERE SORTEN UND ART: 'I. C. Weguelin': hellblau; 'Innocence': weiß; 'Karminglut': purpurrot; *Tradescantia ohiensis:* hellblau, trockenheitstolerante Wildart

Wassernuss

Trapa natans

Höhe: Schwimmblattpflanze
Blütezeit: Juni – August
› Seerosenzone S. 98

!

WUCHS: verzweigte Sprossachsen, die in schwimmenden Blattrosetten enden; einjährige Pflanze mit stacheligen Nussfrüchten, die am Teichgrund überwintern und im Frühjahr auskeimen
WERT: seltene heimische Pflanze; weiße Blütchen, sternförmige Schwimmrosetten aus rhombischen Blättern; rote Herbstfarbe; Lebensraum für Wassertiere
STANDORT: Seerosenzone; gedeiht nur in sehr nährstoffreichem, sommerwarmem Wasser gut
VERWENDUNG: tiefe und große Teiche
GUTE PARTNER: Gestreifte Teichsimse, Lanzenblättriges Hechtkraut *(Pontederia lanceolata)*; Unterwasserpflanzen; Seerosen
MEIN TIPP: Ansiedlung durch frische Nussfrüchte im Herbst oder Blattrosetten an bewurzelten Triebstücken im Frühjahr – einfach ins Wasser werfen. Südländische Importen sind oft nicht ausdauernd!

immergrün · verbessert Wasserqualität · günstig für Tiere · giftig · ! geschützt

Europ. Trollblume

Trollius europaeus

Höhe: Laub 40 cm, Blüten 60 cm
Blütezeit: Mai – Juni
› Feuchtzone S. 66

!

WUCHS: Horststaude; aufrechte Blütentriebe; wuchert nicht, etwas versamend
WERT: heimische Art; gelbe, kugelförmige Blüten; gern von Insekten besucht
STANDORT: frische bis feuche Gartenzone, Feuchtzone; liebt wasserzügige Standorte, sehr gut an Bachläufen
VERWENDUNG: eingestreut zwischen nied-rige Begleiter oder in kleinen Gruppen zu ähnlich hohen und größeren Pflanzen
GUTE PARTNER: Dreimasterblume, Frauenmantel, Hohe Primel *(Primula elatior)*, Pfeifengras, Sumpf-Vergissmeinnicht
SORTEN UND WEITERE ART: 'Alabaster': cremeweiß bis hellgelb; 'Earliest of All': goldgelb, zeitig blühend; 'Orange Globe': hellorangefarben; 'Superbus': etwas robuster und hochwüchsiger als die Art; Chinesische Trollblume (*Trollius chinensis* 'Golden Queen'): 70–90 cm, goldgelbe, schalenförmige Blüte, Blütezeit Juni – Juli, › S. 66

Kleiner Rohrkolben

Typha minima

Höhe: 40–60 cm
Blüte-/Fruchtzeit: Mai – Juli
› Sumpfzone S. 83, Flachwasserzone

WUCHS: grasartige Staude mit straff aufrechten Austrieben, durch lange Ausläufer (Rhizome) niedrige Röhrichte bildend
WERT: heimische Art; hellbraune, eiförmige Kölbchen, die aber nur bis Juli halten; Wasser beschattend
STANDORT: Sumpf- bis Flachwasserzone, bis 20 cm Wassertiefe; Wasser nährstoffarm, aber kalkreich (Hartwasser)
VERWENDUNG: niedriges, aber dichtes Röhricht, am besten in abgeschlossenen Kolken langsam fließender Bachläufe
GUTE PARTNER: Nadel-Minze, Sumpf-Dotterblume, am Bachlauf Bodensee-Vergissmeinnicht *(Myosotis rehsteineri)*
WEITERE ARTEN: Zierlicher Rohrkolben *(Typha gracilis)*: 70–120 cm, sehr schlanke Blätter, hellbraune, kompakte Kolben, Juli – Dezember; Laxmann's Rohrkolben *(Typha laxmannii)* bis 150 cm, schmale Blätter, schlanke, hellbraune Kolben

Shuttlew. Rohrkolben

Typha shuttleworthii

Höhe: 80–120 cm
Blüte-/Fruchtzeit: Juli – Dezember
› Sumpfzone S. 82, Flachwasserzone S. 92

WUCHS: grasartige Staude mit straff aufrechten Austrieben, durch lange Ausläufer (Rhizome) lockere Röhrichte bildend
WERT: dekorative Kolben, zunächst schwärzlichbraun, später grau überzogen, im Winter in wollig behaarte Samenflocken zerfallend; wasserbeschattend; gute Ausstiegshilfe für schlüpfende Libellenlarven
STANDORT: Sumpf- bis Flachwasserzone, bis 40 cm Wassertiefe; mäßig nährstoffreich
VERWENDUNG: lockeres Röhricht in naturnahen und architektonischen Anlagen
GUTE PARTNER: in der Sumpfzone Sumpf-Dotterblume, Sumpf-Vergissmeinnicht; im Flachwasser Froschbiss
MEIN TIPP: Bei sehr kleinen Teichen in breite Kübel pflanzen. Im Frühjahr knapp über der Wasserlinie abmähen. Beste Art für den Garten, wird leider im Handel oft mit dem verdrängenderen Laxmanns Rohrkolben *(Typha laxmannii)* verwechselt.

Sonne · Halbschatten · Schatten · Blütenschmuck · Blattschmuck · Fruchtschmuck

Wasserschlauch
Utricularia australis

Höhe: Unterwasserpflanze
Blütezeit: Juni – Juli
› Seerosenzone S. 100

WUCHS: Staude mit langen, spärlich verzweigten, wurzellosen Triebsystemen, die im Wasser schwimmen; im Herbst entstehen an den Triebspitzen dicke Knospen, die zu Boden sinken und dort überwintern, um im Frühjahr wieder auszutreiben; wuchert nicht
WERT: heimische Pflanze; stark verzweigte, sehr feine Blätter mit Fangbläschen, die Wasserflöhe und andere Kleinsttiere erbeuten; goldgelbe Blütchen stehen bis 10 cm über dem Wasserspiegel
STANDORT: Flachwasser- bis Seerosenzone; eher weiches, nährstoffarmes Wasser; auch in langsam fließenden Bächen
VERWENDUNG: für alle Teichgrößen, auch in größeren Wasserbecken und Trögen
GUTE PARTNER: Nadelkraut, Seerosen,Wasserfeder, Wasserstern; lockere Röhrichtbildner wie Shuttleworth's Rohrkolben
WEITERE ART: *U. vulgaris,* sehr ähnlich, meist als Fehlbezeichnung von *U. australis*

Cranberry
Vaccinium macrocarpon

Höhe: 5–10 cm
Blütezeit: Juni
› Feuchtzone S. 70

WUCHS: Zwergstrauch; niederliegende, sehr dünne, lange Sprossachsen, die weit umherwandern
WERT: amerikanische Moorpflanze; kleine immergrüne Blättchen, rosa Blütenchen, von Sept.–März tiefrote, essbare Früchte
STANDORT: Feuchtzone; Boden sauer, nährstoffarm
VERWENDUNG: bodendeckend in Moorpflanzung mit saurem Substrat; gut zwischen Torfmoos *(Sphagnum)*
GUTE PARTNER: Heidekraut, Moor-Orchidee *(Pogonia ophioglossoides),* Schlauchpflanzen-Arten, Scheidiges Wollgras
MEIN TIPP: Die Früchte können über Winter an den Pflanzen verbleiben und im zeitigen Frühjahr geerntet werden.
WEITERE ARTEN: Moosbeere *(Vaccinium oxycoccos):* heimisches Pendant zur amerikanischen Cranberry, in allen Teilen kleiner, auch zwischen Torfmoos wachsend

Bachbunge
Veronica beccabunga

Höhe: 10–20 cm
Blütezeit: Mai – Juni
› Sumpfzone S. 81, Flachwasserzone

WUCHS: polsterbildende Staude mit niederliegenden bis aufsteigenden Trieben, an der Basis wurzelnd; nicht sehr langlebig; nicht wuchernd, geringe Versamung
WERT: heimische Art; immergrüne, kurz gestielte, glänzende Blätter, blaue Blüten
STANDORT: Sumpfzone; nährstoffreich; in fließendem Wasser am vitalsten
VERWENDUNG: einzelne Polster am Teichrand; am besten entlang von Bachläufen zwischen Steinen oder durchsickertem Kies
GUTE PARTNER: mittelhohe Gräser *(Carex elata, Carex grayi),* Sumpf-Dotterblume, Sumpf-Schwertlilien *(Iris laevigata, Iris pseudacorus)*
WEITERE ARTEN: Wasser-Ehrenpreis *(Veronica anagallis-aquatica):* ähnlich der Bachbunge, aber Blätter spitz zulaufend und sitzend; Sumpf-Helmkraut *(Scutellaria galericulata):* mit unterirdischen Ausläufern wuchernde Staude, blauviolette Blüte

immergrün · verbessert Wasserqualität · günstig für Tiere · giftig · ! geschützt

Tierporträts

Wer einen Gartenteich anlegt, wird auch bald Eigentümer eines 4-Sterne-Hotels sein. Denn es wird nicht lange dauern, und es stellen sich allerlei Tiere am und im Wasser ein. Wer möchte da nicht wissen, wem er da Herberge gewährt. In diesem Kapitel erfahren Sie alles Wichtige über die am häufigsten vorkommenden und leicht zu beobachtenden Tiere in und an Ihrem Gartenteich. Die wichtigsten Teichfische wurden bereits auf Seite 20 in einem eigenen Kapitel behandelt.

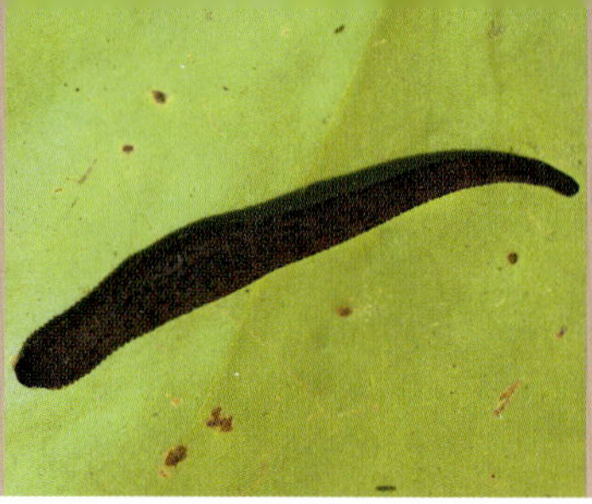

Hüpferling
Cyclops sp.

Größe: 0,5–5 mm lang
Beobachtungszeit: ganzjährig
› Flachwasserzone, Seerosenzone

VORKOMMEN: bevorzugt in Uferzonen und am Grund pflanzenreicher Teiche; in stehendem bis schwach fließendem Gewässer; wird mit dem Wind verfrachtet
AUSSEHEN: Körper deutlich gegliedert, graugelb bis durchsichtig; am Ende mit einer lang beborsteten Schwanzgabel, die als Schwebevorrichtung dient; Kopf mit zwei langen Antennen und einem großen Auge
LEBENSWEISE: ernährt sich von Pflanzenteilen, Tieren und Aas; räuberisch lebende Arten überwältigen Tiere, die größer als sie selbst sind; das Weibchen heftet die abgelegten Eier in zwei Säckchen am Körper fest; durch kräftiges Schlagen mit den Antennenpaaren ergibt sich eine »hüpfende« Fortbewegung
BESONDERES: Die Männchen kleben ein Samenpaket am Weibchen fest, das lebenslänglich an ihm haften bleibt und für Nachkommen sorgt.

Wasserfloh
Daphnia pulex

Größe: 0,8–1,5 mm lang
Beobachtungszeit: Frühjahr – Spätsommer
› Flachwasserzone, Seerosenzone

VORKOMMEN: in neu angelegten Teichen oft schon nach wenigen Tagen als kleine »tanzende Bläschen« zu beobachten; nach einiger Zeit nimmt der anfängliche Massenbestand durch natürliche Fressfeinde ab; wird mit dem Wind verfrachtet
AUSSEHEN: Männchen kleiner als Weibchen; Körper seitlich abgeplattet und von einer Schale eingeschlossen; gelblich bis rot mit großem, schwarzem Facettenauge am Kopf; ein Paar Fühler trägt Sinnesorgane, ein weiteres ist zu zweispaltigen Ruderbeinen mit Schwimmborsten ausgebildet, womit ein stoßweises »Hüpfen« möglich ist
LEBENSWEISE: lebt von Algen, die mit den Borsten an den Beinen zum Mund geführt werden; vermehrt sich über befruchtete und unbefruchtete (Jungfernzeugung) Eier; überwintert in Form dickschaliger Dauereier
BESONDERES: Wasserflöhe sind wichtige Vertilger von Schwebealgen.

Pferdeegel
Haemopis sanguisuga

Größe: 10–15 cm lang/ 1–1,5 cm breit
Beobachtungszeit: Sommer
› Flachwasserzone, Seerosenzone

VORKOMMEN: in flachen, warmen, nährstoff- und pflanzenreichen Gewässern; im Gartenteich durch Pflanzen eingebracht
AUSSEHEN: braun bis schwarzbraun mit dunkleren Flecken; 5 Augenpaare, je ein Saugnapf am Vorder- und Hinterende
LEBENSWEISE: sitzt in Ruhe unter Steinen oder Pflanzenteilen; geschickter Jäger auf weichhäutige Wassertiere am Gewässergrund, die Beute wird im Ganzen verschlungen; bewegt sich im offenen Wasser sehr schnell schlängelnd fort, am Boden spannerraupenartig mit Hilfe der beiden Saugnäpfe; Zwitter, Begattung gegenseitig, aber auch einseitig; Eiablage in der Feuchtzone, die Jungegel wandern in den Teich zurück; überwintert im Schlamm
BESONDERES: Der Pferdeegel kann sich in mit Fischen besetzten Teichen nicht vermehren, weil sie ihm die Nahrung nehmen. Saugt kein Blut!

Große Teichmuschel

Anodonta cygnea

Größe: Gehäuse bis 20 cm lang
Beobachtungszeit: ganzjährig
› Flachwasserzone, Tiefwasserzone

VORKOMMEN: im Schlammgrund stehender oder langsam fließender, sauberer Gewässer; für den Gartenteich im Zoohandel kaufen
AUSSEHEN: länglich-eiförmige, zweiklappige Schale; gelblich bis dunkelbraun mit konzentrisch angeordneten Rillen; sie ist zwittrig
LEBENSWEISE: filtert ihre Nahrung (verrottendes Material, Kleinstlebewesen) aus dem hochgewirbelten Bodensatz; kriecht mit ihrem muskulösen Fuß über den Bodengrund; Zwitter; Fortpflanzungszeit Herbst; Eier und Samenzellen gelangen mit dem Atemwasser zu den Kiemen; hier entwickeln sich in besonderen Bruträumen die Larven, die sich den Winter über hier aufhalten, bis sie im Frühjahr von der Mutter ins freie Wasser ausgestoßen werden; sie benötigen zur Weiterentwicklung Fische wie Barsch und Stichling. Nicht den Bitterling, der sie wiederum zur Entwicklung braucht
BESONDERES: Wichtiger Filtrierer. Eine einzige Teichmuschel kann pro Tag 40 Liter Wasser filtern.

Spitzhornschnecke

Lymnaea stagnalis

Größe: Gehäuse bis 6 cm hoch/ 3 cm breit
Beobachtungszeit: ganzjährig
› Flachwasserzone, Tiefwasserzone

VORKOMMEN: pflanzenreiche, ruhige Gewässer; Wasserhärte 6,5–9; die Eier kommen mit Pflanzen in den Gartenteich
AUSSEHEN: hornfarbenes Gehäuse mit 7,5 Windungen und langer Spitze; Körper grau bis braun; Kopf mit zwei großen, dreieckigen Fühlern, an deren Basis die Augen sitzen
LEBENSWEISE: lebt von Algen, verrottenden Pflanzenteilen und Aas; Wasserlungenschnecke; kann auf einer Schleimspur unter der Wasseroberfläche kriechen; Zwitter, befruchten sich nicht wechselseitig; Eiablage in Laichschnüren unter Seerosenblätter; nach 14 Tagen schlüpfen die Jungen; überwintert im Schlamm; Lebenserwartung 3–4 Jahre
BESONDERES: Die Schnecke vermindert den Algenbewuchs. Bei starker Vermehrung kann sie Fraßschäden an zarten Teilen von Wasserpflanzen verursachen. Verträgt Trockenfallen und Durchfrieren des Teiches.

Posthornschnecke

Planorbarius corneus

Größe: Gehäuse bis 14 mm hoch/ 32 mm breit
Beobachtungszeit: ganzjährig
› Flachwasserzone, Tiefwasserzone

VORKOMMEN: bevorzugt am Grund stehender bis langsam fließender Gewässer mit reicher Unterwasservegetation; kommt mit Pflanzen in den Gartenteich
AUSSEHEN: Gehäuse dunkelbraun bis rötlichschwarz, scheibenförmig, mit 4,5–5 Windungen, stabil und recht dickwandig; Körper dunkelgrau bis schwarz
LEBENSWEISE: lebt von Algen, abgestorbenen Pflanzen und Aas; Wasserlungenschnecke; Zwitter, Begattung jedoch oft wechselseitig; Eiablage (maximal 30) in flachen, geleeartigen Klumpen unter Wasser an Pflanzen oder Steinen; aus den Eiern schlüpfen fertig entwickelte Jungschnecken; überwintert im Schlamm am Teichgrund; Lebenserwartung 3 Jahre
BESONDERES: Die Posthornschnecke weidet gerne Algen ab. Sie geht im Winter von der Luft- auf die Wasseratmung über.

Amphibien Reptilien Vögel ! geschützt

Flache Tellerschnecke

Planorbis planorbis

Größe: Gehäuse 4 mm hoch/ bis 20 mm breit
Beobachtungszeit: ganzjährig
› Flachwasserzone, Seerosenzone

VORKOMMEN: im schlammigen Grund stehender oder langsam fließender, pflanzenreicher Gewässer, vom Uferbereich bis 1 m Tiefe; Schneckeneier kommen mit Pflanzen in den Gartenteich
AUSSEHEN: Gehäuse scheibenförmig, mit 5,5–6 langsam dicker werdenden Windungen; unterschiedliche Braunschattierungen; Eingang schief eiförmig; Körper dunkelgrau bis schwarz
LEBENSWEISE: weidet Algen ab und frisst Pflanzenreste und Aas; Wasserlungenschnecke; Zwitter; die Eier werden in kleinen, flachen Eikapseln an Pflanzen und Steinen im Wasser abgelegt; nach 10–14 Tagen schlüpfen die Jungschnecken; überwintert im Bodenschlamm; Lebensdauer ca. 4 Jahre
BESONDERES: Die Tellerschnecke kann zusätzlich Luft über die Haut aufnehmen, was vor allem im Winter bei zugefrorenem Teich von Bedeutung ist.

Bernsteinschnecke

Succinea putris

Größe: Gehäuse ca. 22 mm hoch/ 12 mm breit
Beobachtungszeit: Frühjahr bis Herbst
› Feuchtzone, Sumpfzone

VORKOMMEN: in Gewässernähe im feuchten Staudensaum, häufig auf Schilf; Eier kommen mit Pflanzen an den Gartenteich
AUSSEHEN: Gehäuse spitz eiförmig, bernsteinfarben, mit 3–4 Windungen; Körper hellbraun und sehr groß
LEBENSWEISE: lebt von der Ufervegetation; Landlungenschnecke; Zwitter; Eiablage im Moos oder ins Wasser, 15 mm große Laichballen mit 120–170 Eiern; die Jungtiere schlüpfen nach ca. 14 Tagen; überwintert im feuchten Boden
BESONDERES: Die Schnecke nimmt häufig mit Vogelkot die Eier eines Saugwurmes (Parasit) auf. Die sich daraus entwickelnden Larven wandern in den Fühler der Schnecke, dehnen diesen um das Mehrfache aus und sind als pulsierende Bewegung zu beobachten. Der Fühler wird von Vögeln als Raupe betrachtet und gefressen. Der Zyklus schließt sich wieder mit den Eiern im Vogelkot.

Sumpfdeckelschnecke

Viviparus viviparus

Größe: Gehäuse 4,5 cm hoch/ 3,5 cm breit
Beobachtungszeit: ganzjährig
› Flachwasserzone, Seerosenzone

VORKOMMEN: hält sich überwiegend am Teichboden auf, kommt bei lang anhaltender Sonneneinstrahlung aber auch an die Wasseroberfläche; bevorzugt sauerstoffreiches, saures Wasser mit reicher Unterwasserflora; Eier kommen mit Pflanzen in den Teich
AUSSEHEN: Gehäuse kegelförmig, grünlichbraun bis schwarz, ca. 6 Windungen mit jeweils drei rotbraunen Bändern; größte heimische Süßwasserschnecke
LEBENSWEISE: ernährt sich von organischen Sinkstoffen (Detritus) und Algen; atmet mit Kiemen; getrenntgeschlechtlich; der rechte Fühler des Männchens dient als Geschlechtsorgan; legt keine Eier, sondern bringt jeweils einzeln 15–30 ca. 10 mm große Jungschnecken zur Welt
BESONDERES: Am Fuß sitzt ein Deckel, der das Gehäuse schließt, wenn die Schnecke sich ins Gehäuse zurückzieht. Wegen ihrer Größe auch am Gewässergrund auszumachen.

Köcherfliegenlarve
Anabolia sp. *und andere Arten*

Größe: 2–5 cm lang
Beobachtungszeit: Spätsommer bis Frühjahr
› Sumpfzone, Flachwasserzone

VORKOMMEN: im seichten Wasser der Sumpfzone nährstoffarmer, sauberer Teiche
AUSSEHEN: je nach Art raupenähnlich oder lang gestreckt und leicht abgeplattet; meist in einem Köcher verborgen, der vor Fraßfeinden schützen soll, nur Kopf und Vorderbeine schauen beim Kriechen oder Fressen heraus
LEBENSWEISE: die Weibchen kleben ihre Eier in Paketen über der Wasseroberfläche an Pflanzenteile oder legen sie ins feuchte Ufer oder direkt ins Wasser ab; die Larve lebt von Kleinstlebewesen und winzigen Algen; im Laufe ihrer Entwicklungszeit baut sie sich einen Köcher aus Pflanzenteilen und Steinchen, die mit Hilfe der Spinndrüse zusammengeklebt werden; zur Verpuppung wird der Köcher an beiden Enden geschlossen
BESONDERES: Die Verkleidung des Köchers ist abhängig von der Köcherfliegenart, dem Alter der Larve, ihrem Lebensraum und der Jahreszeit.

Zuckmückenlarve
Chironomus sp.

Größe: 1–10 mm lang
Beobachtungszeit: Sommer
› Sumpfzone, Flachwasserzone, Seerosenzone

VORKOMMEN: in den oberen Schlammschichten des Gewässergrundes
AUSSEHEN: wurmförmig, rot gefärbt
LEBENSWEISE: die Weibchen (› Seite 77) legen ihre Eier in Bändern in Ufernähe an Pflanzen nahe der Wasseroberfläche ab; ca. 10 Tage später schlüpfen die Larven und sinken auf den Gewässergrund; hier bewegen sie sich langsam schlängelnd bis spannerraupenähnlich fort; mit Hilfe ihrer Spinndrüsen bauen sie sich im Schlamm U-förmig gebogene Wohnröhren; sie ernähren sich von zersetzter organischer Substanz, Algen, frischen Pflanzenteilen oder Plankton; die Puppe lebt frei im Wasser und lässt sich bei Störung purzelnd in die Tiefe fallen
BESONDERES: Zuckmückenlarven sind wichtige Nahrungstiere für Fische (»Tubifex«). In manchen Gewässern machen sie bis zu 70 % der Tiefenfauna aus. Das erwachsene Tier sticht nicht!

Eintagsfliege
Cloeon sp.

Größe: 3–38 mm/ Flügelspannweite bis 8 cm
Beobachtungszeit: Mai
› Feuchtzone, Sumpfzone, Flachwasserzone

VORKOMMEN: erwachsene Tiere im Uferbereich; Larven am Gewässergrund in stehenden, pflanzenreichen Gewässern
AUSSEHEN: Fluginsekten mit 2–3 langen Fäden am Hinterleib; Vorderflügel deutlich größer als Hinterflügel; Flügel in Ruhestellung über dem Rücken hochgeklappt; Weibchen mit deutlich über dem Rücken gebogenem, Männchen mit waagerecht nach hinten gestrecktem Hinterleib; Larven lang gestreckt mit 2–3 langen Schwanzborsten
LEBENSWEISE: sehr kurzlebig (1–4 Tage); erwachsene Tiere fressen nicht, die Larven ernähren sich von Algen und Ablagerungen am Gewässergrund; das Weibchen legt seine Eier ins Wasser ab; die Larven häuten sich mehrmals; Lebensalter je nach Art 1–4 Jahre
BESONDERES: Zur Paarungszeit kann man an warmen Abenden große Schwärme von Eintagsfliegen-Männchen über dem Wasser auf und ab steigen sehen.

Amphibien Reptilien Vögel ! geschützt

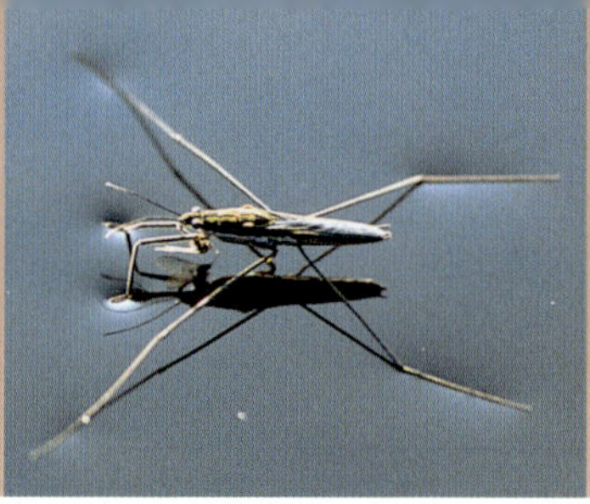

Stechmückenlarve

Culex pipiens

Größe: ca. 10 mm lang
Beobachtungszeit: Frühjahr bis Herbst
› Sumpfzone, Flachwasserzone, Seerosenzone

VORKOMMEN: dicht unter der Wasseroberfläche stehender Gewässer
AUSSEHEN: bräunlich, mit Atemröhre am Hinterleib; diese ist mit Luft gefüllt, so dass die Larve mit dem Kopf nach unten an der Wasseroberfläche hängt
LEBENSWEISE: das Weibchen legt zu Schiffchen verklebte Eipakete aus 200–300 Eiern an der Wasseroberfläche ab (› Seite 77), nach 1–3 Tagen schlüpfen die Larven; sie ernähren sich von Schwebealgen; nach fünfmaliger Häutung verpuppen sie sich; die Puppen hängen ebenfalls unter der Wasseroberfläche, jedoch mit dem Kopfteil nach oben; Stechmücken leben ca. 4–6 Wochen; nur die Weibchen stechen und saugen Blut
BESONDERES: In Fischteichen und Teichen mit Wasserinsekten wie Wasserläufer und Rückenschwimmer entwickeln sich keine lästigen Stechmücken, da die Larven und Puppen sehr schnell gefressen werden.

Seerosenzünsler

Elophila nymphaeata

Größe: Flügelspannweite 22–30 mm
Beobachtungszeit: Juni – August
› Feuchtzone, Sumpfzone, Seerosenzone

VORKOMMEN: in der Ufervegetation kleiner Teiche mit schwimmenden Wasserpflanzen
AUSSEHEN: Falter unscheinbar, weiß mit brauner Musterung; Raupe 22 mm lang, gelblich bis hellgrün, schwach behaart
LEBENSWEISE: Wasserschmetterling; der Falter hängt in Ruhestellung mit dem Kopf nach unten an Uferpflanzen und ernährt sich von Blütennektar; Eiablage im Frühjahr an die Unterseite der Blätter unterschiedlicher Schwimmblattpflanzen; die schlüpfende Raupe trennt sich Blattstückchen ab und baut sich daraus einen schützenden Köcher, in dem sie sich verpuppt und auch überwintert; es können bis zu drei Generationen pro Jahr vorkommen
BESONDERES: Die Raupen können bei größerem Vorkommen die Seerosen stark schädigen. Hier hilft nur ein Absammeln der Raupen bzw. der Köcher und das Entfernen der geschädigten Blätter.

Wasserläufer

Gerris sp.

Größe: 1–2 cm
Beobachtungszeit: Frühjahr bis Herbst
› Flachwasserzone, Seerosenzone

VORKOMMEN: auf der Wasseroberfläche stehender Gewässer
AUSSEHEN: dunkler, lang gestreckter, schlanker Körper, der mit feinen Härchen bedeckt ist, die ein Versinken im Wasser verhindern; Männchen kleiner als Weibchen; Kopf mit 2 langen Fühlern; 3 Beinpaare, davon zwei sehr lang; nicht alle Tiere haben Flügel, was mit dem Lichteinfall zur Zeit der Larvenentwicklung zu tun hat
LEBENSWEISE: ernährt sich von ins Wasser gefallenen Insekten; laufen meist zu mehreren an sonnigen Tagen ruckweise über die Wasseroberfläche; Paarung im Frühling bis Frühsommer; Eiablage an Pflanzen nahe der Wasseroberfläche; Larven häuten sich bis zum erwachsenen Tier vier- bis fünfmal; erwachsenes Tier überwintert an Land
BESONDERES: Wasserläufer sind gute Vertilger von Stechmückenlarven und Stechmücken bei der Eiablage.

Wasserskorpion

Nepa cinerea

Größe: 17–25 mm lang
Beobachtungszeit: Sommer
› Sumpfzone, Flachwasserzone

VORKOMMEN: im Flachwasser oder in der Sumpfzone stehender oder langsam fließender Gewässer
AUSSEHEN: Körper oval, kräftig und flach, dunkel graubraun; Flügel voll entwickelt, aber nur bedingt flugfähig; ca. 1 cm langes Atemrohr am Körperende; 1. Beinpaar zu kräftigen Fangarmen ausgebildet, 2. und 3. Beinpaar dünn, schwimmt daher kaum
LEBENSWEISE: lebt räuberisch von kleinen Wassertieren, denen er, im Schlamm sitzend, auflauert, wobei das Atemrohr immer an der Wasseroberfläche bleibt; die Beute wird blitzschnell mit den Fangarmen gepackt, mit dem Rüssel angestochen und ausgesaugt; Paarung im Frühjahr; Eiablage in weiche oder verrottende Pflanzenteile; die von Mai–Juli schlüpfenden Larven häuten sich fünfmal; überwintert als erwachsenes Tier im Schlamm
BESONDERES: Vorsicht, die Tiere können empfindlich stechen!

Rückenschwimmer

Notonecta sp.

Größe: 13–18 mm lang
Beobachtungszeit: Frühjahr bis Herbst
› Flachwasserzone, Seerosenzone

VORKOMMEN: unter der Wasseroberfläche sauerstoffreicher, pflanzenreicher Teiche
AUSSEHEN:länglich, Rücken gewölbt, hellbraun, Bauchseite dunkel, zwei, mit Haaren besetzte Furchen dienen als Luftspeicher und verlagern den Schwerpunkt auf den Rücken; Hinterbeine zu langen Ruderfüßen ausgebildet mit langen Schwimmhaaren; große Augen, die für das Sehen über und unter Wasser eingerichtet sind; langer Saugrüssel
LEBENSWEISE: lebt räuberisch von ins Wasser gefallenen Insekten, Kaulquappen und kleinen Fischen; gewandter Schwimmer; Eiablage im Frühjahr an die Stängel von Unterwasserpflanzen; Larven häuten sich fünfmal; Überwinterung als erwachsenes Tier oder Ei
BESONDERES: Schwimmt mit weit ausgestreckten Beinen schnell auf dem Rücken durchs Wasser (› Seite 97). Vorsicht, das Tier kann schmerzhaft stechen!

Seerosenblattlaus

Rhopalosiphum nymphaea

Größe: ca. 3 mm lang
Beobachtungszeit: Sommer
› Seerosenzone

VORKOMMEN: auf Seerosenblättern
AUSSEHEN: schwarz, weichhäutig; Männchen mit 2 Paar Flügeln, Weibchen meist ungeflügelt
LEBENSWEISE: ernährt sich vom Pflanzensaft von Seerosen; neben geschlechtlicher Vermehrung kann auch Jungfernzeugung vorkommen; Massenvermehrung bei feuchtwarmem Wetter; die geflügelten Tiere fliegen auf ihren Winterwirt (Pflaume, Kirsche, Schlehe) und legen dort Wintereier ab
BESONDERES: Seerosen-Schädling, bei Übervermehrung kommt es zu Kümmerwuchs, die Blätter werden vorzeitig gelb und sterben ab. Befallene Blätter schnell entfernen. Auf natürliche Fressfeinde achten (Florfliegen, Schwebfliegen, Marienkäfer). Seerosen werden umso stärker befallen, je schlechter ihre Ausgangsposition ist (z. B. schlechte Besonnung, schlechte Wasserqualität oder schlechter Ernährungszustand).

Schlammfliege

Sialis sp.

Größe: ca. 2 cm lang/ Flügelspannweite 4 cm
Beobachtungszeit: Mai – Juli
› Feuchtzone, Sumpfzone

VORKOMMEN: auf Schilf und im Ufergebüsch stehender Gewässer
AUSSEHEN: Körper schwarz, Flügel dunkelbraun; 4 grobmaschig geaderte Flügel, die in Ruhestellung dachförmig über dem Rücken gefaltet sind; lange Fühler; Männchen kleiner als Weibchen
LEBENSWEISE: erwachsene Tiere sehr kurzlebig; fliegen relativ unbeholfen und nur kurze Strecken, kriechen meist langsam in Uferpflanzen umher; Paarung am Boden; Eiablage in langen, dunklen Reihen auf Uferpflanzen (› Seite 63), am liebsten Schilf und Schwertlilien; die geschlüpften Larven lassen sich ins Wasser fallen; sie leben räuberisch auf dem Gewässergrund; bis zum Vollinsekt überwintern sie zweimal
BESONDERES: Zur Verpuppung im Frühjahr kriecht die Larve an Land und gräbt sich, oftmals in weiter Entfernung vom Gewässer, in den Boden ein.

Furchenschwimmer

Acilius sulcatus

Größe: 15–18 mm lang
Beobachtungszeit: Mai – Juli
› Sumpfzone, Flachwasserzone, Seerosenzone

VORKOMMEN: zwischen Wasserpflanzen in stehenden Gewässern
AUSSEHEN: Körper oval, gelblich mit vielen schwarzen Pünktchen; am Kopf zwischen den Augen ein charakteristisches schwarzes V; lange, fadenförmige Fühler; Weibchen mit haarigen Furchen (Namen) auf den Flügeldecken, Männchen mit glatten Flügeldecken; Hinterbeine mit langen Borsten, Vorderbeine beim Männchen mit Saugscheiben
LEBENSWEISE: der Käfer schwimmt unentwegt auf Nahrungssuche (kleine Wassertiere) umher; kommt zum Atmen an die Oberfläche, um den Luftvorrat unter den Deckflügeln aufzufüllen; Eiablage im Juni/Juli in kleinen Gruppen oder einzeln am Boden; Larve ca. 4 cm lang, streckt zum Luftholen den Hinterleib über die Wasseroberfläche; das erwachsene Tier überwintert im Wasser
BESONDERES: Die Larve verpuppt sich in selbst gegrabenen Höhlen an Land.

Gelbrandkäfer

Dytiscus marginalis

Größe: bis 3,5 cm lang
Beobachtungszeit: März – September
› Flachwasserzone, Seerosenzone

VORKOMMEN: im Wasser dicht bewachsener, aber auch frisch angelegter Teiche
AUSSEHEN: Körper oval; oberseits schwarzgrün, Halsschild und Flügeldecken gelb umrandet; Bauchseite braungelb; Flügeldecken beim Männchen glatt, beim Weibchen mit mehreren Längsrillen
LEBENSWEISE: lebt räuberisch von Kaulquappen, Fischbrut und Insektenlarven; sehr guter Schwimmer; kommt zum Atmen mit dem Hinterleib an die Wasseroberfläche; Paarungszeit Herbst; im Frühjahr legt das Weibchen mit Hilfe eines messerscharfen Legestachels ca. 1000 Eier in die Stängel von Wasserpflanzen; die Larve lebt räuberisch, mit ca. 6–8 cm Länge verpuppt sie sich an Land in einer selbst gebauten Erdhöhle
BESONDERES: Der Gelbrandkäfer gilt im Gartenteich als Gesundheitspolizei. Für geschwächte Fische ist er eine Bedrohung. Vorsicht, die Larve kann schmerzhaft stechen!

Seerosenblattkäfer

Galerucella nymphaea

Größe: 5–8 mm lang
Beobachtungszeit: ab Juni – September
› Seerosenzone

VORKOMMEN: überall, wo es See- und Teichrosen gibt
AUSSEHEN: Körper deutlich in Kopf, Halsschild und Hinterleib gegliedert; Oberseite hellbraun mit dunklen Flecken, Unterseite schwarz; lange Fühler; Larve schwarz, › S. 17
LEBENSWEISE: Käfer und Larven ernähren sich von See- und Teichrosenblättern; sie fressen Gänge in die Blätter, so dass die Blattunterseite erhalten bleibt und nicht ins Wasser fällt; das Weibchen legt 15–20 Eier in kleinen Häufchen auf Seerosenblätter ab, hier schlüpfen und leben die Larven und verpuppen sich auch; bei gutem Nahrungsangebot und entsprechendem Klima entwickeln sich bis zu fünf Generationen pro Jahr; der Käfer überwintert am Ufer in den Stängeln von Schilf und Röhricht
BESONDERES: Wenn Sie befallene Seerosenblätter rechtzeitig entfernen, verhindern Sie eine unnötige Schwächung der Pflanzen.

Taumelkäfer

Gyrinus substriatus

Größe: 3,5–8 mm lang
Beobachtungszeit: Mai – Oktober
› Flachwasserzone, Seerosenzone

VORKOMMEN: auf der Wasseroberfläche stehender oder langsam fließender Gewässer
AUSSEHEN: länglich oval, glänzend schwarz; Flügeldecken mit kleinen Punktreihen versehen; Mittel- und Hinterbeine stark abgeplattet und mit Borsten besetzt; kurze Fühler; Larven 12–15 mm lang, gelblich
LEBENSWEISE: ernährt sich von aufs Wasser fallenden Insekten; sehr gesellig; bewegt sich besonders bei Sonnenschein rasend schnell (bis zu 50 cm/sec) auf der Wasseroberfläche umher; guter Flieger; die Luft, die er zum Atmen braucht, sammelt er als silbrig glänzendes Bläschen am Hinterleib; Paarung im Frühjahr, Eiablage in Schnüren an Wasserpflanzen; Larven leben räuberisch im Mulm oder unter Steinen am Gewässergrund; Verpuppung an Land
BESONDERES: Bei Gefahr tauchen die Käfer blitzschnell ins Wasser und stoßen dabei noch ein Sekret aus, das das Wasser trübt.

Kolbenwasserkäfer

Hydrous piceus

Größe: 5 cm lang
Beobachtungszeit: März – Oktober
› Flachwasserzone

!

VORKOMMEN: im Wasser seichter, meist stark bewachsener Gewässer, selten
AUSSEHEN: Körper oval, glänzend schwarz mit olivgrünem Schimmer; Fühler kurz und keulig verdickt; Beine abgeflacht und mit Härchen besetzt
LEBENSWEISE: Käfer frisst Pflanzen; Paarung und Eiablage im Wasser; das Weibchen umhüllt jeweils bis zu 50 Eier mit einem Seidenkokon, der mit Pflanzenteilen getarnt wird, die Kokons schwimmen auf der Wasseroberfläche; nach 2–3 Wochen schlüpfen die Larven; sie leben am Grund der Flachwasserzone, müssen zum Atmen aber mit dem Hinterleib aus dem Wasser stoßen; sie fressen kleine Wasserschnecken; Verpuppung im Hochsommer an Land; Lebensdauer ca. 3 Jahre
BESONDERES: Der Käfer sucht nachts neue Gewässer auf und wird dabei vom Licht angezogen. Er kann empfindlich stechen!

Mosaikjungfer

Aeshna cyanea

Größe: 7 cm lang/ Flügelspannweite 9–11 cm
Beobachtungszeit: Juli – Oktober
› Feucht- bis Seerosenzone

VORKOMMEN: stehende Gewässer aller Art, aber auch über Wiesen und im Wald
AUSSEHEN: Brust kräftig, gelbgrün mit schwarzer Zeichnung; Männchen mit blaugrünem, Weibchen mit braungrünem Hinterleib
LEBENSWEISE: unternimmt weite Jagdflüge nach Insekten; Männchen suchen dabei auch nach Weibchen und verteidigen ihr Revier gegen Rivalen; ziehen sich zur Paarung gerne in Baumkronen zurück; bilden im Flug Paarungsrad; die Eier werden in Pflanzen und Holz nahe der Wasseroberfläche eingestochen und überwintern dort; die schlüpfenden Larven leben räuberisch am Gewässergrund im Schlamm; Larvenzeit 2–3 Jahre; zum Schlüpfen klettert die Larve an Sumpfpflanzen aus dem Wasser (› Seite 76)
BESONDERES: Unsere häufigste Edellibelle. Sie ist sehr neugierig und kommt z. T. sehr nahe an den Menschen heran.

Große Königslibelle

Anax imperator

Größe: 8 cm lang/ Flügelspannweite 9–11 cm
Beobachtungszeit: Juni – Mitte September
› Feucht- bis Seerosenzone

VORKOMMEN: in der Uferzone stehender, intensiv besonnter Gewässer mit üppiger Vegetation, nicht häufig
AUSSEHEN: Brust bei beiden Geschlechtern bläulichgrün; Hinterleib beim Männchen azurblau mit durchgehend schwarzem Längsband auf dem Rücken, beim Weibchen blaugrün mit breitem, braunem Längsband
LEBENSWEISE: jagen dicht über der Wasseroberfläche nach Fliegen, Schmetterlingen, aber auch anderen Libellen; wendige Flieger; die Paarung, die ca. 10 Minuten dauert, erfolgt sitzend in der Uferzone; Eiablage in die Stängel von Schwimmblattpflanzen ohne Geleitschutz durch das Männchen, wie es sonst bei Edellibellen der Fall ist; die am Gewässergrund lebende, sehr aktive Larve ist nach 1–2 Jahren 55 mm lang; sie ernährt sich von Kleintieren
BESONDERES: Größte mitteleuropäische Libelle, die auch abends noch auf Jagd geht.

Hufeisenazurjungfer

Coenagrion puella

Größe: bis 3,5 cm lang/ Flügelspannweite 4 cm
Beobachtungszeit: Mai – September
› Feucht- bis Seerosenzone

VORKOMMEN: in der Krautschicht stehender pflanzenreicher Gewässer aller Art
AUSSEHEN: kleine Libelle mit schlankem, zylindrischem Hinterleib; Männchen hellblau mit schwarzer Zeichnung, Weibchen gelbgrün; Larve ca. 15 mm, grünlich (Männchen) oder schmutziggelb (Weibchen)
LEBENSWEISE: ernährt sich von Kleininsekten, die im Flug erbeutet werden; zur Paarung bilden beide Tiere ein Paarungsrad; zur Eiablage steht das Männchen fast senkrecht auf der Brust des Weibchens, in der sog. »Leuchtturmposition«; Eiablage an Pflanzenblättern nahe der Wasseroberfläche; die schlüpfenden Larven leben zunächst an der Blattunterseite, später am Gewässergrund, sie überwintern einmal
BESONDERES: Unsere häufigste Schlanklibelle, die sich auch in größeren Gruppen am Teich aufhält. Die Lebensdauer der Libelle beträgt meist nur 4 Wochen.

Große Pechlibelle

Ischnura elegans

Größe: 3 cm lang/ Flügelspannweite 3–4 cm
Beobachtungszeit: Mai – September
› Feucht- bis Seerosenzone

!

VORKOMMEN: an allen Gewässerarten mit sauberem Wasser und Unterwasserpflanzen; fliegt mit Vorliebe über großen freien Wasserflächen
AUSSEHEN: schlanke Libelle; Hinterleib pechschwarz mit leuchtend blauem Fleck am vorletzten Segment; Männchen am Brustkorb blau, Weibchen grünlich bis bräunlich
LEBENSWEISE: gesellig; erbeutet im Flug andere Fluginsekten; Paarung kann mehrere Stunden dauern, danach fliegen die Weibchen bis zum späten Abend allein zur Eiablage zwischen Unterwasserpflanzen; Larven leben im flachen Wasser zwischen den Pflanzen und ernähren sich räuberisch von kleinen Wassertieren; bei warmem Wetter können 2–3 Generationen pro Jahr schlüpfen
BESONDERES: Eine der ersten Libellenarten an neu angelegten Teichen. Die Große Pechlibelle stellt auch bei schlechtem Wetter ihre Flugtätigkeit nicht völlig ein.

Plattbauchlibelle

Libellula depressa

Größe: 4–5 cm lang/ Flügelspannweite 7–8 cm
Beobachtungszeit: Mai – August
› Feucht- bis Seerosenzone

!

VORKOMMEN: bevorzugt kleine, stehende Gewässer mit geringer Vegetation
AUSSEHEN: Großlibelle mit breitem, abgeplattetem Hinterleib, Männchen hellblau, Weibchen oliv- bis gelbbraun mit gelben Flecken an der Seite; Larve stark behaart, plump, 2,5 cm lang, braungrau
LEBENSWEISE: exzellente Flieger; Ansitzjäger; paart sich und frisst im Flug; Eier werden im Flug über dem Flachwasser abgeworfen; Larven schlüpfen nach 4 Wochen; fressen kleine Wassertiere; nicht alle Larven entwickeln sich im ersten Sommer zum Vollinsekt, überwintern z. T. im Schlamm
BESONDERES: Erste Libellenart, die sich am frisch angelegten Gartenteich einfindet. Sie verträgt Wasserschwankungen sehr gut. Die Gewässer dürfen sogar austrocknen. Der Trockenschlaf der Larven kann bis zu einem halben Jahr dauern. Bei zu dichtem Bewuchs verschwindet die Libelle wieder.

Frühe Adonislibelle

Pyrrhosoma nymphula

Größe: 3 cm lang/ Flügelspannweite 4–4,5 cm
Beobachtungszeit: April – August
› Feucht- bis Seerosenzone

!

VORKOMMEN: hält sich meist in der dichten Ufervegetation stehender Gewässer auf
AUSSEHEN: kleine, schlanke Libelle; Körper leuchtend rot, beim Weibchen mit schwarzer Zeichnung an jedem, beim Männchen nur am letzten Segment, Flügel und Beine schwarz; Jungtiere mit gelbem Bruststreifen
LEBENSWEISE: lebt von im Flug erbeuteten Insekten; Paarung bei sonnigem Wetter oft schon in den frühen Morgenstunden; Eiablage im Tandemflug auf schwimmende oder herausragende Pflanzenteile, in die das Weibchen die Eier einsticht; die Larven überwintern im Wasser in Pflanzennähe; sie kriechen im Frühjahr zum Schlüpfen an Pflanzen aus dem Wasser; Entwicklungsdauer 1–2 Jahre
BESONDERES: Die Frühe Adonislibelle ist die erste im Frühjahr zu beobachtende Libelle. Sie fliegt nicht so gern, sondern sitzt in der Ufervegetation auf Pflanzen. In Ruhestellung sind die Flügel stets leicht geöffnet.

Amphibien   Reptilien   Vögel   ! geschützt

Erdkröte

Bufo bufo

Größe: 9–12 cm lang
Beobachtungszeit: März – Oktober
› Flachwasserzone

VORKOMMEN: außerhalb der Laichzeit in feuchten Bereichen in naturnahen Gärten
AUSSEHEN: plumper, gedrungener Körper; oberseits bräunlich mit warzigen Hautdrüsen übersät; unterseits schmutzigweiß und grau-schwarz gesprenkelt; Haut trocken; Männchen deutlich kleiner als Weibchen; Pupille waagerecht elliptisch, Iris bernsteinfarben; Kaulquappe schwarz, bis 4 cm lang
LEBENSWEISE: frisst Insekten, Würmer, Spinnen u. a.; nachtaktiv; tagsüber im Gebüsch, unter Steinen und Totholz; nur zur Laichzeit (Frühjahr) im Wasser; oftmals klammern sich mehrere Männchen an einem Weibchen fest; laicht in Schnüren ab (› Seite 86); nach 2–3 Wochen schlüpfen die Kaulquappen; die Kröte wird 10–12 Jahre alt
BESONDERES: Größte europäische Kröte. Wegen der Ungenießbarkeit der Kaulquappen kann die Erdkröte auch erfolgreich in Fischteichen ablaichen.

Wechselkröte

Bufo viridis

Größe: bis 10 cm lang
Beobachtungszeit: April – Oktober
› Flachwasserzone

VORKOMMEN: sonnenexponierte, trockenwarme Lebensräume mit grabfähigem Grund und geeigneten Wasserstellen (vegetationsarme Flachwasserzone) zum Laichen
AUSSEHEN: hellgrau bis weiß und mit grünen Inselflecken; Weibchen größer als Männchen, mit rötlichen Warzen an den Flanken; Pupille waagerecht, Iris zitronengelb bis grünlich; Kaulquappe bis 5 cm lang; bräunlich bis graugrün, heller Flossensaum
LEBENSWEISE: frisst Insekten, Schnecken, Würmer, Asseln und Spinnen; dämmerungs- und nachtaktiv; wandert viel umher; der Laich wird von April – Juni in 2–4 m langen Schnüren am Gewässergrund abgelegt; Winterruhe von Frostbeginn bis Anfang April; Lebenserwartung 9 Jahre
BESONDERES: Die Wechselkröte kann ihre Farbe der Umgebung anpassen (Name!). In Teichen mit Fischbesatz können sich die Kaulquappen nicht entwickeln.

Knoblauchkröte

Pelobates fuscus

Größe: 5–7 cm lang
Beobachtungszeit: Ende März – Oktober
› Flachwasserzone

VORKOMMEN: Stillgewässer mit mindestens 30 cm Tiefe und vegetationsreicher Uferzone; bevorzugen lockere Oberböden
AUSSEHEN: Körper gedrungen; Färbung hellgrau bis beigebraun mit braunen Flecken und rötlich braunen Warzen; Bauch weißlich mit grauer Sprenkelung; arttypisch der helmartige Scheitelhöcker am Hinterkopf; Fußsohlen der Hinterfüße mit scharfkantigen, verhornten Auswüchsen (Grabschaufeln); senkrechte, schlitzförmige Pupille; sehr große Kaulquappen (8–12 cm)
LEBENSWEISE: frisst Insekten und Würmer; nachtaktiv; der Laich wird ab April bevorzugt an senkrechten Pflanzenteilen spiralig, in dicken klumpigen Schnüren abgelegt; die Krötchen verlassen Ende Juni das Wasser
BESONDERES: Die Kröten sondern bei Gefahr einen knoblauchartigen Geruch (Name!) ab. In trockenen Sommern halten sie eine Art Sommerschlaf.

Würmer Weichtiere Kleinkrebse Insekten

Wasserfrosch

Rana esculenta

Größe: 10–12 cm lang
Beobachtungszeit: April – Oktober
› Flachwasserzone, Seerosenzone

!

VORKOMMEN: kleine und mittlere, pflanzenreiche Stillgewässer; wandert in naturnahen Gärten mit Versteckmöglichkeiten und gutem Nahrungsangebot schnell ein
AUSSEHEN: schlanker Körper mit spitzer Schnauze; hell- und dunkelgrün mit regelmäßigen schwarzbraunen Flecken; hellgrüne Rückenlinie und deutlich hervortretende Drüsenleisten an der Seite; weiße Schallblasen; Weibchen zur Paarungszeit überwiegend gelblich gefärbt; Iris intensiv gelb
LEBENSWEISE: frisst am Ufer umherkrabbelnde Insekten; tagaktiv; Laichzeit Mitte Mai – Mitte Juni; Laich in Ballen (› Seite 87); überwintert, im Schlamm eingegraben, am Gewässergrund oder in feuchten Höhlen
BESONDERES: Der Wasserfrosch ruft von Mai – August meckernd und schnarrend. Er nimmt gerne Sonnenbäder und springt bei Gefahr in weiten Sätzen ins Wasser.

Kleiner Teichfrosch

Rana lessonae

Größe: 4,5–6,5 cm lang
Beobachtungszeit: März – Oktober
› Feucht- bis Seerosenzone

!

VORKOMMEN: kleine vegetationsreiche Weiher und Tümpel; liebt sonnige Flachwasserbereiche und ist häufig in der Ufervegetation anzutreffen
AUSSEHEN: schlanker Körper mit spitzer Schnauze; grünlich mit braunschwarzen regelmäßigen Flecken; hellgrüne, mittige Rückenlinie und zwei deutlich hervortretende rötliche Drüsenleisten an der Seite; zwei grauweiße Schallblasen; Kaulquappen bis 8 cm lang, mit grünlicher Grundfärbung und dunklen Flecken
LEBENSWEISE: frisst Insekten, Schnecken, Würmer, Asseln und Spinnen; tagaktiv; Laichzeit Mai – Juni; Laich in Ballen mit 1000–3000 Eiern; charakteristisch ist seine ungestüme Fluchtreaktion bei Störungen; überwintert an Land in Erdhöhlen oder Laubhaufen
BESONDERES: Kreuzung aus Wasserfrosch *(R. esculenta)* und Seefrosch *(R. ridibunda)*.

Grasfrosch

Rana temporaria

Größe: bis 11 cm lang
Beobachtungszeit: März – Oktober
› Flachwasserzone

!

VORKOMMEN: an feuchten Stellen auf Wiesen und Weiden; zum Laichen in Teichen mit reicher Unterwasserflora
AUSSEHEN: groß und kräftig; gelblich bis braun mit dunklen Flecken; Unterseite weißlich bis gelblichorange; mit braunen Schläfenflecken; Hinterbeine mit dunkelbrauner bis schwarzer Querbänderung; Pupille länglich waagerecht; Kaulquappe braun mit kupfer- bis bronzefarbigen Flecken
LEBENSWEISE: nur zur Laichzeit (Ende Februar/Anfang März) im Wasser; Paarungsruf dumpfes Knurren oder Brummen; laicht in Klumpen im Flachwasser und stark verkrauteten Zonen; nach 3–4 Wochen schlüpfen die Kaulquappen, nach 2–3 Monaten verlassen die Jungfrösche das Wasser; überwintert am Grund der Laichgewässer oder in Erdlöchern an Land
BESONDERES: In Fischteichen hat der Laich kaum Überlebenschancen.

Amphibien Reptilien Vögel ! geschützt

Bergmolch

Triturus alpestris

Größe: 8–12 cm lang
Beobachtungszeit: Februar – Mai
› Sumpfzone, Flachwasserzone

!

VORKOMMEN: laicht an stehenden oder langsam fließenden kühlen Gewässern
AUSSEHEN: Körper flach, Oberseite mattschwarz (Männchen) oder schwarzbraun marmoriert (Weibchen), Unterseite rötlich bis orangefarben; Weibchen länger als Männchen; Männchen zur Paarungszeit leuchtend gefärbt (› Abb.); Larven ca. 8 mm lang, abgerundete, schwarze Schwanzspitze
LEBENSWEISE: Molche und ihre Larven ernähren sich räuberisch; Laichzeit Februar – Mai; Eiablage einzeln in die Blattachseln von Unterwasserpflanzen; nach 2 Wochen schlüpfen die Larven; Entwicklung zum Molch 4–5 Monate; überwintert im Erdboden oder als Larve am Gewässergrund
BESONDERES: Wenn Bergmolche in der Umgebung vorkommen, dann wandern sie auch relativ schnell ein und laichen im Gartenteich ab. Kühle Gewässer werden bevorzugt; beschatten Sie daher Teile des Teiches.

Kammmolch

Triturus cristatus

Größe: 14–18 cm lang
Beobachtungszeit: Februar – Mai
› Sumpfzone, Flachwasserzone

!

VORKOMMEN: zum Laichen Gewässer mit lehmigem Grund und reicher Unterwasser- und Ufervegetation
AUSSEHEN: größter heimischer Molch, grauschwarz; Bauch gelb bis orangefarben mit dunklen Flecken; Männchen zur Paarungszeit leuchtend gefärbt mit stark gezacktem Hautkamm und deutlicher Einkerbung am Schwanz-ansatz, jeder Molch hat seine persönliche Fleckenzeichnung am Bauch
LEBENSWEISE: frisst Würmer, Nacktschnecken und Asseln; nachtaktiv, tagsüber unter Laub und Totholz versteckt; Laichzeit März/ April; Eiablage über Wochen in zu Tüten gefalteten Blättern von Wasserpflanzen; die nach ca. 2 Wochen schlüpfenden Larven sind ca. 1 cm lang und haben einen langen, spitz zulaufenden Schwanz; überwintert an Land
BESONDERES: Der Kammmolch sondert milchig weiße Hautsekrete ab, die säuerlich riechen und beim Menschen Schleimhautreizungen hervorrufen können.

Teichmolch

Triturus vulgaris

Größe: 9–11 cm lang
Beobachtungszeit: Februar – Juli
› Flachwasserzone

!

VORKOMMEN: bevorzugt zum Laichen saubere, zeitweilig besonnte, pflanzenreiche Flachwasserzonen
AUSSEHEN: Körper schlank; gelbbraun bis schwarzgrau gefärbt; glatthäutig; Männchen zur Paarungszeit (› Abb.) mit dunklen, rundlichen Punkten und gewelltem, hohem Rückenkamm
LEBENSWEISE: frisst an Land Insekten, Würmer und andere Kleintiere, im Wasser Kleinkrebse, Laich und Kaulquappen – auch die der eigenen Art; nachtaktiv; Laichzeit April – Mai; Eiablage einzeln an Wasserpflanzen; nach 2 Wochen schlüpfen die ca. 1 cm langen Larven; sie fressen kleine Wassertiere; nach 2–3 Monaten gehen die Jungmolche an Land; überwintert unter Laub und Mulm
BESONDERES: Zum Anlocken sollten Sie für reiche Unterwasserflora und Überwinterungsmöglichkeiten im Uferbereich sorgen.

Würmer Weichtiere Kleinkrebse Insekten

Ringelnatter

Natrix natrix

Größe: 1–1,2 m lang
Beobachtungszeit: Frühjahr bis Herbst
› Feuchtzone, Sumpfzone

VORKOMMEN: vegetationsreiche Ufer mit Möglichkeit zum Sonnenbaden
AUSSEHEN: grau bis graubraune Schlange mit orangegelben bis weißen »Halbmondflecken« auf beiden Seiten des Kopfes; Bauch grauweiß bis gelblich, schachbrettartig gezeichnet; Weibchen dicker als Männchen
LEBENSWEISE: frisst nur lebende Beute bis Mausgröße; tagaktiv; kann gut schwimmen und tauchen; Paarung nach der ersten Häutung im April/Mai; Eiablage Juli – August in Kompost- und Laubhaufen oder alte Baumstümpfe; im Herbst schlüpfen die Jungtiere, sie überwintern am Schlupfort
BESONDERES: Stellt sich bei Gefahr oft tot: dreht sich zur Seite, verdreht die Augen und lässt die Zunge heraushängen. Beißt nicht, sondert jedoch bei Berührung eine übel riechende Flüssigkeit ab. Obwohl die Ringelnatter eine Giftdrüse besitzt, ist sie für den Menschen völlig ungefährlich.

Stockente

Anas platyrhynchos

Größe: 58 cm lang
Beobachtungszeit: ganzjährig
› Garten- bis Seerosenzone

VORKOMMEN: an allen Gewässern
AUSSEHEN: Männchen im Prachtkleid (› Abb.); Hinterende schwarzweiß mit 4 hakig gebogenen Schwanzfedern (Erpellocke); Ruhekleid ähnlich wie Weibchen, durch seinen gelben Schnabel aber noch gut zu erkennen; Weibchen mit braun gesprenkeltem Gefieder und blauer Flügelbinde
LEBENSWEISE: ernährt sich überwiegend von pflanzlicher Nahrung und Weichtieren; Eiablage ab März; baut Nest in dichter Vegetation nahe am Ufer von Gewässern; nach 25–28 Tagen Brutzeit schlüpfen ab April 7–16 Junge, die schon nach 6–12 Stunden das Nest verlassen
BESONDERES: In frisch angelegten Gartenteichen können einfliegende Stockenten durch Herausreißen neu eingesetzter Pflanzen mehr oder weniger große Schäden verursachen. Stockenten lassen sich dauerhaft nur in großen, ungestörten Naturteichen nieder.

Graureiher

Ardea cinerea

Größe: ca. 90 cm lang
Beobachtungszeit: ganzjährig
› Sumpf- bis Flachwasserzone

VORKOMMEN: an seichten und vegetationsreichen, von Buschwerk umgebenen stehenden und fließenden Gewässern
AUSSEHEN: beide Geschlechter gleich gefärbt; Gefieder auf dem Kopf weiß mit schwarzem Augenstreifen und drei langen schwarzen Schopffedern; Hals grauweiß mit dreifacher schwarzer Streifung; Rücken aschgrau; im Flug leicht durch den S-förmig gekrümmten Hals, den langsamen Flügelschlag und ein lautes, raues »chräik« zu erkennen
LEBENSWEISE: frisst Fische, Frösche, Molche, Mäuse und größere Insekten; lebt gesellig in Kolonien; Nest meist hoch in Bäumen; Jungenaufzucht (4–5) von März – Juni
BESONDERES: Kann an Fischteichen erheblichen Schaden anrichten. Ein Überspannen mit Netzen oder Spannen von Drähten am Ufer, die ihn am Schreiten hindern, ist zur Abwehr sinnvoll. Vogelscheuchen werden schnell als harmlos entlarvt.

Amphibien Reptilien Vögel ! geschützt

Bewährte Pflanzkombinationen

Als Hilfestellung zum Finden des richtigen Stils und der dazu passenden Bepflanzung hier einige Themen zur Auswahl und Inspiration – vielleicht ist etwas für Sie dabei?

Die Pflanzenlisten sind als Module zu verstehen. Nicht bei jedem Gestaltungsthema sind alle fünf Zonen belegt, teilweise wurden auch Zonen zusammengefasst. Die meisten der genannten Arten sind in den Pflanzenporträts beschrieben. Lediglich die Empfehlungen für die Gartenzone – also außerhalb der Teichdichtung – enthalten auch einige im Porträtteil nicht erwähnte Arten, wenn diese thematisch die Pflanzung gut ergänzen. Je nach Zone sind die Stückzahlen auf eine Fläche von 5 bzw. 10 m^2 bezogen. Die Pflanzen sind in der Reihenfolge angeordnet, in der sie eingesetzt werden. Beachten Sie, dass eine Teichanlage besonders durch einen gewissen Anteil freier Wasserfläche erst richtig ansprechend wirkt. Ist die Tiefenzone kleiner als 10 m^2, sollten Sie z. B. auf großwüchsige Seerosensorten komplett verzichten. Beim Umrechnen auf kleinere Flächen sollte die Stückzahl immer abgerundet werden – bis hin zum kompletten Verzicht auf einzelne Arten. Bei Platzmangel ist es oft besser, eine oder auch mehrere Zonen komplett wegzulassen, als alle fünf Zonen auf winzige Flächen zu reduzieren.

Die Pflanzpläne sollen als Anregung dienen. Die Pflanzsymbole verdeutlichen eine mögliche Verteilung der großwüchsigen bzw. gerüstbildenden Arten und Seerosen. Die anderen Pflanzen können Sie gleichmäßig auf der Fläche verteilen.

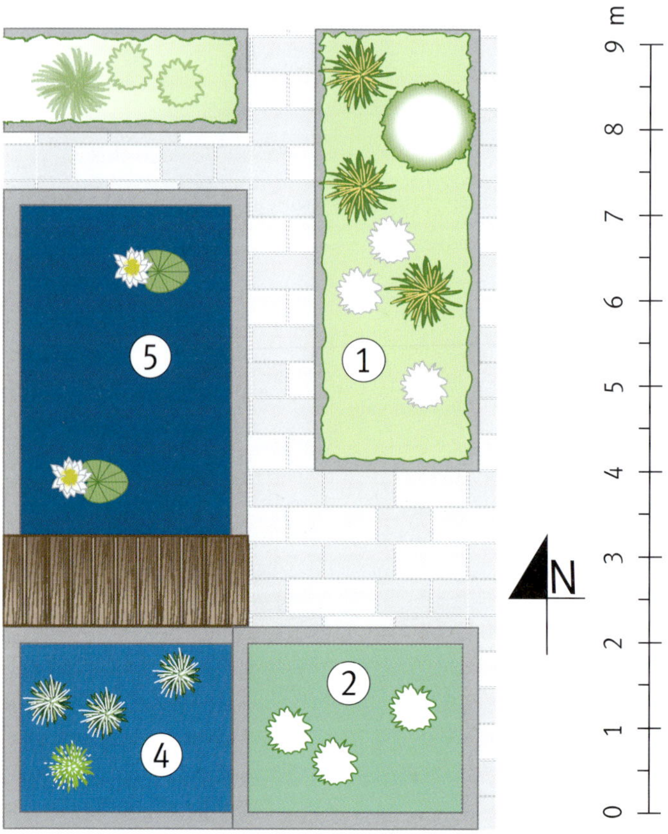

White Waves

Wünschen Sie eine ruhige Ausstrahlung und ein klares Design? Dann bietet sich eine Bepflanzung an, die sich möglichst nur auf einen Farbton beschränkt. Wie wäre es z. B. mit einem ganz in Weiß gehaltenen Garten? Hier sind nicht nur die Blüten weiß, es sind auch Arten mit weißgemusterter Belaubung vertreten. Ein einfarbiger Garten kann sowohl architektonisch als auch naturnah gestaltet sein. Für die angegebenen Pflanzen sollte das Wasser nährstoffreich und mittelhart sein und einen pH-Wert von 6,5–8 haben.

① Gartenzone, sonnig – halbschattig, frisch, je 10 m²

Symbol	Name	Anzahl	Porträt
	Aconogonon alpinum Blüte weiß, Juni – September	1	› S. 106
	Asclepias incarnata 'Ice Ballett' Blüte weiß, Juli – August	3	› S. 110
	Calamagrostis × acutiflora 'Overdam' Blätter grünweiß gestreift	3	› S. 112
	Liatris spicata 'Floristan Weiß'	10	› S. 131
	Achillea ptarmica 'Schneeball'	3	› S. 106
	Aster divaricatus	5	› S. 110
	Bergenia 'Silberlicht'	5	› S. 111
	Carex conica 'Snowline'	10	› S. 115
	Ajuga reptans 'Alba'	20	› S. 107
	Leucojum vernum	20	› S. 131

② Feuchtzone, sonnig – halbschattig, je 5 m²

Symbol	Name	Anzahl	Porträt
	Eupatorium rugosum Blüte weiß, August – Oktober	3	› S. 122
	Caltha palustris var. *alba*	10	› S. 113
	Menyanthes trifoliata	5	› S. 135
	Carex diandra	5	› S. 114
	Myosotis palustris 'Ice Pearl'	5	› S. 136
	Leucojum aestivum	20	› S. 131

TIPP!

Gehölze im Hintergrund

Wählen Sie als Kulisse auch Gehölze mit weißen Blüten aus, z. B.:

- Großfruchtige Felsenbirne (*Amelanchier lamarckii* 'Ballerina')
- Trompetenbaum *(Catalpa bignonioides)*
- Kugelbusch *(Cephalanthus occidentalis)* – Standort sehr feucht
- Blumen-Hartriegel (*Cornus* 'Eddie's White Wonder') – nicht für schwere Kalk-Böden geeignet
- Taubenbaum *(Davidia involucrata)*

④ Flachwasserzone, Wassertiefe 10–40 cm, sonnig, je 5 m²

Symbol	Name	Anzahl	Porträt
	Schoenoplectus tabernae-montani 'Zebrinus' Halm mit weißen Querstreifen	1	› S. 148
	Acorus calamus 'Variegatus' Blätter grün-weiß gestreift	3	› S. 106
	Alisma lanceolatum	3	› S. 107
	Iris laevigata 'Alba'	5	› S. 182
	Pontederia cordata 'Alba'	5	› S. 143
	Gratiola officinalis	5	› S. 139
	Hydrocharis morsus-ranae	5	› S. 125
	Nymphaea tetragona	5	› S. 128
	Eleocharis acicularis	5	› S. 119

⑤ Seerosenzone, Wassertiefe 60–100 cm, sonnig, je 10 m²

Symbol	Name	Anzahl	Porträt
	Nymphaea 'Gonnère' Blüte weiß, dichtgefüllt, Juni – Oktober	2	› S. 139
	Aponogeton distachyos	3	› S. 109
	Stratiotes aloides	5	› S. 149
	Ceratophyllum submersum	5	› S. 116
	Ranunculus aquatilis	5	› S. 146
	Potamogeton lucens	2	› S. 143

Ostasiasischer Schneeball (*Viburnum plicatum* 'Watanabe') als Hintergrund zu einem Wasserspiel

»Wilde Natur«

Für bodenständige Naturfreunde: Heimische Pflanzenvielfalt in naturnaher Einbindung. Zur Überbrückung blüharmer Phasen wurden besonders in der Uferzone einige Stauden fremdländischer Herkunft integriert, die jedoch sehr gut zu dem wildnishaften Charakter der übrigen Bepflanzung passen. Im Frühling dominieren gelbe und violette bis blaue Blütenfarben. Danach präsentiert sich die Pflanzung in Rosarot und Weiß mit etwas Blauviolett. Das Wasser sollte mäßig nährstoffreich und mittelhart (bis hart) sein.

TIPP!

Frühjahrsblühende Zwiebelpflanzen

In der Gartenzone können Sie im Frühjahr für mehr Farbe sorgen, wenn Sie Zwiebelpflanzen einsetzen. Wir empfehlen für je 10 m²:

- 20 x Osterglocken (*Narcissus* in kleinblumigen Sorten), Blüte weiß bis gelb, Blütezeit April – Anfang Mai
- 50 x Russischer Blaustern *(Scilla siberica)*, Blüte blau, Blütezeit März – April
- 50 x Schneeglöckchen *(Galathus elwesii)*, Blüte weiß, Blütezeit Februar - März

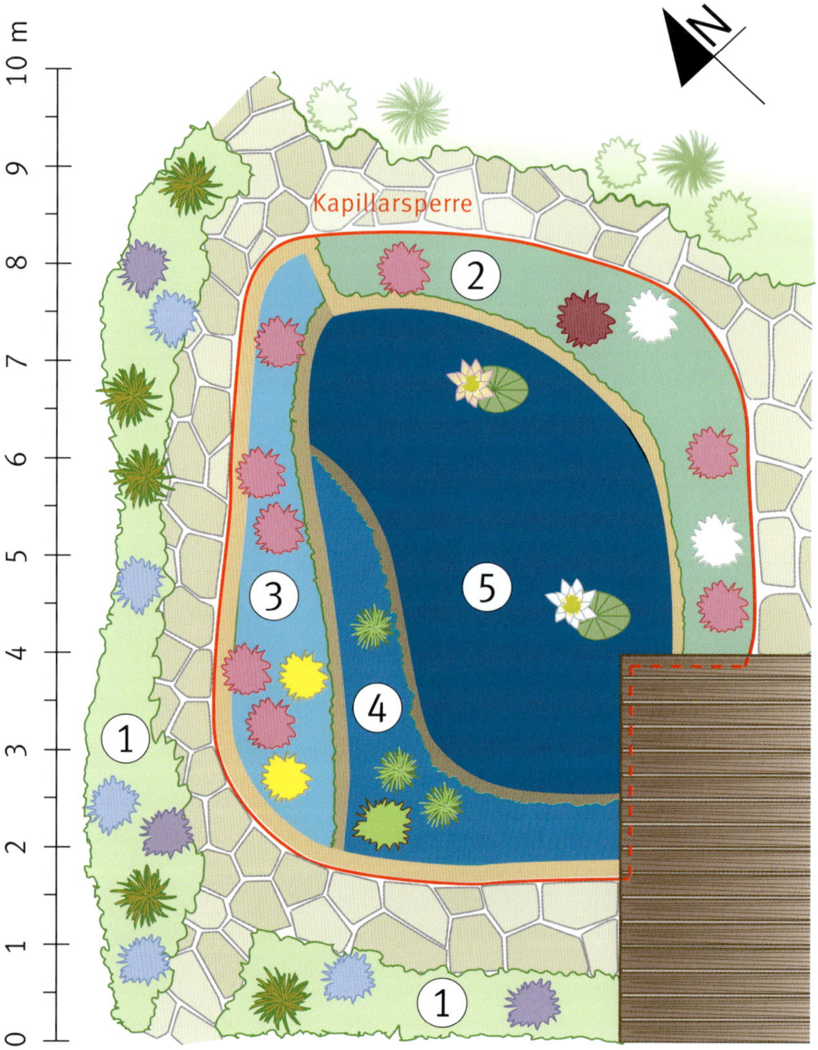

① Gartenzone, trocken – frisch, sonnig – halbschattig, je 10 m²

Symbol	Name	Anzahl	Porträt
	Iris spuria Blüte hellblau oder weiß, Mai – Juni	5	› S. 129
	Calamagrostis × acutiflora 'Karl Foerster' Fruchtstände braun	5	› S. 112
	Aster turbinellus Blüte violett, September – Oktober	3	› S. 110
	Aquilegia vulgaris	5	› S. 109
	Aster divaricatus	5	› S. 110
	Geranium × magnificum	5	› S. 124
	Alchemilla erythropoda	10	› S. 107
	Geranium × cantabrigiense 'Berggarten'	10	› S. 124
	Primula veris	15	› S. 145
	Lysimachia nummularia	5	› S. 133

② Feuchtzone, 5 cm über der Wasserlinie, sonnig, je 5 m²

Symbol	Name	Anzahl	Porträt
	Eupatorium cannabinum 'Plenum' Blüte dunkelrosa, gefüllt, Juli – September	1	› S. 121
	Filipendula ulmaria 'Plena' Blüte weiß, gefüllt, Juni – August	2	› S. 123
	Lythrum salicaria Blüte rosa, Juli – August	3	› S. 134
	Iris sibirica	5	› S. 129
	Bistorta officinalis	3	› S. 112
	Lobelia sessilifolia	3	› S. 132
	Carex diandra	3	› S. 114
	Myosotis palustris	5	› S. 136
	Lysimachia nummularia	5	› S. 133
	Primula elatior	10	› S. 145
	Lychnis flos-cuculi	5	› S. 132

③ Sumpfzone, Wassertiefe 0–10 cm, sonnig, je 5 m²

Symbol	Name	Anzahl	Porträt
	Iris pseudacorus Blüte gelb, Mai – Juni	2	› S. 129
	Lythrum salicaria Blüte rosa, Juli – August	5	› S. 134
	Iris versicolor	3	› S. 128
	Mentha aquatica	3	› S. 134
	Carex diandra	5	› S. 114
	Ranunculus flammula	8	› S. 146
	Myosotis palustris	10	› S. 136
	Caltha palustris	8	› S. 113

④ Flachwasserzone, Wassertiefe 10–40 cm, sonnig, je 5 m²

Symbol	Name	Anzahl	Porträt
	Typha shuttleworthii Fruchtstände dekorativ	1	› S. 150
	Carex elata Blüte braun-gelb, April – Juni	3	› S. 114
	Sagittaria sagittifolia	5	› S. 147
	Hydrocharis morsus-ranae	5	› S. 128
	Alisma lanceolatum	3	› S. 107
	Nymphaea 'Berthold'	1	› S. 139
	Nymphaea 'Walter Pagels'	1	› S. 139
	Baldellia ranunculoides	10	› S. 111

⑤ Seerosenzone, Wassertiefe 70–120 cm, je 10 m²

Symbol	Name	Anzahl	Porträt
	Nymphaea 'Gladstoniana' Blüte weiß, Juni – September	1	› S. 138
	Nymphaea odorata 'Rosennymphe' Blüte rosa, Juni – September	1	› S. 138
	Stratiotes aloides	5	› S. 149
	Potamogeton lucens	3	› S. 143
	Ceratophyllum submersum	5	› S. 116
	Utricularia australis	5	› S. 151

Mediterrané

Für Liebhaber südländischer Lebensart bietet sich eine Teichanlage mit mediterranem Ambiente an. Dieser Stil wirkt sehr schön in architektonischer Gestaltung, z. B. in einem Innenhof mit Plattenbelag. Unser Vorschlag ist in den Hauptfarben Weiß-Silbrig, Blauviolett, und Gelb-Orange gehalten. Der Standort ist sonnig und gut geschützt. Die Pflanzflächen betragen jeweils 10 m^2. Das Wasser ist mittelhart bis hart und mäßig nährstoffreich. Zur Gestaltung des Umfeldes wurden vor allem mediterrane Pflanzen eingesetzt.

Oleander *(Nerium oleander)*

Lavendel *(L. angustifolia)*

Madonnen-Lilie *(Lilium candidum)*

TIPP!

Gestaltung der Terrasse im Umfeld

Zur Verstärkung des mediterranen Charakters können Sie auf der vorgesehenen Fläche in der Gartenzone folgende Pflanzen hinzufügen:

- 4 x Lavendel (*Lavandula angustifolia* 'Hidcote Blue')
- 20 x Thymian *(Thymus pseudolanuginosus)*
- 6 x Madonnen-Lilie *(Lilium candidum)*
- 10 x Zier-Lauch (*Allium aflatunense* 'Purple Sensation')
- 50 x Schneeglöckchen *(Galanthus elwesii)*
- 50 x Russischer Blaustern *(Scilla siberica)*

Um die Farbenprächtigkeit noch zu erhöhen, können Sie noch einjährige Sommerblumen wie Kalifornischen Mohn *(Eschscholzia californica)* aussäen. Vorsicht, diese Pflanze versamt sich gut von allein.

In Kübeln können Sie südländische Pflanzen ergänzen, die eine geschützte Überwinterung in kühlen, hellen Räumen verlangen: Oleander *(Nerium oleander)*, Hanfpalme *(Trachycarpus fortunei)* und Olivenbaum *(Olea europaea)* sowie Küchenkräuter wie Rosmarin *(Rosmarinus officinalis)* und Lavendel *(Lavandula angustifolia)*.

Dazu passen auch Tröge mit Zwerg-Seerosen wie *Nymphaea tetragona*, *Nymphaea* 'Helvola' und *Nymphaea* 'Pygmaea Rubra'.

① Gartenzone trocken

Symbol	Name	Anzahl	Porträt
	Helianthus salicifolius Blüte gelb, Oktober – November	2	› S. 126
	Iris spuria 'Dorothy Foster' Blüte violett, Mai – Juni	2	› S. 129
	Calamagrostis × acutiflora 'Karl Foerster' Fruchtstände braun	6	› S. 112
	Aster × frikartii 'Wunder von Stäfa' Blüte violett, September – Oktober	2	› S. 110
	Aster divaricatus	4	› S. 110
	Geranium × magnificum 'Rosemoor'	8	› S. 124
	Carex caryophyllea 'The Beatles'	12	› S. 115
	Gladiolus illyricus	20	› S. 125

③/④ Sumpf- bis Flachwasserzone, Wassertiefe 5–20 cm

Symbol	Name	Anzahl	Porträt
	Euphorbia palustris Blüte gelb, Mai – Juni	2	› S. 112
	Typha shuttleworthii Fruchtstände dekorativ	4	› S. 150
	Pontederia cordata	6	› S. 142
	Mentha cervina	6	› S. 134
	Myosotis palustris	10	› S. 136
	Caltha palustris	10	› S. 113
	Baldellia ranunculoides	10	› S. 111
	Hydrocharis morsus-ranae	6	› S. 128

⑤ Seerosenzone, Wassertiefe 60–100 cm

Symbol	Name	Anzahl	Porträt
	Nymphaea 'Sunny Pink' Blüte rosa bis kupferfarben, Juni – Sept.	1	› S. 139
	Pontederia lanceolata Blüte violett-blau, Juli – September	2	› S. 143
	Eichhornia azurea (nicht winterhart)	5	› S. 119
	Ceratophyllum submersum	5	› S. 116
	Potamogeton lucens	3	› S. 143
	Utricularia australis	5	› S. 151

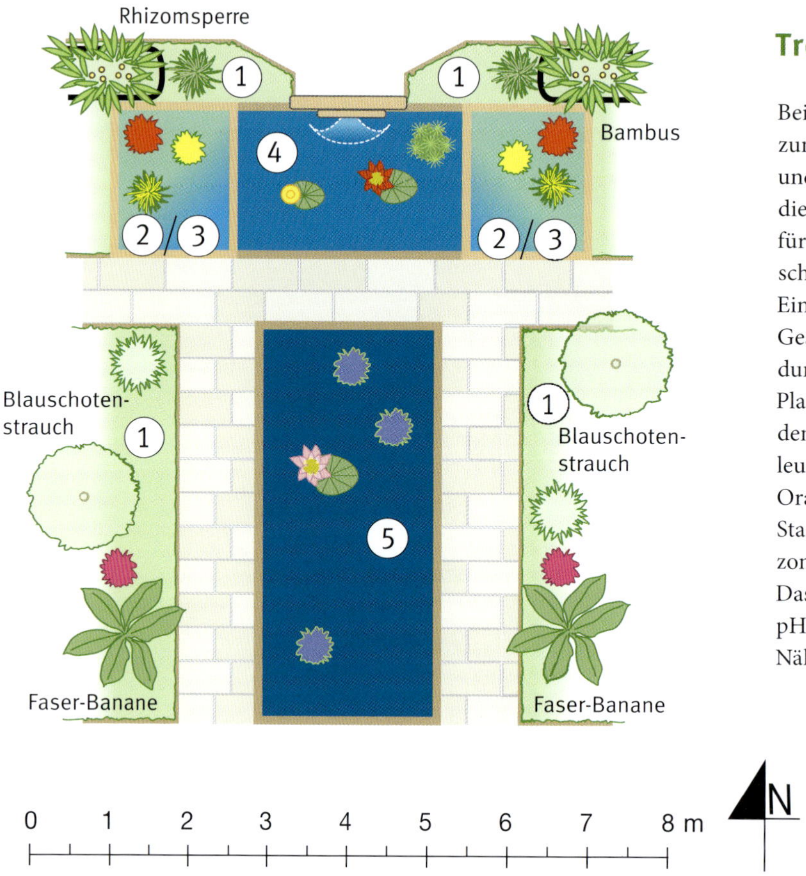

Tropical

Bei exotisch wirkenden Pflanzungen bestimmen großlaubige und tropisch anmutende Arten die Komposition. Allerdings ist für einige von ihnen ein geschützter Standort notwendig. Eine architektonisch-formale Gestaltung lässt die Einbindung in Gärten mit wenig Platz am ehesten zu. Neben dem üppigen Grün der Blätter leuchten Blüten in warmen Rot-, Orange- und Gelbtönen. Der Standort ist bis auf die Gartenzone sonnig bis halbschattig. Das Wasser ist weich, mit einem pH-Wert von 6, 5–7 und hohem Nährstoffgehalt.

① Gartenzone, halbschattig, frisch, je 10 m²

Symbol	Name	Anzahl	Porträt
	Peucedanum verticillare Blüte gelbgrün, Juni – Aug.	2	› S. 142
	Anemone japonica 'Bressingham Glow', Blüte dunkelrosa, August – Sept.	2	› S. 109
	Carex pendula (zu *Phyllostachys*), Fruchtstände braun-schwarz	2	› S. 115
☐	*Hosta* 'Krossa Regal'	2	› S. 127
☐	*Hosta plantaginea* 'Honey Bells'	5	› S. 127
☐	*Hemerocallis* 'Corky'	5	› S. 126
☐	*Geum coccineum* 'Borisii'	15	› S. 124
☐	*Lysimachia nummularia*	20	› S. 133
☐	*Ophiopogon planiscapus* 'Nigrescens'	10	

②/③ Feucht- bis Sumpfzone, Wassertiefe bis 5 cm, je 5 m²

Symbol	Name	Anzahl	Porträt
	Hibiscus moscheutos 'Chatelaine' Blüte rot, Juli – September	2	› S. 126
	Iris pseudacorus Blüte gelb, Mai – Juni	2	› S. 129
	Carex elata 'Aurea' Blätter goldgelb	2	› S. 114
	Caltha palustris	5	› S. 113
	Myosotis palustris	5	› S. 136
	Calla palustris	5	› S. 113
	Lysimachia nummularia	10	› S. 133
	Primula florindae	5	› S. 144
	Primula × bullesiana	5	› S. 145

Symbol	Name	Anzahl	Porträt
④ Flachwasserzone, Wassertiefe 20–40 cm, je 5 m²			
	Cyperus longus Fruchtstände bräunlich	1	› S. 118
	Nuphar advena Blüte gelb, Juni – August	1	› S. 137
	Nymphaea 'Perry's Baby Red', Blüte dunkelrot, Juni – September	1	› S. 138
	Peltandra virginica	5	› S. 141
	Caltha palustris 'Auenwald'	5	› S. 113
	Hottonia palustris	5	› S. 127
	Sagittaria graminea	5	› S. 147

Symbol	Name	Anzahl	Porträt
⑤ Seerosenzone, Wassertiefe 80–100 cm, je 10 m²			
	Pontederia lanceolata Blüte violettblau, Juli – September	3	› S. 143
	Nymphaea 'Sunny Pink' Blüte rosa bis kupferfarben, Juni – Sept.	1	› S. 139
	Hippuris vulgaris	8	› S. 127
	Stratiotes aloides	5	› S. 149
	Ceratophyllum submersum	5	› S. 116
	Utricularia australis	5	› S. 151

TIPP!

Frühjahrsblühende Zwiebel- und Knollenpflanzen

zur Gartenzone als Herbstpflanzung – je 10 m²:

- 50 x Winterling *(Eranthis hyemalis)*
- 50 x Balkan-Anemone (*Anemone blanda* 'White Splendour' und 'Blue Shades')
- 20 x Viridiflora-Tulpe 'Orange Marmelade'

Gehölze zur Raumbildung

Zur Raumbildung dienen Gehölze und Großstauden wie:

- Blauschotenstrauch *(Decaisnea fargesii)*,
- Bambus (*Phyllostachys vivax* 'Aureocaulis') – braucht unbedingt eine Wurzelsperre zum Teich hin (› Seite 28),
- Faser-Banane *(Musa basjoo)* – benötigt im Freien einen Winterschutz
- Zier-Rhabarber *(Rheum palmatum)*
- Fackellilie (*Kniphofia uvaria* 'Corallina') – für den notwendigen sonnigen Standort, am besten vor die Faser-Bananen stellen

Die hier empfohlenen winterharten Pflanzen können Sie von Mitte Mai bis Oktober durch Kübel mit Palmen, Neuseelandflachs *(Phormium tenax)*, Kalla *(Zantedeschia aethiopica)* oder Indischem Blumenrohr *(Canna indica)* ergänzen. Letztere lässt sich als Knolle trocken im kühlen Keller überwintern und im Frühjahr am hellen Fenster vortreiben.

Faser-Banane *(Musa basjoo)*

Zier-Rhabarber *(Rheum palmatum)*

Fackellilie *(Kniphofia uvaria)*

① Gartenzone, halbschattig, frisch, je 10 m²			
Symbol	Name	Anzahl	Porträt
	Rodgersia podophylla (Schaublatt), Blätter groß, handförmig geteilt	1	› Tipp
	Anemone japonica 'Bressingham Glow' Blüte rosa, August – September	2	› S. 109
	Hosta 'Krossa Regal' Blüte violett, Juli – September	2	› S. 127
	Hosta plantaginea 'Honey Bells'	5	› S. 127
	Hemerocallis 'Corky'	5	› S. 126
	Athyrium filix-femina	3	› S. 119
	Astilbe japonica 'Red Sentinel' (je 3–4)	10	› S. 111
	Carex oshimensis 'Evergold'	15	› S. 115
	Alchemilla erythropoda	15	› S. 107

Fernöstliche Impressionen

Zum Thema »Fernöstlich« gehören Gehölze wie Bambus, Fächer-Ahorn und Japanische Azaleen. Es bietet sich eine naturnahe Einbindung an. Die größte Artenvielfalt findet sich in der Gartenzone. Die Wasserfläche selbst ist nur zurückhaltend bepflanzt. Nach intensiver Frühsommerblüte ist eine solche Pflanzung später stärker durch prägnante Wuchsformen und ornamentale Belaubung wirksam. Der Standort ist sonnig bis halbschattig, das Wasser weich mit mäßig hohem Nährstoffgehalt und einem pH-Wert von 6,5–7.

②/③ Feucht- bis Sumpfzone, Wassertiefe bis 5 cm, je 5 m²			
Symbol	Name	Anzahl	Porträt
	Iris ensata-Sorten Blüte weiß/rosa/violett, Juni – Juli	5	› S. 128
	Calla palustris	5	› S. 113
	Primula japonica	5	› S. 145
	Primula florindae	5	› S. 144
	Caltha palustris 'Multiplex'	10	› S. 113
	Lysimachia nummularia	10	› S. 133

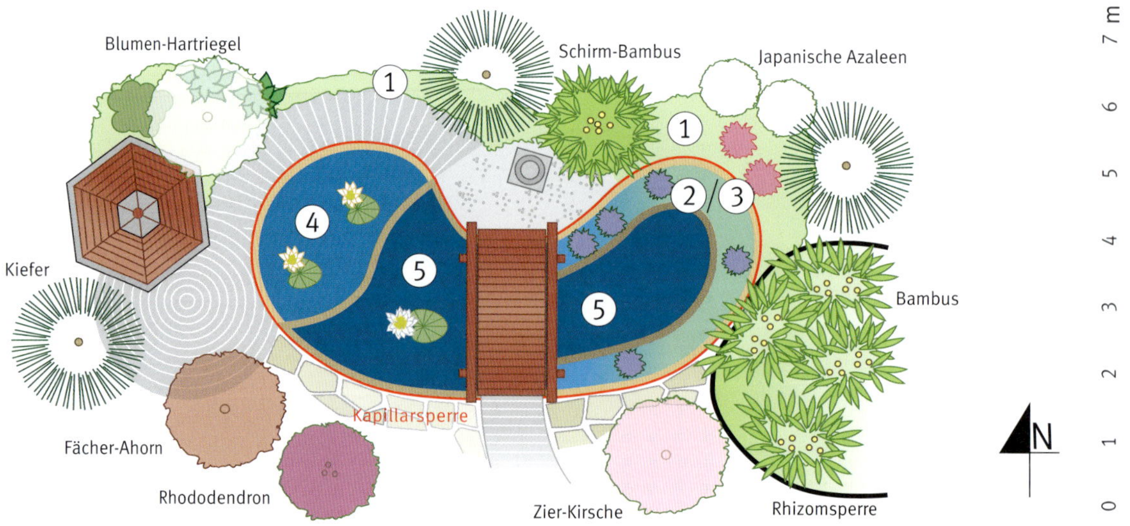

Schaublatt *(R. podophylla)*

Fächer-Ahorn *(Acer palmatum)*

Blumen-Hartriegel *(Cornus kousa)*

④ **Flachwasserzone, Wassertiefe 20–40 cm, je 5 m²**

Symbol	Name	Anzahl	Porträt
	Nymphaea 'Walter Pagels' Blüte cremeweiß, Juni – Oktober	2	› S. 139
	Hydrocharis morsus-ranae	5	› S. 128
	Hottonia palustris	5	› S. 127
	Eleocharis acicularis	5	› S. 119
	Pilularia globulifera	5	› S. 119

⑤ **Seerosenzone, Wassertiefe 80–100 cm, je 10 m²**

Symbol	Name	Anzahl	Porträt
	Nymphaea 'Gonnère' Blüte weiß, dichtgefüllt, Juni – Oktober	1	› S. 139
	Potamogeton perfoliatus	5	› S. 144
	Ceratophyllum submersum	5	› S. 116
	Utricularia australis	5	› S. 151

TIPP!

Weitere Gehölze und Stauden für die Gartenzone

Zur Hervorhebung des fernöstlichen Stils gehören noch folgende Arten in die Gartenzone:

- Amur-Adonisröschen *(Adonis amurensis)*
- Schirm-Bambus *(Fargesia murielae)* ohne Rhizomsperre
- Bambus *(Phyllostachys vivax)* bzw. andere Arten – mit Rhizomsperre
- Fächer-Ahorn *(Acer palmatum)* und andere Ahorn-Arten
- Blumen-Hartriegel *(Cornus kousa)* – weiße Blüten, rote Früchte
- Zierkirschen (*Prunus* 'Hally Jolivette' oder ähnliche kleinbleibende Sorten)
- diverse Rhododendren und Japanische Azaleen – benötigen saures Substrat!
- kleine, immergrüne Gehölze wie Zwerg-Kiefern

Accessoires zum fernöstlichen Stil sind chinesische Steinlaternen und Wasserspiele aus Bambus. Ein Pavillon mit japanischem Flair lädt zur Tee-Zeremonie vor passender Kulisse ein.

Blühende Moorlandschaft

Diese Pflanzkombination kommt dem Wunsch nach Pflanzenvielfalt auch bei beengten Platzverhältnissen entgegen. Heimische Kleingräser bilden die Bodenbedeckung zwischen farbenfroh blühenden Kleinoden der Kalk- und Zwischenmoore. Blüharme Phasen werden durch charakterlich und standörtlich passende fremdländische Arten überbrückt. Dieses Thema zielt besonders auf die Feuchtwiesenzone, auch entlang von Bachläufen. Wichtig ist ein niedriger Nährstoffgehalt – was besonders für die Einbindung in Schwimmteichanlagen spricht, wie in unserem Beispiel dargestellt. Für die weiteren Zonen sind zum Moorthema passende Artenmischungen in den Vorschlagslisten genannt. Das Wasser sollte relativ nährstoffarm und mittelhart bis hart sein. Der pH-Wert darf bis auf 8,4 ansteigen. Ein sonniger Standort ist optimal.

Das Hochmoor am Teich oder in der Badewanne

(Foto Seite 12 unten links)
Bei Verwendung von sehr weichem Wasser (unter 6 °dH, › Seite 31) wie Regenwasser kann als alternative Bepflanzung für die Feuchtzone Vegetation der Hochmoore und sauren Zwischenmoore mit fleischfressenden Pflanzen verwendet werden. Auf saurem Substrat gedeihen fleischfressende Sonnentau-Arten wie *Drosera anglica* und Schlauchpflanzen *(Sarracenia)* mit ihren spektakulären Fangblättern. Für die über 50 cm hohe *Sarracenia flava* ist ein leichter Winterschutz durch Abdecken mit Vlies empfehlenswert. Hochmoortorf steht als Substrat für solche Zwecke kaum noch zur Verfügung, doch eignet sich Torfmoos *(Sphagnum)* als „Nachwachsender Rohstoff“ aus Sphagnum Farming ebenso gut. Ein künstliches Hochmoor lässt sich auch in einer ausrangierten Badewanne oder anderen Behältern anlegen – Sie müssen nur die in der Tabelle genannten Stückzahlen entsprechend anpassen. Punktuell eingebrachtes lebendes Torfmoos *(Sphagnum)* wird sich im Lauf der Zeit zu schönen Polstern entwickeln. Für die Flachwasserzone sind ergänzend auch Wasserfeder und Zwerg-Seerose zu empfehlen.

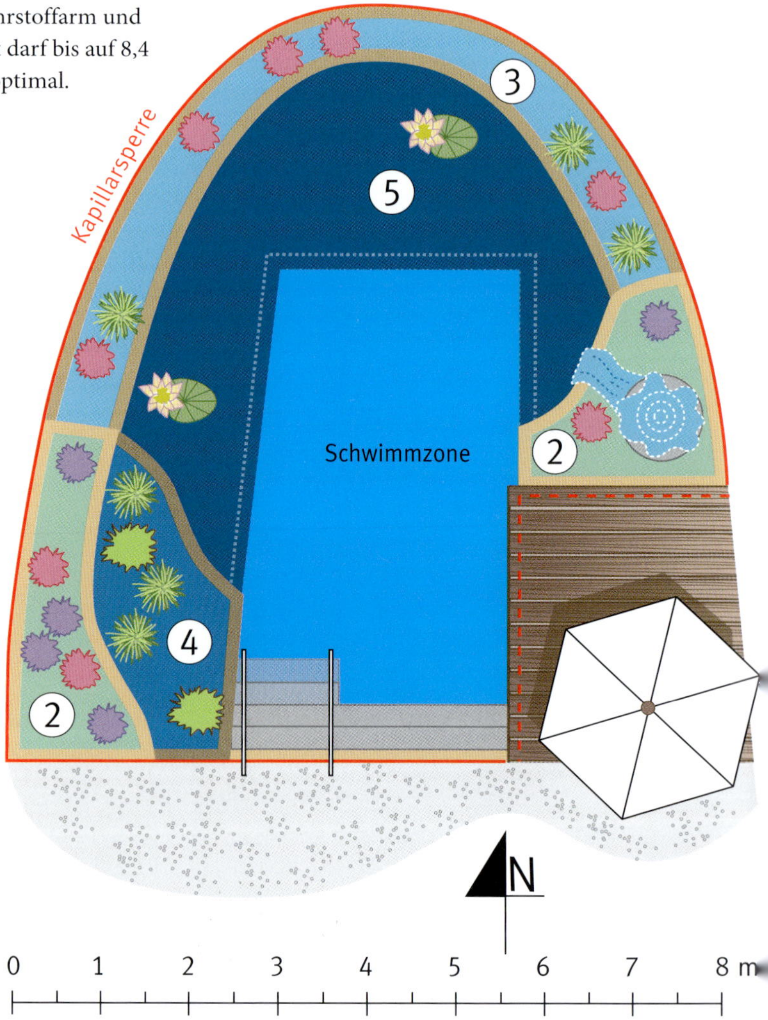

② Feuchtzone, 5 cm über der Wasserlinie, je 5 m²

Symbol	Name	Anzahl	Porträt
	Iris sibirica Blüte blauviolett, Mai – Juni	5	› S. 129
	Lythrum salicaria 'Robert' Blüte rosa, Juli – August	3	› S. 134
	Liatris spicata	5	› S. 131
	Gentiana asclepiadea	3	› S. 124
	Gentiana pneumonanthe	5	› S. 124
	Epipactis palustris	3	› S. 120
	Eriophorum latifolium	10	› S. 121
	Schoenus ferrugineus	5	› S. 148
	Carex flava	15	› S. 114
	Carex davalliana	10	› S. 114
	Allium schoenoprasum	8	› S. 108
	Allium suaveolens	8	› S. 108
	Cardamine pratensis	8	› S. 114
	Dactylorhiza Incarnata-Gruppe	5	› S. 118

Alternative Hochmoor-Bepflanzung für die Feuchtzone, je 5 m², für sehr weiches Wasser

Symbol	Name	Anzahl	Porträt
	Sarracenia flava	3	› S. 148
	Eriophorum vaginatum	3	› S. 121
	Ledum groenlandicum	2	› S. 130
	Andromeda polifolia	3	› S. 108
	Erica tetralix	6	› S. 120
	Sarracenia purpurea	5	› S. 148
	Trichophorum alpinum	15	› S. 121
	Vaccinium macrocarpum	3	› S. 151
	Pogonia ophioglossoides	3	› S. 151
	Carex viridula	10	› S. 114

③ Sumpfzone, Wassertiefe 0–10 cm, je 5 m²

Symbol	Name	Anzahl	Porträt
	Carex elata Blüte braun-gelb, April – Juni	3	› S. 114
	Lythrum salicaria Blüte rosa, Juli – August	5	› S. 134
	Carex diandra	8	› S. 114
	Eriophorum latifolium	10	› S. 121
	Schoenus ferrugineus	5	› S. 148
	Caltha palustris	8	› S. 113
	Menyanthes trifoliata	8	› S. 135
	Mentha cervina	3	› S. 134
	Baldellia ranunculoides	8	› S. 111

④ Flachwasserzone, Wassertiefe 10–40 cm, je 5 m²

Symbol	Name	Anzahl	Porträt
	Typha shuttleworthii Fruchtstände dekorativ	2	› S. 150
	Carex elata Blüte braun-gelb, April – Juni	3	› S. 114
	Peltandra virginica	5	› S. 141
	Nymphaea 'Perry's Baby Red'	1	› S. 138
	Nymphaea 'Berthold'	1	› S. 139
	Nymphaea 'Walter Pagels'	1	› S. 139
	Baldellia ranunculoides	10	› S. 111

⑤ Seerosenzone, Wassertiefe 80–100 cm, je 10 m²

Symbol	Name	Anzahl	Porträt
	Nymphaea odorata 'Rosennymphe' Blüte rosa, Juni – Sept.	2	› S. 138
	Potamogeton perfoliatus	5	› S. 144
	Sagittaria graminea	5	› S. 147
	Utricularia vulgaris	5	› S. 151

Schwimmzone, ca. 20 m²

Symbol	Name	Anzahl	Porträt
	unbepflanzt		

Bachlauf

Für naturnah gestaltete Bachläufe eine passende Bepflanzung zu finden ist eine Frage des Gefälles, der Breite von Wasserlauf und anschließender Feuchtzone sowie der weiteren Gartengestaltung. Bei flachem Verlauf und breiter Feuchtzone bietet sich eine üppige Umpflanzung eher an als bei steilem Gefälle. Letzteres ist etwa an Böschungen höher gelegener Terrassen gegeben, die meist als Steingarten gestaltet werden. Eine Einbindung des Themas »Blühende Moorlanschaft« in die Bachlaufbepflanzung erscheint hier ideal und ermöglicht einen kontinuierlichen Vegetationsübergang. Unterhalb der Wasserlinie darf nur so spärlich bepflanzt werden, dass es nicht zum Aufstau und womöglich Überlaufen des Bachbettes kommt. Konkrete Stückzahlen sind daher in den folgenden Pflanzempfehlungen nicht genannt. Die Pflanzvorschläge beziehen sich auf einen sonnigen bis halbschattigen Standort.

② Feuchtzone entlang des Baches, oberhalb der Wasserlinie

Bei breiten Bachläufen (ab ca. 1 m) sind auch andere Pflanzvorschläge für die Feuchtzonen der Themen von Seite 168-176 verwendbar.

Bei schmalen Bachläufen (unter ca. 1 m) ist der Pflanzvorschlag für die Feuchtzone des Themas »Blühende Moorlandschaft« (› Seite 178) empfehlenswert, besonders wenn der Bachlauf in einen Steingarten integriert wurde. Ergänzend als Frühjahrsblüher: Schachbrettblume (› Seite 123), Rosen-Primel (› Seite 145) sowie Trollblumen-Arten (› Seite 150).

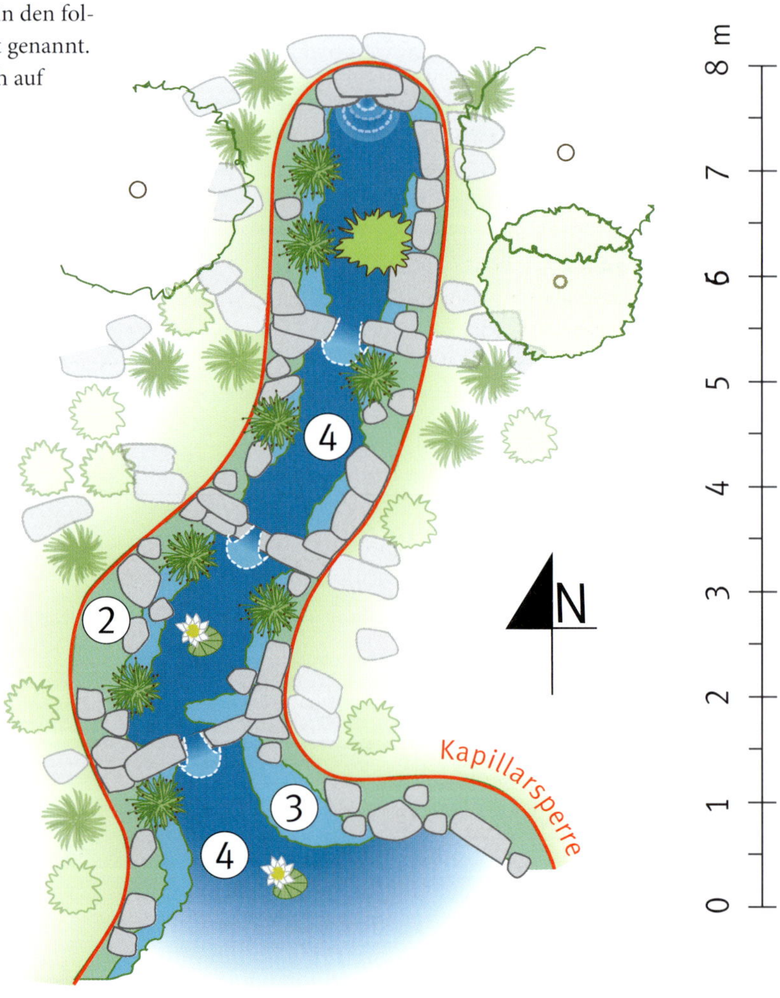

③ Sumpfzone, Rand des Baches, knapp unter der Wasserlinie		
Symbol	**Name**	**Porträt**
	Schoenus nigricans Fruchtstände schwarzbraun, Mai – Dezember	› S. 148
	Caltha palustris	› S. 113
	Myosotis rehsteineri	› S. 136
	Myosotis palustris (zu den Themen Seite 184, 188, 190)	› S. 136
	Veronica beccabunga (zu den Themen Seite 184, 188, 190)	› S. 151

④ Flachwasserzone, Wassertiefe über 10 cm		
Symbol	**Name**	**Porträt**
	Typha minima Fruchtstände hellbraun, Juni – Juli	› S. 150
	Nymphaea tetragona Blüte weiß, Juni – September	› S. 140
	Baldellia ranunculoides	› S. 111
	Callitriche palustris (zu den Themen Seite 184, 188, 190)	› S. 113
	Ranunculus fluitans	› S. 146

Mini-Teich im Trog

Ein freistehender Holzbottich, ein verkleideter Maurerkübel oder ein ähnliches Gefäß – auch wenn es nur einen halben Quadratmeter Fläche hat – genügt bereits, um das Element Wasser auf Balkon und Terrasse unterzubringen. Der Standort sollte sonnig, aber vor praller Mittagshitze geschützt sein. Da die aufgeführten Pflanzenarten alle einen hohen Nährstoffbedarf haben, ist Düngen notwendig. Die Pflanzung benötigt einen guten Winterschutz aus Vlies.

④ Flachwasserzone, Wassertiefe 30–40 cm, 0,5 m²		
Name	**Anzahl**	**Porträt**
Nymphaea 'Perry's Baby Red'	1	› S. 138
Pontederia lanceolata	1	› S. 143
Mentha cervina (im Topf – Wassertiefe 10 cm)	1	› S. 134
Caltha palustris (im Topf – Wassertiefe 10 cm)	1	› S. 113
Utricularia australis	3	› S. 151

Seerose in der Schale

Für die Tischdekoration oder für Arrangements am Hauseingang sind auch kleine Keramikschalen oder wasserfeste Terrakotta-Gefäße mit Wasserpflanzen geeignet, in denen maximal drei Pflanzen Platz haben. Bei einer so geringen Wasserfläche ist es notwendig, täglich den Wasserstand zu kontrollieren und aufzufüllen. Stellen Sie die Gefäße zur Überwinterung – ab den ersten strengeren Frösten bis Ende März – in den kühlen Keller.

④ Sumpf- bis Flachwasserzone, Wassertiefe 10–15 cm		
Name	**Anzahl**	**Porträt**
Nymphaea 'Helvola'	1	› S. 140
Lobelia cardinalis	1	› S. 132
Baldellia ranunculoides	1	› S. 111

Register

Die Autoren

Dr. Wolfram Kircher beschäftigte sich sowohl in praktischer Tätigkeit im Erwerbsgartenbau als auch in Lehre und Forschung an der Bayerischen Landesanstalt für Gartenbau, Veitshöchheim, mit der Kultur und Verwendung von Sumpf- und Wasserpflanzen. Seit 1994 ist er Professor an der Hochschule Anhalt in Bernburg mit den Schwerpunkten Staudenkunde, Pflanzenverwendung und Vegetationstechnik. Er leitete mehrere Forschungsprojekte zu nachhaltiger Staudenverwendung und zur Vegetation an Schwimmteichen.

Angela Kircher (Dipl. Ing. Gartenbau) ist als Garten-Coach in der Beratung vor Ort und in der Erwachsenenbildung tätig. In der intensiven Betreuung der Gartenbesitzer wird die heimische Fauna schnell zu einem wichtigen Thema. Angela ist die Förderung und der Erhalt vorhandener Habitate für jegliche Art von Gartentieren ein Herzensanliegen, das bei Bewirtschaftung und Planung von Gärten grundsätzlich berücksichtigt werden sollte. In das Buch sind auch viele praktische Erfahrungen eingeflossen, die Angela und Wolfram Kircher in Ihrem eigenen naturnahen Garten über 30 Jahre sammeln konnten.

Literatur

Kircher, W. & A. Thon: **How to Build a Natural Swimming Pool: The Complete Guide to Healthy Swimming at Home.** Filbert Press, London. 328 Seiten

Himmelhuber, P.: **Wasser im Garten** ökobuch Verlag, Rastede

Gutjahr, A.: **Fische für den Gartenteich.** Gräfe und Unzer Verlag, München

Gutjahr, A.: **Tiere des Gartenteiches.** Ulmer Verlag, Stuttgart

Hagen, P.: **Teichbau mit alternativen Baustoffen.** Ulmer Verlag, Stuttgart

Hagen, P.: **Teichbau und Teichtechnik.** Ulmer Verlag, Stuttgart

Hagen, P.: **Teichpflege leicht gemacht.** Ulmer Verlag, Stuttgart

Maier, E.: **Moor im Gartenteich.** Natur und Tier Verlag, Münster

Baumhauer, J., Schmidt, C.: **Schwimmteichbau. Handbuch für Planung, Technik und Betrieb.** Patzer-Verlag, Berlin. 392 Seiten

Schmidt, C., van de Weyer, K., Baumhauer, J.: **Handbuch Wasserpflanzen.** Patzer-Verlag, Berlin. 148 Seiten

Bezugsquellen

Staudengärtnerei Augustin
Stauden, Wasserpflanzen
Neunkirchener Str. 15
91090 Effeltrich
www.stauden-augustin.de

Gartenbau Thomas Carow
Fleischfressende Pflanzen, Moorpflanzen, lebendes Sphagnum-Moos
Ümpfigstr. 5
97720 Nüdlingen
www.falle.de

Staudengärtnerei Germann
Stauden, Wasserpflanzen
Am Rübsamenwühl 22
67346 Speyer
www.gaertnerei-germann.de

Ihr Gartenbau Härtl
Erdorchideen, Begleitpflanzen für das Moor
Am Frieselbach 3
34305 Niedenstein
www.ihrgartenbau-haertl.de

Pflanzenkulturen Tolksdorf und Beckers
Sumpf- und Wasserpflanzen, Moorpflanzen, Stauden
Heidkamp 12a
24326 Kalübbe
https://shop.biostauden-tb.de/

Stauden-Junge
Stauden, Wasserpflanzen
Seeangerweg 1
31787 Hameln
www.stauden-junge.de

Erhard Oldehoff
Wasserpflanzen, Seerosen
Sieglmühle 2
94051 Hauzenberg
www.seerosen.de

Jürgen Peters
Alpine Raritäten, Steingartenstauden, Moorpflanzen, Erdorchideen
Auf dem Flidd 20
25436 Uetersen
www.alpine-peters.de

Jörg Petrowsky
Wasserpflanzen, Seerosen, speziell für Schwimmteiche angezogene Pflanzen
29348 Eschede bei Celle
www.seerosensorten.de

Terrorchids Pinkepank
Freilandorchideen
Am Atzumer Weg 18
38300 Wolfenbüttel
www.terrorchids.com

re-natur GmbH
Wasserpflanzen, Teichzubehör und -Systeme, Schwimmteiche
Charles-Ross-Weg 24
24601 Ruhwinkel
www.re-natur.de

Angelika Kern
Seerosen, Wasserpflanzen, Gartenplanung
Einödhofweg 20
A-8042 Graz, Österreich
https://biotop-kern.at/

Gärtnerei Oliver Krause
Aquariumpflanzen, Fische, Sumpf- und Wasserpflanzen
Kochstedter Kreisstr. 5
06847 Dessau
https://aquariumpflanze.de/
https://wassergarten-dessau.de/

Seerosenwelt.de
Wasserpflanzen, Zierfische
Welsleber Weg 26
39171 Sülzetal OT Dodendorf
www.seerosenwelt-shop.de/

Sphagnum Shop – Gerd Adolph
Torfmoos lebend und als Substrat
Waldsiedlung 18
82054 Sauerlach
www.sphagnum-shop.com/de/

Wichtige Hinweise

➔ Sichern Sie Ihren Teich ausreichend ab – vor allem, wenn kleine Kinder im Haus sind.

➔ Elektrische Geräte sollten nur vom Fachmann installiert werden.

➔ Einige der hier beschriebenen Pflanzen sind giftig oder hautreizend. Sie dürfen nicht verzehrt werden.

➔ Wenn Sie sich bei der Gartenarbeit verletzen, sollten Sie umgehend einen Arzt aufsuchen. Eventuell ist eine Impfung gegen Tetanus erforderlich.

Bildnachweis

Dorothea Baumjohann: 159-3; Agentur Beck: 71-4, 124-2, 145-1; Josef Bieker: 42, 57-1, 100-5, 145-3; Elke Borkowski: 11; Justus deCuveland: 165-2, 167-3; Sabine Eberts: 58-5, 122-3; Gartenfoto: 4-3, 51-1, 140-2; Hermann Gröne: 175-3; Frank Hecker: 19-5, 19-6, 63-2, 76-2, 77-1, 86-1, 87-1, 96-1, 108-3, 127-1, 127-2, 154-1, 155-1, 155-2, 155-3, 156-1, 157-2, 158-2, 159-1, 159-2, 160-1, 160-2, 160-3, 161-1, 162-1, 162-2, 163-1, 166-1, 166-3, 167-2; Modeste Herwig: 172-3, 177-3; Rudolf König: 19-1, 19-2, 19-3, 19-4, 50-2, 53-3, 77-2; Klaus Kuttig: 4-2, 97-1, 116-2; Botanik-Bildarchiv Laux: 29-6, 52-5, 54-1, 54-3, 54-4, 55-3, 56-1, 56-5, 57-6, 58-6, 59-2, 64-3, 64-5, 65-4, 66-3, 67-1, 67-3, 69-1, 69-3, 69-6, 72-3, 72-4, 72-5, 78-5, 79-1, 79-3, 79-5, 80-1, 80-5, 82-2, 82-4, 82-6, 83-1, 89-1, 89-5, 90-2, 91-3, 92-6, 92-1, 93-4, 98-6, 99-4, 102-1, 102-3, 109-3, 111-1, 117-1, 118-3, 119-2, 110-2, 122-2, 124-1, 125-1, 125-3, 133-3, 134-2, 135-1, 145-1, 149-2, 151-3; Foto Morell: 52-1, 55-4, 58-2, 59-6, 106-2, 106-3, 114-1, 115-3, 123-1, 128-2, 137-3, 140-3, 141-1; Marion Nickig: 175-2; Jörg Petrowsky: 89-3, 99-2; Wolfgang Redeleit: 4-4, 4, 10, 13-1, 26, 52-2, 52-4, 53-6, 57-4, 64-4, 85, 96-2, 104, 107-2, 110-2, 112-2, 123-2; Hans Reinhard: 50-1, 51-2, 55-1, 58-4, 62-1, 62-2, 65-1, 66-4, 66-5, 67-6, 68-5, 70-3, 73-1, 80-2, 81-5, 86-2, 87-2, 88-2, 88-5, 89-2, 90-6, 90-3, 93-5, 97-2, 98-2, 100-1, 110-1, 111-3, 113-1, 115-1, 116-3, 119-1, 120-1, 129-1, 133-1, 135-3, 142-1, 143-1, 144-2, 144-3, 146-3, 147-3, 151-2, 161-3, 164-2, 166-2; Jutta Schneider: 55-6; Michael Schulze: 12-1; 100-2, 100-3, 134-1, 139-1, 139-2; Shutterstock_FamVeld: 18; Shutterstock_Mami Pao: 175-1; Friedrich Strauß: 12-3, 13-2, 29-1, 52-3, 55-2, 59-5, 68-2, 100-4, 112-1, 113-2, 115-2, 130-1, 135-2, 136-3, 137-1, 147-2, 177-2; Andreas Thon: 25; Konrad Wothe: 152, 154-2, 154-3, 156-2, 156-3, 157-1, 157-3, 158-1, 158-3, 161-2, 162-3, 163-2, 163-3, 164-1, 164-3, 165-1, 165-3, 167-1, 172-1
Alle weiteren Bilder von Wolfram Kircher: (insgesamt 277).

Bibliografische Information der Deutschen Nationalbibliothek
Die Deutsche Nationalbibliothek verzeichnet diese Publikation in der Deutschen Nationalbibliografie; detaillierte bibliografische Angaben sind im Internet unter http://dnb.d-nb.de abrufbar.

ISBN 978-3-947021-84-0

1. Auflage 2025
ökobuch Verlag GmbH
Königstr. 43, 26180 Rastede
www.oekobuch.de
Kontaktadresse nach EU-Produktsicherheitsverordnung:
verlag@oekobuch.de

Genehmigte Lizenzausgabe für ökobuch Verlag GmbH
© 2009 by Gräfe und Unzer Verlag GmbH München

Alle Rechte der Verbreitung, auch durch Funk, Fernsehen, fotomechanische Wiedergabe, Einspeicherung in EDV-Anlagen, Tonträger jeder Art und auszugsweisen Nachdruck, sowie die Rechte der Übersetzung sind vorbehalten.

Printed in the European Union

FSC
www.fsc.org
MIX
Papier | Fördert gute Waldnutzung
FSC® C129413